# Gottesdienstpraxis

Seria A:
Arbeitshilfen für die Gottesdienste zu den Sonn- und Feiertagen des Kirchenjahres

Herausgegeben von Horst Nitschke

Gütersloher Verlagshaus Gerd Mohn

# Gottesdienstpraxis

5. Perikopenreihe

**Band 2: Gründonnerstag bis**
**7. Sonntag nach Trinitatis**

Gütersloher Verlagshaus Gerd Mohn

CIP-Titelaufnahme der Deutschen Bibliothek

*Gottesdienstpraxis* / hrsg. von Horst Nitschke. –
Gütersloh : Gütersloher Verl.-Haus Mohn.
Ser. A, Arbeitshilfen für die Gottesdienste zu den Sonn- und Feiertagen des Kirchenjahres.
Perikopenreihe 5.
NE: Nitschke, Horst [Hrsg.]; 1. Abt.

Bd. 2. Gründonnerstag bis 7. Sonntag nach Trinitatis. – 1989
ISBN 3-579-02817-0

ISBN 3-579-02817-0


Satz: Satz-Service-Berkemeier, Gütersloh
Druck und Bindung: Ebner Ulm
Umschlagentwurf: Franz Wöllzenmüller, Oberhaching
Printed in Germany

# Inhalt

Gründonnerstag
2. Mose 12,1.3–4.6–7.11–14 (Petersen) . . . . . . . . . . 7

Karfreitag
Matthäus 27,33–54 (Hasselmann) . . . . . . . . . . . . 14

Ostersonntag
Johannes 20,11–18 (Alterhoff) . . . . . . . . . . . . . 20

Ostermontag
Jesaja 25,8–9 (Monninger) . . . . . . . . . . . . . . 26

Quasimodogeniti
Markus 16,9–14(15–20) (Albrecht) . . . . . . . . . . . 32

Misericordias Domini
Johannes 21,15–19 (Berndt) . . . . . . . . . . . . . 39

Jubilate
1. Mose 1,1–4a.26–31;2,1–4a (Herlyn) . . . . . . . . . 47

Kantate
Jesaja 12 (M. Adam) . . . . . . . . . . . . . . . . 52

Rogate
Matthäus 6,(5–6)7–13(14–15) (Keller) . . . . . . . . . 58

Himmelfahrt
Johannes 17,20–26 (Jürgenbehring) . . . . . . . . . . 64

Exaudi
Johannes 14,15–19 (Schneider) . . . . . . . . . . . . 69

Pfingstsonntag
4. Mose 11,4–32 (Funk) . . . . . . . . . . . . . . . 76

Pfingstmontag
Johannes 4,19–26 (Daiber) . . . . . . . . . . . . . . 81

Trinitatis
4. Mose 6,22–27 (Kahl-Passoth) . . . . . . . . . . . . 88

1. Sonntag nach Trinitatis
Matthäus 9,35–38;10,1(2–4)5–7 (Bieritz-Harder) . . . . . . 93

2. Sonntag nach Trinitatis
Jesaja 55,1–3b(3c–5) (Marcus) . . . . . . . . . . . . 100

3. Sonntag nach Trinitatis
Lukas 19,1–10 (Popke) . . . . . . . . . . . . . . 108

Kirchentagssonntag
Jesaja 40,26–31 (Schupp) . . . . . . . . . . . . . 121

4. Sonntag nach Trinitatis
Johannes 8,3–11 (Ost) . . . . . . . . . . . . . . 129

5. Sonntag nach Trinitatis
Lukas 14,25–33 (Schlosser) . . . . . . . . . . . . 135

6. Sonntag nach Trinitatis
Jesaja 43,1–7 (Storck) . . . . . . . . . . . . . . 143

7. Sonntag nach Trinitatis
Lukas 9,10–17 (Schad) . . . . . . . . . . . . . . . . . . . . . 150

# Gründonnerstag

## Predigttext: 2. Mose 12,1.3–4.6–7.11–14
Gisela Petersen

### Theologisch-homiletische Skizze

Die am Gründonnerstag zum Abendmahl versammelte christliche Gemeinde hört aus Exodus 12 von einem (anderen) Gemeinschaftsmahl, dem Passa. Die Predigthörer werden mit etwas Fremdem konfrontiert, selbst wenn sie wissen, daß Jesu Abendmahl ein Passamahl war. Passa ist ein Fest, das Christen nicht feiern (wie lange eigentlich hat es die Urgemeinde noch gefeiert?). In seinem konkreten Ablauf ist es dem durchschnittlichen Gottesdienstteilnehmer nicht vertraut. Es gilt für Christen durch das Abendmahl als abgetan, überholt. »Denn auch wir haben ein Passalamm, das ist Christus, der geopfert ist«, 1. Kor 5,7. Wir haben als Christen keinen unmittelbaren Bezug zum Passa. Das im Text durchgängige »So sollt ihr tun« gilt nicht für die christliche Gemeinde; die Predigt soll dem Rechnung tragen.
Nun geht es in Exodus 12 aber gerade um dies: konkrete, detailliert beschriebene Anweisungen zur Vorbereitung eines Festes, das die Juden feiern und die Christen nicht. Wenn wir nicht die Angesprochenen sind, wenn wir nicht tun, was wir aus dem Text hören, worauf zielt dann dieser Text bei uns? Was kann eine christliche Gemeinde für ihren Glauben und ihre Praxis entdecken und gewinnen, wenn sie sich auf die Begegnung mit dem ihr durchaus fremden Passafest einläßt und doch weit davon entfernt ist, als das eine Volk Gottes es mit Juden gemeinsam zu feiern? Wozu dient es uns, wenn wir uns in die Zeichensprache dieses Rituals hineindenken? Ich sehe für die Predigt zwei Möglichkeiten:
1. Es wäre vom Passa her etwas zu gewinnen für die Weise, wie wir das Abendmahl verstehen und gestalten. 2. Es wäre etwas zu entdecken im Blick darauf, wie Menschen ermutigt werden zu einem Aufbruch, der sein muß, der (über-)fällig ist und vor dem sie sich fürchten. An diesem Aufbruch zu einem veränderten Verhalten und Lebensstil (ökologisch, ökonomisch, politisch, persönlich und ekklesiologisch) sehe ich uns als einzelne und als Gemeinde ziemlich hilflos herumprobieren und steckenbleiben.
Welcher von beiden Aspekten mehr im Vordergrund steht, hängt von der Gemeindesituation ab. Weil es in der Gemeinde, in der ich lebe und arbeite, gerade sehr konkret um Fragen der Verkehrsberuhigung, aber auch um Spielsalons, Video, Qualität von Wohnbedingungen etc. geht, habe ich mich in meinem Predigtentwurf auf den zweiten Aspekt konzentriert.

## Vorschläge zur Liturgie

*Zum Eingang*

Höre, Herr, wir flehen zu dir, wer wird uns denn retten, wenn du dich unser nicht annimmst? Bezwinge die Mächte, die uns das Leben bedrohen, und schenke uns Hoffnung um deines Sohnes willen, der den Tod bezwungen hat, Jesus Christus, der mit dir lebt in Gemeinschaft des Heiligen Geistes alle Tage bis in Ewigkeit. (H. Oosterhuis)

*Zum Abendmahl*

Mitten in Hunger und Krieg feiern wir, was verheißen ist: Fülle und Frieden / Mitten in Drangsal und Tyrannei feiern wir, was verheißen ist: Hilfe und Freiheit / Mitten in Zweifel und Verzweiflung feiern wir, was verheißen ist: Glauben und Hoffnung / Mitten in Furcht und Verrat feiern wir, was verheißen ist: Freude und Treue / Mitten in Haß und Tod feiern wir, was verheißen ist: Liebe und Leben / Mitten in Sünde und Hinfälligkeit feiern wir, was verheißen ist: Rettung und Neubeginn / Mitten im Tod, der uns von allen Seiten umgibt, feiern wir, was verheißen ist durch den lebendigen Christus.(6. Vollvers. des ÖRK in Vancouver)

*Zur Fürbitte*

Weil du deinem gefangenen Volk die Freiheit und Heimkehr verheißen hast, darum denken wir heute, du Herr Israels und Heil der Welt, zuerst an alle Gefangenen auf Erden: an die Gefangenen in den Lagern und Gefängnissen, an die schuldigen und unschuldigen Häftlinge in allen Gefängnissen in der Welt. Laß sie in ihren Lagern und Zellen nicht ohne Trost und Hoffnung, laß ihnen unter dem Druck von Menschen und unter dem Druck eigener Schuld deine Verheißung ins Herz bringen, damit sie auch in der Gefangenschaft nicht verzagen, sondern schon jetzt mit Glauben und Liebe und Hoffnung ein neues Leben beginnen, und hilf ihnen, wenn du ihnen wieder die Freiheit schenkst, zu einem solchen neuen Leben. – Erinnere auch alle Mächtigen, alle, die für die Rechtsprechungen und den Strafvollzug verantwortlich sind, daran, daß sie das Recht zugunsten der Menschen verwalten und daß auch alle Gefangenen deine geliebten Geschöpfe sind! –
Wir danken dir, daß du dein Volk Israel wieder in sein Land versammelt und ihm dort Boden unter die Füße gegeben hast. Vergib, was an Unrecht und Blutvergießen dabei auf allen Seiten geschehen ist, und stifte Frieden zwischen Israel und seinen arabischen Nachbarn. Der Gemeinde Christi hilf heraus aus ihrer Schwäche, ihrer Verwirrung und aus falschen Bindungen, die sie hindern, frei, kühn und liebevoll dein Evangelium hinauszurufen und selbst aus ihm zu leben!

All, welche sind betrübt, krank und gefangen,
tragen nach dir, o Herr, in ihrer Not Verlangen,
die wollest du in ihren Ängsten trösten
und endlich sie aus aller Not erlösen!
All arme Sünder, Herr, zu dir bekehre!
Ein seligs End uns allesamt beschere! Amen.
(Helmut Gollwitzer)

*Vor dem Segen*
Laß uns ruhen, HErr, unser Gott, in Frieden,
und laß uns wieder aufstehen, unser König, zum Leben.
Breite über uns die Decke deines Friedens,
und bringe uns zurecht durch guten Rat von dir.
Hilf uns um deines Namens willen
und schütze uns.
Laß von uns weichen Feind und Pest, Schwert, Hunger und Seufzen,
halte fern von uns den Widersacher ringsum
und birg uns im Schatten deiner Flügel.
Denn Gott, unser Hüter und Retter bist du;
Gott, ein gnädiger und barmherziger König bist du.
Bewahre unseren Ausgang und unseren Eingang zum Leben
und zum Frieden von nun an bis in Ewigkeit.
Gelobt seist du, HErr, der sein Volk Israel bewahrt in Ewigkeit!
(Hashkiwenu; Jüd. Abendgebet. Aus: P. v.d. Osten-Sacken, Katechismus und Siddur, S. 170)

*Lesungen*
Ps 111 oder 126, Lk 22,7–20

*Lieder*
EKG 159 verändert von Ulrike Rogatzki: Wir wollen Jesu Beistand nie vergessen, wenn wir nun gleich von einem Brote essen, aus einem Kelche trinken wir zusammen in Jesu Namen.
Wenn wir in Frieden beieinander wohnten, Gebeugte stärkten und der Schwachen schonten, dann würden wir den letzten heilgen Willen Gottes erfüllen. / Ach, dazu müßte seine Lieb uns dringen! Du wollest, Gott, dies große Werk vollbringen, daß unter einem Hirten eine Herde aus allen werde.
EKG 161; 185; Mein Liederbuch für heute und morgen B 90; B 103; B41.

**Vorschläge zur Predigt**

*Möglicher Anfang*

Gott ist mit denen, die in ein neues Leben aufbrechen. Er hilft Menschen, die gefangen, festgelegt und festgefahren sind. Das haben einst die Israeliten bei ihrem Auszug aus Ägypten erfahren. Schon bevor sie sich auf den Weg gemacht haben, bahnt Gott ihre Befreiung an. Noch im Machtbereich des Pharao, noch in Unfreiheit, noch im Land ihrer Gefangenschaft, aber schon auf der Schwelle zur Freiheit wurden die Israeliten bei einem besonderen Mahl für ihren Weg ermutigt und gestärkt, beim Passamahl.

Die Juden feiern das Passafest in jedem Jahr zur Erinnerung an die damals geschehene Befreiung und mit der Zuversicht: Diese Befreiung geschieht auch heute für uns. Jesus hat es mit seinen Jüngern gefeiert, zuletzt in jener Nacht, als er verraten wurde. Das Abendmahl wurzelt im Passamahl. Darum sollten wir, die wir das Abendmahl feiern, das Passamahl kennen.

Wir kennen es nicht. Uns sind die Zeichen und Bräuche nicht vertraut, die zum Passafest gehören. Sie sagen uns nichts. Darum erfahren wir ihre ermutigende Kraft nicht. Das könnte anders werden, wenn wir die Zeichen verstehen lernen und im Abendmahl wieder entdecken. Vielleicht werden wir dann bewußter und fröhlicher und mutiger Abendmahl feiern als ein Fest unseres Aufbruchs in die Freiheit.

Wie das Passafest nach biblischer Überlieferung gefeiert wird, lesen wir in Exodus 12, 1–14.

*Zum weiteren Verlauf*

In drei Gedankenschritten will ich aufzeigen, wie das Passaritual konkret die Angst vor dem Neuen begrenzt und zum Aufbruch ermutigt, indem in Wort und Tun erfahrbar gemacht wird: 1. Wir sind in Schutz genommen. 2. Wir haben Weggefährten. 3. Wir lösen uns von der Vergangenheit.

Zu 1. Das Blutzeichen an der Tür. Es ist ein Zeichen des Schutzes, ein Zeichen der Verschonung. Die Menschen hinter den gezeichneten Türen wird das Verderben nicht treffen, es geht an ihnen vorüber, überspringt sie. Sie werden in Schutz genommen. Nicht die Bedrohung überhaupt verschwindet. Nicht der – aussichtslose – Versuch, dagegen zu kämpfen oder ihr zu entfliehen, rettet sie. Sondern indem sie sich bewußt in den Raum der Verschonung hineinbegeben, erfahren sie Schutz. Das Blutzeichen, mit eigener Hand an die eigene Tür gezeichnet, markiert eine Grenze zwischen Verderben und Bewahrung. Es ist eine Grenze, von Gott gesetzt, nicht von Menschen.

Angst sieht diese Grenze nicht. Angst sieht nur allgegenwärtige, unentrinnbare Bedrohung. Früher oder später erreicht das Verderben uns alle, sagt die Angst. Wir können nichts tun, sagt die Angst. Diese Angst kennen wir gut. Sie überfällt uns, wenn wir an die Lebensbedrohungen in unserer Gegenwart denken, an die Gefahren, die wir nicht kalkulieren, nicht begrenzen, geschweige denn beseitigen können, Atomwaffen, Krebs, Arbeitslosigkeit, Umweltzerstörung ... Wir können sie nicht wirksam von uns abwenden. Wir erfahren, wie uns Ohnmacht und Angst lähmen.

Anders ist es, wenn wir in unserem Leben zeichenhaft etwas verändern. Wir beginnen, das uns Mögliche zu tun, um uns bestimmten verderblichen Einflüssen zu entziehen; wir verzichten auf etwas, Auto, Alkohol, Gewaltvideos oder was es auch sein mag. Dann erfahren wir, wie inmitten von Gefährdungen Handlungsraum, Spielraum, ja ein Raum der Verschonung ist. Verzicht, Entzug kann der Anfang zu einem neuen, freieren Leben sein. Wie das Schutzzeichen an der Tür sind dies Zeichen, die kein anderer für uns tut; wir können sie nur selber tun.

(Ich könnte mir vorstellen, diesen Gedanken im Abendmahl aufzunehmen bei der Sendung: »Ihr seid in Schutz genommen. Geht hin in Frieden!«)

Zu 2. Die Gruppe von Menschen, die sich zum Passamahl versammelt, die das Lamm unter sich verteilt und restlos aufzehrt. Sie ist eine überschaubare und eine verbindliche Gemeinschaft, eine Gemeinschaft von gleichermaßen Beteiligten. Dazu gehören Menschen, die tagtäglich miteinander umgehen, die zu einer Familie gehören oder benachbart wohnen. Sie sind einander vertraut, begegnen sich, sind füreinander erreichbar. Diese Menschen als Weggefährten zu wissen, macht den Aufbruch in Neues, Unbekanntes leichter.

Ich möchte zeigen, wie wir als Gemeinde das erfahren können, wie aus der Abendmahlsgemeinschaft eine Alltagsweggemeinschaft wird. Es geht um konkrete Verabredungen, welche Schritte auf Neues hin wir gemeinsam tun, wie wir uns gegenseitig unterstützen können, bei welchen Gelegenheiten, an welchen Orten, zu welchen Zeiten wir einander wieder treffen. (Zeichen beim Abendmahl könnten sein: einander die Hände geben beim Sendungswort, einander Brot und Kelch zureichen.)

Zu 3. Die Anweisung, das Passa reisefertig zu essen als die, die hinwegeilen. Gürtel, Sandalen, der Stab in der Hand sind Zeichen einer getroffenen Entscheidung. Hier wollen Menschen wirklich losgehen, nicht nur in ihrer Fantasie. Sie lassen entschlossen Altes hinter sich; sie wollen Neues gewinnen. Sie haben kein Gepäck dabei, nichts, was unterwegs Ballast wäre. Sie haben die Hände frei.

Wir wissen, wie schwer wir uns für etwas Neues entscheiden. Im Moment des Aufbruchs wird uns erst richtig bewußt, wie sehr wir noch am Alten hängen. Wir sind verstrickt in das, wovon wir uns trennen wollen. Es ist Teil unserer selbst. Die Grenze zwischen altem und neuem Leben verläuft durch uns selber. Mag das Alte auch belastend, einengend sein, immerhin

ist es uns vertraut. Wir wissen damit umzugehen. Wir haben Techniken ausprobiert, es uns einigermaßen erträglich zu machen. Das Neue ist unbekannt. Vielleicht werden wir gar nicht damit fertig. Wir können das Neue nicht ausprobieren, nicht vorkosten, wie es schmeckt, ehe wir aufbrechen. Je länger wir abwägen und zögern, umso sicherer scheint es uns zu bleiben. Darum ist es gut, sich den Weg zurück zu verbauen, zu erschweren, eine Faser wenigstens zu zertrennen, mit der wir am Alten hängen.
Das kann bedeuten, an einem konkreten Punkt etwas zu lassen, das wir als falsch erkannt haben, und dies für andere erkennbar (z.B. den Fernseher verschenken, wenn wir uns entschlossen haben, nicht mehr so viel Zeit mit Fernsehen zu verbringen; z.B. eine Einladung weniger aufwendig gestalten, auch wenn dann andere denken, wir könnten uns nicht mehr leisten).

*Möglicher Schluß*
Gott ist mit denen, die in ein neues Leben aufbrechen. Er hilft Menschen freizukommen, die gefangen, festgelegt und festgefahren sind. Gott hat auch unsere Befreiung angebahnt. Wir können aufbrechen.

**Kontexte**
»Vielfach bestand bei uns damals noch eine Vorstellung, daß die Deportationen irgendwohin führten, wo man weiterleben oder vegetieren konnte, bis die Naziherrschaft vorüber war. Ich kriege es kaum über die Lippen, weil es so unfaßlich ist: Wir haben Menschen christlichen Bekenntnisses vor ihrem zwangsweisen Aufbruch feierlich mit einem Abendmahl verabschiedet. Vielleicht war es für manche ein Trost. In einem Fall ist es sogar auf überraschende Weise gut gegangen. Der Gestapomann, der eine Frau holen sollte, kam dazu, als in ihrer Wohnung dieses Abendmahl gehalten wurde. Er hatte davor noch so viel Respekt, daß er wieder fortging. Die Betreffende hat sich daraufhin kurz entschlossen, unterzutauchen. Sie hatte gute Freunde, bei denen sie die Jahre überlebt hat.« (So berichtet Helene Jacobs in Gerda Szepansky, Frauen leisten Widerstand: 1933–1945, Fischer Tabu 3741, S. 71.)

Als nach Kriegsende der jüdische Publizist Karl Escher als einziger Überlebender seiner Familie aus einem faschistischen Vernichtungslager nach Berlin zurückgekehrt war, schilderte er seine Gedanken am ersten Päsachfest in der Freiheit. »Und leise spreche ich die alte naive Frage, die jedesmal aus kindlichem Mund in dieser Nacht kommt: Wodurch ist diese Nacht vor allen anderen Nächten ausgezeichnet? Nicht sitze ich mit Kindern und Enkeln, mit Verwandten und Freunden an der festlichen Tafel: sie sind verdorben, gestorben, hingeopfert ... Und doch, und doch: in dieser Nacht, ausgezeichnet vor allen Nächten, sind sie bei mir, alle, alle. Die seligen Eltern, Vater mit dem weißen seidenen Überwurf, dessen Silberkragen im Kerzenschein glitzert, Mutter im Festkleid aus schwarzem Samt, das Spitzenhäubchen auf dem liebreizenden Kopf, die Schwester klein und plappernd – wo ist sie jetzt? Lebt sie? Und lebt ihr Mann, mein Schwager, und leben ihre zwei Töchter? Nichts weiß ich von ihnen allen, ach, die Toten schreiben keine Briefe mehr. Und die Freunde sind gekommen oder doch ihre Schatten, und tausend liebe Erinnerungen werden wach an Zeiten, da wir jung waren, da wir sorglos und glücklich waren. Und zur Tür blicke ich hin; soll ich sie für den erlauchten Gast öffnen, für ihn, Elijahu, den Propheten, der im feurigen Wagen gen Himmel fuhr? Wird er in dieses zerstörte Haus, mitten in die Ruinenstadt kommen? Ich fürchte in diesem Jahr noch nicht. Aber einmal wird er auch zu mir kommen, Elijahu, der Prophet, wenn nicht in diesem Jahr, so doch im nächsten. Ohne daß ich es weiß, ganz von selber sprechen meine Lippen: Leschonoh haboh bijeruscholojim – im nächsten Jahr in Jerusalem«. (Aus: Der Weg, März 1947)

# Karfreitag

## Predigttext: Matthäus 27,33–54
Karl-Behrnd Hasselmann

**Theologisch-homiletische Skizze**
Unser Text ist bekannt, allzu bekannt. Das macht ihn für die Predigt schwierig bis ungeeignet. Die kerygmatische Intention des Evangelisten (Bibelzitate, Wort des Hauptmanns, Eisegese von Psalm 22) hilft da wenig. Die Zitate sind zu heiliger Geschichte geworden und werden so gehört und verstanden. Die Passionsgeschichte betont zu Recht das einzigartige Sterben Jesu von Nazareth. Die Predigt wird dieses festhalten müssen. Sie wird gleichzeitig theologisch diese Geschichte als einen – unwiederholbaren – Kreuzweg zeigen müssen, der alle anderen Versuche, zu Gott, zu dem Nächsten und zu sich selbst zu kommen, angesichts der Frage des Todes durchkreuzt. Eine solche Aussage läßt sich aber durch den Text selbst nicht decken; sie ist – dort allerdings auffällig – nur in dem Wort des Hauptmanns untergebracht: *Dieser* ist Gottes Sohn.
Um die Hörer neu in den Text hineinzulocken, kann der Transfer seiner Bedeutung über die Gruppen der an dem Kreuzweg und -Tod Jesu Beteiligten geleistet werden. Die alte römische Kreuzwegtradition leistet hier gute Dienste (z.B.: »Kreuzweg« von Elmar Gruber, DON BOSCO VERLAG, München 1982). An den Gruppen der Soldaten, der Priester und Schriftgelehrten und Umherstehenden sowie an Simon kann dieses exemplarisch dargestellt werden. Ein anderer Weg wäre, den Zitaten im Text genauer nachzugehen. Hier allerdings wäre das Problem einer Ordnung der Aussagen und Motive für die Predigt sehr kompliziert. Ich habe mich für die erste Möglichkeit entschieden.

**Vorschläge zur Litratur**
*Kollektengebet*
Herr, Gott, du gönnst uns das Licht unserer Augen,
du hast unsere Geburt gewollt,
nicht für das Dunkel hast du uns gemacht, nicht für den Tod,
sondern um zu leben auf dich hin mit ganzem Herzen.
Sei daher auch barmherzig und nimm uns bei der Hand,
führ uns zum Leben, heute und in Ewigkeit. Amen.
(Hub Oosterhuis, Ganz nah ist dein Wort, Herder, 1969)

*Fürbitte*

Für alle, die gekreuzigt wurden wie dein Sohn, für alle Menschen, die von dir verlassen sind, bitten wir dich.

Für alle, die ihr Schicksal nicht ertragen, für die Leidenden und jene, die weder Sinn noch Ausweg sehen.

Für alle, die widersetzlich sind oder abgestumpft oder gelähmt.

Für jene, die verbissen und verärgert, bitter und zynisch sind. Mach sie gütig, öffne ihnen wieder die Augen für das Gute, das den Menschen möglich ist.

Für deine Schöpfung und deine Zukunft.

Für alle, denen mißtraut wird, die leben unter dem Druck von Verdächtigungen und Verleumdung.

Für jene, deren Selbstvertrauen untergraben wird durch das harte Urteil der anderen.

Für alle, denen kein Verständnis begegnet, kein Wort, das sie heilt, kein Mensch, der sie annimmt.

Für alle Gehemmten und Ängstlichen, deren Gewissen verkrampft und unfrei ist.

Für alle, die in Spannung und Unruhe leben, die unsicher sind und keinen Rat mehr wissen.

Für die Opfer der Korruption und Erpressung.

Für alle, die im Ringen düsterer Götter und Mächte niedergetreten werden: daß sie in ihrer Wehrlosigkeit Jesus, deinem Sohn, gleichen mögen, der in den Händen der Menschen wehrlos gewesen ist.

Für alle, die mit Unrecht leben müssen, die eingebaut sind in ein unmenschliches System und ihm nicht entkommen können.

Für die Soldaten an der Front, die gegen ihren Willen und ihr Gewissen gezwungen sind, zu kämpfen und zu töten.

Für alle, die Krieg wollen und Zwietracht säen. Für jene, die aus der Vernichtung anderer ihr Geld machen. Für die Vergifteten und Gefährlichen: um Befreiung aus ihrer Unmenschlichkeit und um Vergebung bitten wir.

Für alle, die mutlos werden im Anblick all des Bösen in dieser Welt.

Aber auch für alle Zuversichtlichen, die Kraft ausstrahlen und Freundschaft geben können: daß sie standhaft bleiben in der Prüfung und unter uns nie fehlen.

Wir bitten dich für alle Unscheinbaren, denen Gestalt und Schönheit abgeht.

Für jene, die nicht mehr mitkommen können.

Für die unglücklich geborenen Kinder.

Für die Gestörten und Behinderten.

Für die unheilbar Kranken.

Wir bitten dich, laß uns den Sinn entdecken, den ihr Dasein hat in dieser Welt.

(Hub Oosterhuis, s.o. Seite 108 ff.)

## Predigt

Ich habe die Predigt so gegliedert, daß am Anfang eine grundsätzliche Aussage über den Kreuzweg Jesu und sein »Ergebnis« steht. Es folgen die »Stationsmeditationen». Den Schluß bildet eine Auslegung des Hauptmannswortes, konkret auf das anschließende Abendmahl bezogen.
Ich bringe die Stationsmeditationen vollständig, um eine genauere Anschauung dieses Versuches zu geben.

Liebe Gemeinde, Jesus von Nazareth – das war der Name für einen Weg, auf dem einer unterwegs war von Gott zu den Menschen. Wenn wir sein Ende ansehen, dann sehen wir nur, daß er nie angekommen ist. Er wollte uns Gottes Nähe ansagen, aber diese Botschaft wurde von Anfang an durchkreuzt durch all das, was Menschen von Gott immer schon wissen. Jesus war der Weg, der den Menschen zu seinem Nächsten führt. Auch dieser Weg wurde immer schon durchkreuzt von dem Wissen jedes Menschen, wer ihm nahe ist und ihm nahe kommen kann und wer nicht. Jesus war der Mensch und der Weg, um den Menschen sich selbst nahe zu bringen. Aber das Zentrum unseres Lebens ist immer schon besetzt durch das Bild des großen Ego, dessen Botschaft es ist: Du sollst keine anderen Götter haben neben mir. So war Jesus unterwegs, ohne anzukommen. Die Evangelien berichten, daß er das gesehen hat. Wenn das wahr ist – und es muß wahr sein, weil das Kreuz der Wirklichkeit des Menschen so ist –, dann muß Jesus dieses ganz radikal ernst- und angenommen haben. Die nur schwer und eigentlich überhaupt nicht zu beschreibende Freiheit, die Freude, die sein Leben bis an den Rand füllte, beruhte auf der Einsicht, daß er nicht ankommen würde. Er würde nicht ankommen im Sinne des Erfolges, des Triumphes, des vor aller Welt deutlichen Sieges. Dieses wußte er, und dieses lebte er. Darum, weil er nicht mit Macht überwältigen, schlagen, sich durchsetzen, Erfolg haben, alles umkrempeln und verändern wollte, darum hat er überwunden, hat er Gott überwunden, hat er die Menschen überwunden und überwindet er auch uns. Er tat es so, daß er diese gottlose, diese menschenvernichtende und sich selbst ausbeutende Wirklichkeit des Menschen annahm, wie sie war, und deshalb nach menschlichem Ermessen auch scheitern mußte, nach dem Ermessen eines ganz anderen aber diese Welt rettete, denn Jesus, der Weg, der brachte Gott auf den Weg. Er – mir fällt kein anderes Wort ein – zwang Gott in die Wirklichkeit der Welt hinein, dadurch, daß er an seiner Liebe festhielt. An nichts anderem war sein Weg orientiert als an der Liebe, die Gott ist und mit der er diese seltsame Welt trägt Tag für Tag und jeden von uns mitträgt. Insofern ist Jesu Weg ein aktiver Weg, ein Kreuzweg, der unsere Wege durchkreuzt.

So bei *Simon von Cyrene* – wir kennen ihn ganz genau. Das ist einer, der das Kreuz der Wirklichkeit des Menschen, das da einer an ihm augenfällig vorbeiträgt, nicht sehen will. Er muß dazu gezwungen werden. Er hat ganz andere Pläne, sein Weg geht ganz woanders hin, er tut das Nötige notgedrungen, und seine Hilfe ist erzwungene Hilfe, seine Liebestat höchst unfreiwillig. Welche Hilfe, die wir anderen tun, kommt denn von Herzen und wird nicht ständig durchkreuzt durch den Selbstvorwurf: Das Geld, die Zeit, die Kraft, den Weg hättest du besser für dich getan. Entschuldigen Sie, leider keine Zeit, ein andermal, haben Sie Verständnis, alles Gute, Kopf hoch, Jesus – wollte Simon vielleicht sagen. Dein Kreuz ist zwar auch meins, aber du willst es ja tragen. Du hast ja die unglaubliche Vorstellung, daß erst darin der Weg zu Gott und den Menschen frei wird, wenn einer die Last des anderen trägt. Simon und wir selbst müssen gezwungen werden, das Kreuz unserer Wirklichkeit zu tragen. Anders tun wir nichts, anders kommen wir nicht in Bewegung. Unsere Analysen, unsere Planungen, unsere Einsichten zeigen uns, wohin es mit uns, mit der Welt gekommen ist. Aber woher jetzt die Kraft, die Freiheit, die Gelöstheit, die Freude nehmen, die nötig wäre, dem wirklich zu begegnen. Wir müssen dazu gezwungen werden, das Kreuz zu tragen, und wissen doch, es hilft uns so nicht.

Dann sind da die *Soldaten*, auch die kennen wir. Das sind solche, die den Weg der Liebe zu verhindern wissen. Da durchkreuzt einer ihren Weg: ihre eigensten Interessen direkt, unmittelbar und mit Gewalt durchzusetzen. Die Schwäche des einen reizt die blanke Gewalt, holt alles heraus, was an Brutalität da ist. Da fällt einer, also stoßen wir noch kräftig nach. Da liegt einer, also treten wir erst recht. Die Liebe zu quälen ist oft Wonne und Lust. Und was daran in uns ist und auch an dem Interesse, selbst die armseligen Kleider eines Gefolterten zu teilen, wir wissen es. Die Hilfe für die Dritte Welt so zu begreifen, daß über Schuldzinsen noch der letzte Peso herausgepreßt wird, Schand- und Gewaltregime für ihr Recht und ihre Ordnungspolitik gegen die Armen zu loben, die ganze Gnadenlosigkeit des menschenniedertrampelnden Machtwahns so zu üben, nach draußen die Weste der Wohlanständigkeit – Mozart hören, Kindern über den Kopf streicheln: auch dieser Weg wird durchkreuzt durch den, der am Kreuz hängt und zusieht.

Und dann sind da *die, die vorübergehen und lästern,* Männer und Frauen, aber vor allem eben auch Hohepriester und Schriftgelehrte – wir kennen sie. Andern hat er geholfen, soll er sich doch selbst helfen. Der Wirklichkeit des Menschen wollte er begegnen, jetzt begegnet sie ihm.

Wie kann ein Mensch so naiv sein, an die Liebe Gottes zu glauben und sie auch noch leben zu wollen. Gewiß, er hat geholfen, geheilt, ins Leben zurückgeführt. Aber wo sind die denn jetzt, denen er da nahe war. Wußte er nicht, daß Menschen Bestien werden, wenn sie Blut lecken. Er hatte kein wirkliches, kein begründetes Urteil über diese Welt, wie sie ist, sonst hätte er sich zurückgehalten, sonst wäre er nicht so weit gegangen; hätte er nur ein wenig auf ihr, auf unser Urteil gehört, man hätte doch etwas machen können, auch mit seinen Ideen ein Hilfsprogramm, Gesetze, Erlasse, aber so – da war keine Chance, die die Weisen und Gelehrten, die Priester und Juristen sehen konnten. Gott so in diese Welt hinabzuziehen ist Gotteslästerung. Der Mann verdient, was er leidet. Er hängte sich an Gott, und der läßt ihn jetzt hängen am Kreuz zwischen Himmel und Erde.

*Und Jesus stirbt.* Er kommt nicht an auf seinem langen Weg von Gott zu den Menschen. Jesus tut ein Äußerstes auf seinem Weg: Er nimmt Gott, er nimmt die Liebe Gottes in die Wirklichkeit seines Lebens nicht nur, sondern auch seines Sterbens mit hinein. Er geht keinen Schritt zurück, er nimmt kein Wort zurück, er greift die Wirklichkeit dieser Welt da an, wo sie am krassesten ist – im Sterben eines Verurteilten, im Verbrechertod, in der Hinrichtung eines Gotteslästerers. Das zu sehen oder zu sagen ist dann kaum mehr auszuhalten. Und die Frage muß kommen: Was tut Gott jetzt?

*Und die vorm Kreuz stehen,* stellen diese Frage. Läßt er sich das jetzt noch gefallen, so in die Wirklichkeit hineingeholt zu werden. Muß er nicht ein Zeichen geben, daß das wirklich zu weit geht, daß da einer an ihm festhält bis zuletzt? Hat er nicht den verlassen, der sich völlig auf ihn verließ? Jesus stirbt. Und die am Kreuz stehen und warten, sehen es, akzeptieren es als das letzte Wort über sein Leben und so auch über ihr eigenes Leben, Simon, die Soldaten, die Vorübergehenden, die Schriftgelehrten, die Priester. Wo ist Gott noch? Wer ist er in diesem Leben, und wer ist er jetzt in diesem Sterben? Diese Frage von Karfreitag ist unsere Frage. Die Antwort kann erst Ostern gegeben werden.

Heute bleibt nur zu sagen: Einer, der sich verschenkte, der gab, was er hatte, der Brot wurde und Wein, ein Stück Brot und ein Schluck Wein für alle, die hungern und dürsten nach Brot, nach Liebe, nach Gerechtigkeit —— SEHT, WELCH EIN MENSCH, der sich nehmen ließ, brechen, kauen, aufzehren Stück um Stück, Tag um Tag, schlucken, schlürfen, ausnutzen, austrinken bis zum letzten Tropfen seines Blutes, bis alles vollbracht war – und der darin festhielt an der Liebe Gottes bis zuletzt: DIESER, liebe Gemeinde, IST GOTTES SOHN! Amen.

**Kontexte**

Aus Jules Renard, Tagebuchnotizen:

»Der Tod der anderen hilft uns leben,
Die Angst vor dem Tod läßt uns die Arbeit lieben, die das ganze Leben ausmacht.

UnsereToten kehren zum eigenen Herd zurück und erwachen zu neuem Leben in den Flammen, in die wir voller Melancholie schauen. Man denkt an den Tod, solange man ihm zu entgehen hofft. Es gibt Augenblicke, da möchte ich sterben. Dann ist mir der Tod einerlei.«

Dolf Sternberger, Todesfälle:
»So sehr ich versuche, mich mit meinem eigenen Tod vertraut zu machen, so ertappe ich mich doch dabei, daß ich die Todesfälle ringsum, sie mögen mir noch so nahegehen, wie fremde Zufälle registriere, historische Vorkommnisse, die ihre Spuren hinterlassen, aber vorübergehen.
Selbstverständlich weiß ich, daß ich selber sterben muß. Selbstverständlich weiß ich auch, daß das Ende mir immer näher rückt, ich richte mich darauf ein, treffe praktische Vorbereitungen. Selbstverständlich weiß ich gewiß und bestimmt, daß ich sterben werde, daß ich nicht mehr sein werde. Aber es ist sonderbar: wenn ich genau darauf achte – im geheimsten glaube ich nicht daran. Wahrscheinlich ist es uns gar nicht möglich, im Ernst daran zu glauben, daß wir sterben müssen.
Herr, lehre uns bedenken, daß wir sterben müssen!
Wir bitten darum wie der Psalmist, aber wir können es gar nicht wirklich lernen.«

Das ewige Leben:
»Das zeitliche Leben, unser gewöhnliches Leben, unser gewöhnliches einziges, einmaliges und unersetzliches Leben ist endlich. Mit dem Tod geht es zu Ende. Der Tod ist das Ende des Lebens, gar nichts anderes und weiter nichts, aber gerade das ist das Unerträgliche. Ob es einen mit 30 trifft wie meine Schwester Erika oder mit 70 wie Hugo oder mit 90 wie meine Mutter, das macht zwar einen großen Unterschied hinsichtlich des Lebens, aber es macht keinen Unterschied hinsichtlich seiner Beendigung, seiner Vernichtung. ... Und ob einer im Bett stirbt wie die Großeltern oder in die Gaskammer geschickt wurde wie das Fräulein Schott, das macht einen ungeheuren Unterschied in Hinsicht auf die Sünde der Lebenden, der Täter und der Zeugen, und gewiß in Hinsicht auf das Sterben der Sterbenden, aber auch dies macht keinen Unterschied hinsichtlich des Todes, insofern er nichts ist als das Ende des Lebens.
Jesus ist hingerichtet worden, er starb am Kreuz. Heute noch wirst du mit mir im Paradiese sein, sagte er zu dem Zutraulichen von den beiden Schächern. Aber die Gewißheit des ewigen Lebens hat nichts daran geändert, daß das zeitliche Leben endigte, auch sein eigenes. Denn daß ihn dort der Tod traf, das ist ausdrücklich berichtet. Er neigte das Haupt und verschied! Ebenso wenig ändert die allgemeine Verheißung des ewigen Lebens, sei es das der Seligen oder das der Verdammten, irgend etwas daran, daß unser zeitliches Leben endlich ist, daß der Tod ihm das Ziel setzt, daß es im Tod vernichtet wird. Und auf dieses zeitliche Leben kommt es uns gerade an.
Zu denken, daß das ganze gewaltige und komplizierte Gebäude des Glaubens über der Endlichkeit des Lebens, also über dem bodenlosen Abgrund des Todes errichtet ist! Daß die Verheißung ewigen Lebens weitergetragen wird von Tod zu Tod, wie wenn einer im Strom von Eisscholle zu Eisscholle springt, und eine nach der anderen schmilzt und zergeht unter seinem Fuß!
Der Glaube ist wahrhaft ein Wunder. Der Glaube ist unglaublich, doch immer noch glaublicher als der Tod.«

# Ostersonntag

## Predigttext: Johannes 20,11–18
Roswitha Alterhoff

### Theologisch-homiletische Skizze

Diese Oster-Perikope stellt so etwas wie einen Zentraltext der Feministischen Theologie dar. Da auch mittlerweile die Hörerinnenschaft mit anderem Bewußtsein die biblischen Frauengestalten und ihre Bedeutung aufnimmt, sollte diesem Teil der Gemeinde in der Betonung der zentralen Bedeutung des Textes Rechnung getragen werden. Drei verschiedene Möglichkeiten, den Text zu predigen, würden mich reizen:

1. Eine Person in den Mittelpunkt stellen: Maria von Magdala, den entsprechenden biblischen Befund zu einer Geschichte, einer Lebensbeschreibung verdichten, gipfelnd in dem Auftrag des Auferstandenen. Das, was Maria tun soll, ist im Griechischen mit ›angelein‹ beschrieben, also Bote sein wie ein Engel, göttliches Sprachrohr. Das ist gleichzeitig mit Maria auch die Aufgabe der Christen, das Leben anzusagen in einer Welt des Todes – den Sieg Jesu Christi über die Mächte des Todes zu bezeugen mit dem eigenen Leben.
2. Man könnte homilieartig am Text entlanggehen, dabei natürlich Schwerpunkte setzend: eine Trauernde am Grab, die noch festhalten will, was sie längst nicht mehr hat; die Ausrufung des Namens durch den Auferstandenen und die damit verbundene Erkenntnis; der Auftrag – zum Beispiel. ›Beim-Namen-Rufen‹ ist ein Schöpfungsakt, der sowohl an Gottes Schöpfungshandeln als auch an die Taufe erinnert. Das sollte man, gleich, wie die homiletische Entscheidung fällt, sich nicht entgehen lassen.
3. Auch die christologische Auseinandersetzung über das Verhältnis zum Auferstandenen in der christlichen Gemeinde (s. Exegese Bd. 4) wäre ein lohnender Schwerpunkt. Jesus – als Vorbild, als Lehrer allein genügt nicht. Deshalb kann er nicht mehr angefaßt, kann nicht mehr in Besitz genommen werden. Dies erst ermöglicht die Freiheit, seine Botschaft weiterzusagen. Und das wiederum bedeutet ein neues Verhältnis zu Gott und zu den Menschen. Ostern ist auch insofern neues Leben.

### Vorschläge zur Liturgie

*Lieder*

EKG 82,1–5 mit dem Kehrvers ›Halleluja‹ nach jeder Strophe; EKG 88,1+2+5; EKG 252,4; Singe, Christenheit: 636 ›Es ist erstanden ...‹; 643 ›Ihr werdet die Kraft des Heiligen Geistes empfangen ...‹

*Psalm*
2; 16; 105; 110; 118.

*Statt Eingangsvotum*
Der du lebst, mit deiner Macht
dring in unser Wesen ein.
Sieh, wir harren in der Nacht,
laß es bei uns Ostern sein!
Ostern! Laß es Ostern sein!
Über unserm Todesstreit
strahle hell der Morgenschein
deiner Osterherrlichkeit!
(F. Schmidt-König, in: Erk, Passion und Ostern, S. 272)

*Lesung*
1 Samuel 2, 1–8a oder Lukas 1,46–55

*Lobpreis oder Sendung*
Schließt mit mir einen Bund,
so daß auch andere, weit weg von hier
einbezogen werden in Gottes Volk.
Immer wieder neu erkennen wir Gottes Ebenbild in einer jeden;
spiegeln auch wir selbst es wider!
Geben wir die Uneindeutigkeit des Menschen zu.
Seine innere Verstörtheit, Verletztheit und Sünde;
es zu bekennen führt zur Vergebung.
Singen wir Gottes Lob neu; nehmen wir unser Amt an;
fangen wir an mit der Aufgabe zu heilen.
Tun wir uns mit denen zusammen, die so lieben,
daß sie auf Veränderung zugehen können,
dazu befähigt durch die Kraft des Heiligen Geistes.
Gehen wir unseren Weg in Freude
und feiern wir ein großes Fest zusammen,
denn Gottes Ebenbildlichkeit ist in uns lebendig.
(aus: Wir sind keine Fremdlinge mehr, Hg. EMW 1984)

*Glaubensbekenntnis einer Frau* (i.A., ebenda)
Ich glaube an Gott, der Frau und Mann zum Bilde Gottes schuf
und beiderlei Geschlecht die Erde zu treuen Händen übergab.
Ich glaube an Jesus, der zuletzt Maria Magdalena erschien
und sie mit der aufrührenden Botschaft losschickte:
Geh und sag es den anderen.

Ich glaube an den alles umfassenden Erlöser,
für den es weder Juden noch Griechen, weder Sklaven noch Freie,
weder Mann noch Frau gibt, denn wir sind alle eins in der Erlösung durch ihn.
Ich glaube an den Heiligen Geist, die sich über die Wasser der Schöpfung und über die Erde hinbewegt.
Ich glaube an den Heiligen Geist, den weiblichen Geist Gottes, die uns wie eine Glucke geschaffen hat,
die uns zur Welt brachte und ihre Flügel über uns deckt.

**Vorschläge zur Predigt**

*Möglicher Predigtanfang*

Warum weinst du? Zweimal wird einer Frau am Grab diese Frage gestellt, liebe Gemeinde. Eigentlich kann sich jeder denken, warum sie weint. An Gräbern sind Tränen üblich. Wer einen lieben Menschen verloren hat, weint vor Kummer, Traurigkeit und Sorgen. Die Sinne sind wie vernebelt. Trauer macht blind und taub für die Wirklichkeit. So ist es nun einmal. Maria von Magdala scheint es jedenfalls so zu gehen.
Was hat sie alles erleben müssen. Ein Frauenschicksal besonderer Art. Ihr Leben war lange von Krankheit gekennzeichnet. Lukas berichtete, daß Jesus sie geheilt hatte, indem er sieben böse Geister austrieb. Sie ist seine Jüngerin geworden, die mit ihm mitzog und ihre Habe ihm zur Verfügung stellte. Vor allem ist sie – zusammen mit anderen Frauen – bei ihm geblieben beim Kreuz und am Grab. Bis zum bitteren Ende sozusagen. Und nun wird sie überflüssigerweise gefragt: Warum weinst du?

*Zum weiteren Verlauf*

Vermutlich war das Leben der Maria von Magdala für viele damals nichts Besonderes. Man könnte natürlich dieses Leben noch mehr erzählend auslegen, vielleicht mit dem Tenor: Sie hat von Jesus alles bekommen, Leben, Ganzsein, Gesundheit, Sinnerfüllung – und nun gibt sie schrittweise zurück, ihre Habe, ihre Liebe, ihre Fürsorge über den Tod hinaus. Soweit ist es auch eine ›normale‹ menschliche Geschichte. Hier ließe sich an so manche Erfahrung der Predigthörerschaft anknüpfen. Am Ostermorgen werden ja in einigen Gemeinden Gottesdienstfeiern auf dem Friedhof, über den Gräbern gewissermaßen, angeboten. Dort finden sich die Menschen ein, die im Anschluß an den Gottesdienst zu den Gräbern gehen wollen. Sie könnten von ähnlichen Erfahrungen berichten: Wie reich sie beschenkt waren durch Leben, Liebe und Sinnerfüllung eines Nächsten und wie sie nun dabei sind, sich neu zu orientieren, und wie schwer das ist. Tränen verschleiern den Blick und lassen die Wirklichkeit nur schemenhaft wie hinter einer Nebelwand erkennen. Die Frage ›Warum weinst du?‹ dringt in alle diese Ohren. Sie enthält bereits den Keim eines

Neuen. Sie ist nicht nur vordergründig. Es wird eine Zeit kommen, in der statt der Tränen etwas anderes dran ist.
Man mag natürlich auch erzählend und ausdeutend an der Geschichte selbst entlanggehen. Da sind neben der Maria auch die Engel. Sie haben ja immer hinweisende Funktion, sollen einen göttlichen Auftrag erfüllen. Deshalb müssen es nicht Männer mit Flügeln sein, wie in dem Gedicht von R.O. Wiemer festgestellt wird. Sie weisen mit ihrer Frage von sich weg – auf den Auferstandenen hin, hier nicht mit Worten, sondern indem sie durch ihre Gegenwart und ihre Frage das göttliche Geschehen verkörpern. In einem alten Kinderlied, an das man erinnert sein mag, wird diese Bedeutung der Engel deutlich: ›Abends, wenn ich schlafen geh', vierzehn Engel bei mir stehen ...‹ Am Ende heißt es: ›zwei, die mich weisen in das himmlische Paradeisen.‹ Genau dies ist ihre Aufgabe, und letztenendes tun das die Engel der Ostergeschichte. Es kann sein, daß es uns so ergeht wie Maria: Wir erkennen oft solche Engel nicht und bleiben in uns und unserem Kummer befangen. Und doch gibt es sie, und wir erkennen sie erst im nachhinein, ahnen erst später ihre Hilfestellung hin zum ›himmlischen Paradies‹.
Dem Text oder der Person der Maria folgend, liegt in der Begegnung mit dem vermeintlichen Gärtner der Schlüssel zur ganzen Geschichte. Maria spricht vom toten Jesus als ›meinen Herrn‹. Das besitzanzeigende Fürwort zeigt das Problem an. Solange wir Menschen wie unser Eigentum bezeichnen, können wir sie nicht loslassen und können darum auch nicht dem Neuen Platz machen. Deshalb muß Jesus noch einmal fragen: Was weinst du? Diesmal wird die Frage nur präzisiert durch die nächste: Wen suchst du? Den, der dir doch nur vermeintlich gehörte, suchst du vergebens. Niemand läßt sich auf Dauer festhalten. Sonst erstarrt Leben und schreitet nicht fort, ja stirbt ab. Menschen, auch geliebte Menschen, stehen uns nicht beliebig zur Verfügung, auch nicht in der Trauer.
Auch hier ließe sich an Erfahrungen anknüpfen. Zum Beispiel aus dem Trauerprozess, wo er gelingt und wo er nicht gelingt. Auch unser Verhältnis zu Gott ließe sich an dieser Stelle verdeutlichen: Gott als vermeintlicher Besitz, von dem ich genau weiß, wie er ist und was er bedeutet, ›mein Gott‹ – zur Floskel verkommen. Gott, der mir gehört und von dem ich deshalb auch nichts mehr Neues erwarte.
Jesus nennt schließlich Maria mit ihrem Namen. Erst dann hört sie ihn, erkennt sie ihn. Wer mit Namen angerufen wird, der wird zur unverwechselbaren Person. Da auch in diesem Punkt die Heilige Schrift sich selbst auslegt, mag man ruhig biblische Parallelstellen heranziehen. So gibt der Mensch in der zweiten Schöpfungsgeschichte den Tieren ihre Namen. Erst dadurch werden sie lebendig. Als Mose den Israeliten seinen Auftraggeber bekanntmachen soll, bittet er Gott um seinen Namen, damit er

unverwechselbar und lebendig wird (Exodus 3,13). Alternativ oder zusätzlich kann auch die bekannte Jesajastelle (Vers 43,1) herangezogen werden· ›Ich habe dich bei deinem Namen gerufen. Du bist mein.‹ Wer also von Gott mit Namen gerufen wird, der gehört zu ihm. So gehört Maria auf die Seite des Auferstandenen. Um den eschatologischen Bezug noch deutlicher zu machen, kann auch Lukas 10,20 zitiert oder erinnernd genannt werden: ›Freut euch, daß eure Namen im Himmel aufgeschrieben sind.‹ Die Erinnerung an die Taufe gehört zum Ostermorgen. Die Ausrufung des Namens vor der Gemeinde Gottes und das Taufen in seinen Namen hinein besiegelt unsere Unverwechselbarkeit vor Gott bis in den Himmel hinein. All dies klingt in der Namensnennung Jesu am Ostermorgen mit. Es sollte jedenfalls mitgehört werden.

*Möglicher Schluß*
Maria bekommt einen Auftrag. Das ist bis heute ein ungeheuerliches Ereignis. Der Verkündigungsauftrag ist vom Auferstandenen der Frau gegeben: ›Geh hin und sage meinen Brüdern ...‹. Derjenigen, die bis zu Kreuz und Grab ausgehalten hat. Und sie tut es auch. Über die Reaktion der Jünger (und Jüngerinnen) wird nichts weiter erzählt. Es ist offen, was sie damit anfangen. In der Kirche Jesu Christi gilt: Frauen haben den Verkündigungsauftrag, und Männer sind die Brüder des Auferstandenen. Das ist eine Osternachricht, die uns ins Nachdenken bringen kann. Es ist noch offen, was wir mit dieser Botschaft anfangen. Alles entscheidet sich an unserem Verhältnis zum Auferstandenen. Wie wir mit seinem Leben unser Leben gestalten, wie wir mit seinem Leben Widerstand leisten gegen alle Todesmächte und Todesbedrohungen. Wie wir mit seinem Leben unser Leben geborgen wissen über alle Grenzen hinweg.

**Kontexte**
Vorbotinnen
Plötzlich fällt es mir wie Schuppen von den Augen:
Frauen waren es, die als erste die Osterbotschaft verkündeten – die unglaubliche!
Frauen waren es, die zu den Jüngern eilten,
die atemlos und verstört die größte aller Nachrichten weitersagten:
Er lebt!
Stellt euch vor, die Frauen hätten
in den Kirchen Schweigen bewahrt!
(Märta Wilhelmsson, in: Wir sind keine Fremdlinge mehr)

Abendgebet
Abends, wenn ich schlafen geh', vierzehn Engel bei mir stehn,
zwei zu meiner Rechten, zwei zu meiner Linken,
zwei zu meinen Häupten, zwei zu meinen Füßen,

zwei, die mich decken, zwei, die mich wecken,
zwei, die mich weisen in das himmlische Paradeisen.
(aus: L. Reiners, Der ewige Brunnen, S. 34)

Engel
Es müssen nicht Männer mit Flügeln sein, die Engel.
Sie gehen leise, sie müssen nicht schrein,
oft sind sie alt und häßlich und klein, die Engel.
Sie haben kein Schwert, kein weißes Gewand, die Engel.
Vielleicht ist einer, der gibt dir die Hand,
oder er wohnt neben dir, Wand an Wand, der Engel.
Dem Hungernden hat er das Brot gebracht, der Engel.
Dem Kranken hat er das Bett gemacht,
er hört, wenn du ihn rufst, in der Nacht, der Engel.
Er steht im Weg und er sagt: Nein, der Engel,
groß wie ein Pfahl und hart wie ein Stein –
es müssen nicht Männer mit Flügeln sein, die Engel.
(R.O. Wiemer)

»Berühr' mich nicht« möchte ich so übersetzen: »Werde reif, werde erwachsen! Nimm den Trennungsschmerz an!« »Was sucht ihr den Lebendigen bei den Toten?« fragt der Engel im Lukasevangelium die Frauen. Es ist die gleiche Botschaft, und sie heißt: »Wo ihr Dauer sucht, ist der Tod. Wo ihr euch verändert, ist Leben.« Die weibliche »Sünde« ist nicht der Stolz, sondern das Verharren. Der spontane Kinderglaube, so fest und ausdauernd er auch schien, muß sich verwandeln und dem Trennungsschmerz standhalten. Nur so kann einer erwachsen werden und reifen. Die Stimme ist noch nah und vertraut, und Jesus ist in dieser Stimme noch derselbe. Und mit dieser Stimme gibt er ihr einen Auftrag, der die Distanz nicht aufhebt, aber begreifbar macht: sein Gott ist auch ihrer aller Gott. Sein Vater ist auch ihrer aller Vater. Die scheinbar unerträgliche Veränderung wird tragbar. Maria Magdalena muß gehen und von der neuen Distanz und Nähe sagen. Der Schmerz und der Schreck begleiten sie. Es ist nichts mehr, wie es früher war. Aber auf sie wartet ein Auftrag und eine neue Gemeinschaft.
(E. Moltmann-Wendel, Ein eigener Mensch werden, S. 77f.)

»Frauen zeigten zuerst jene Offenheit und Durchlässigkeit, die nötig ist, um den Auferstandenen bei sich zu empfangen. Sie gewannen als erste die Gewißheit, daß der von ihnen Geehrte, Gesalbte und Geliebte den Tod überwunden hatte und weiterleben würde. Hatte er ihnen bis zu seinem Tode die Treue gehalten, so bewiesen sie ihm die Treue über den Tod hinaus. Keinen Moment hatten sie ihn aus den Augen gelassen, während seine Jünger längst das Weite gesucht hatten. Im Leben wie im Sterben hatten sie ihm bis zuletzt beigestanden und ihn über den Tod hinaus noch bewacht, denn ›Maria aus Magdala und die andere Maria, die saßen dem Grab gegenüber‹ ... Daß Männer beauftragt wurden, den Frauen zu verkündigen, lesen wir nirgends; daß Jesus aber Frauen zur Verkündigung an seinen Brüdern beauftragt, ist selbst im neutestamentlichen Kanon noch gut belegt. Mit anderen Worten: Den Männern wird zugemutet, den Frauen Gehör und Glauben zu schenken, und nicht umgekehrt. Die Auferstehungsbotschaft war nur um den Preis des Hinhörens auf die Frauen zu haben.«
(C. Mulack, Jesus – der Gesalbte der Frauen, S. 267 f.)

# Ostermontag

## Predigttext: Jesaja 25,8–9
Gerhard Monninger

### Theologisch-homiletische Skizze

Mehr habe ich auch als Christ nicht zu hoffen, als was dieser Unbekannte am Rand des Alten Testaments hofft: daß Gott sein Reich aufrichtet, unter seiner unumschränkten Herrschaft Trauer und Tränen ein Ende haben und der Tod für immer besiegt ist. Diese Spitzenaussage überragt alles übrige in so hohem Maß, daß ich mich ausschließlich darauf konzentriere und andere mögliche Predigtanstöße des Abschnitts, z.B. das Festmahl mit seinem Bratenduft (im Kontext); die politische Dimension der auf dem Berg »vereinten Nationen« sowie die Beziehung von Hoffnung und Gotteslob (Vers 9), an den Rand rücke.
Daß Gott den Tod verschlingt, gewinnt noch mehr an Bedeutung, wenn ich lese, wie Paulus (1. Kor 15,26.55) und die Johannes-Apokalypse (Vers 7,17; 21,4) sich genau dieser Worte bedienen, wenn sie von ihrer Hoffnung sprechen.
Diesen Standpunkt will ich auch als Prediger einnehmen: vom NT zurückschauen ins AT und dort nach Strukturanalogien zum Christusglauben suchen. Wenn es eine solche Analogie gibt – und hier ist sie mit Händen zu greifen –, dann ist sie auch für uns post Christum natum von höchstem Interesse. Der Weg des AT-lichen Gottesglaubens über viele Stufen, Sackgassen und Brüche hinweg zu Jesus, dem Christus, der Gott zeigt und vertritt, könnte sich auch als unser Weg erweisen. Denn auch wir sind ja immer wieder auf den vorchristlichen Standpunkt zurückgeworfen.
So ergibt sich, daß z.B. das AT-liche Leiden an der Macht des Todes sowie die in Krisenzeiten noch gesteigerte Sehnsucht nach ihrer Überwindung eine fortdauernde Existenzbestimmung auch für uns ist.
Freilich unterliegt diese Hoffnung dem Verdacht, sie sei ausschließlich das Produkt eines großen Leidensdruckes und deshalb ein grausamer Irrtum. Der NT-liche Glaube an den Tod des Todes hat demgegenüber das große Plus, daß er nicht nur nach vorne schaut, sondern zugleich auch zurück auf das Christusereignis in Kreuz und Auferstehung. Etwas Entscheidendes ist hinzugekommen, das zwar die Hoffnung ihrem Inhalt nach nicht verändert, sie aber gewisser macht.
Die Botschaft vom Tod des Todes betrifft weit mehr als nur den physischen Tod des einzelnen. Sie gilt auch für all die kleinen Tode wie Krankheit, Abschied, Mißerfolg, Depression usw., im persönlichen wie im öffentlichen Bereich. Der Prediger muß sich entscheiden, worauf er den Schwerpunkt legt. Ich gehe diesmal den Weg, Sterbeerfahrungen unter der Macht des Todes zu vergleichen mit solchen aus dem Glauben an den Tod des Todes heraus. Dabei beschränke ich mich, auch hierin vom AT belehrt, auf die Überwindung des Todes vor und im Sterben. Die Entplatonisierung des Christentums (E. Jüngel) bleibt auch an Ostern eine wichtige Aufgabe.

**Vorschläge zur Liturgie**

*Lieder*

EKG 87; 76, besonders Vers 4.

*Gebet*

Gott des Lebens – an uns ist vieles schon gestorben, und wir denken an Begraben. Komm, tauch auf unter uns wie die Frühlingssonne, daß unsere Hoffnung neue Säfte zieht. Wecke uns zum Leben, daß wir aufstehen und unsere Hände dir entgegenstrecken – bis du in unserer Mitte bist: Unsere Zweifel schwinden, und die Wunden heilen. Die lähmende Angst wird vergehen, frei werden wir uns unter die Menschen mischen und mit ihnen das Leben feiern.
(aus: F.K. Barth, G. Grenz und P. Horst: Gottesdienst menschlich, Bd. 2, Wuppertal 1980)

*Österliches Kyrie*

Herr Jesus Christus, auferstanden bist du aus der Nacht des Todes. Dein ist die Macht über Himmel und Erde. Wir rufen dich an: Erbarme dich, Herr!
Gemeinde: Kyrie eleison.
Herr Jesus Christus, dein Grab ist offen, nichs hält dich mehr fest. Im Feld liegt erschlagen der Tod. Wir rufen dich an ...
Herr Jesus Christus, du hast die Ketten gesprengt für uns. Frei können wir atmen und singen vor Freude. Wir rufen dich an ...
Herr Jesus Christus, die Nacht ist gewichen, der Nebel gelichtet. Du lebst. Wir rufen dich an ...

*Fürbittengebet*

Vater unseres Herrn Jesus Christus, du Liebhaber alles Lebendigen, wir rühmen Deine Güte, die höher ist als unsere Vernunft. Du hast unseren Bruder Jesus aus dem Tode gerufen und machst uns zu deinen Gefährten.
Wir bitten dich, löse uns aus der Komplizenschaft des Todes, bringe seine Helfershelfer zum Schweigen: die Propagandisten der Gewalt, die Planer tödlichen Fortschritts, die gewissenlosen Agenten des Krieges.
Ermutige deine Kirche zu geduldigem Widerstand gegen alles, was Leben behindert und bedroht. Gib deinen Boten Vollmacht, gegen den stummen Tod dein lebendiges Wort zu halten: an den Gräbern der Menschen, die wir verloren; angesichts qualvoller Krankheit und sinnlosen Sterbens. Laß uns selbst im Frieden und in der Gewißheit Deiner Liebe gehen, wenn du uns rufst.

Wir bitten dich für die Völker, die gefangen sitzen in Finsternis und Schatten des Todes, die hungern nach Brot und Gerechtigkeit, die dürsten nach Frieden und Freiheit. Schaffe ihnen Recht und setze ihrer Qual ein Ende.
Wir bitten dich für alle Menschen, die in Politik, Wirtschaft und Wissenschaft den Zustand der Welt mitverantworten. Zeige ihnen Mittel und Wege, Katastrophen abzuwenden.
Wir bitten dich für jeden Menschen an unserer Seite, dem wir die Botschaft von der Auferweckung Jesu Christi schulden; schenke unseren Worten Gewißheit und unseren Taten Glaubwürdigkeit; verbinde uns in der Liebe, die du bewiesen hast bis ans Ende.
(Peter Beier in ZGP 2/83)

**Vorschläge zur Predigt**

*Möglicher Predigtanfang*

»Als Margot Franck starb, war sie 60 Jahre alt. Als das Ableben der Jüdin entdeckt wurde, wäre sie 64 geworden. Niemand hat den Tod der alten Dame zur Kenntnis genommen. Vier Jahre lang lag ihr Leichnam in einer Hamburger Mietwohnung. Vier Jahre lang war die Rente einer Toten auf das Konto einer vermeintlich Lebenden überwiesen worden. Vier Jahre lang hatten Gas- und Elektrizitätswerke ebenso wie der Wohnungsinhaber fällige Kosten per Abbuchungsvollmacht kassiert. Daß Margot Franck jahrelang weder Strom noch Gas dem Netz entnahm, hatte die Energieverkäufer nur dazu veranlaßt, Kosten auf der Basis eines Nullverbrauchs in Rechnung zu stellen. Daß Margot Franck niemals dem Vermieter auffiel, wertete dieser positiv: eine Mieterin, die keine Schwierigkeiten machte« (Aus dem Deutschen Allgemeinen Sonntagsblatt 1982).
Der Tod hat in unserer Gesellschaft trotz staunenswerter medizinischer Fortschritte ein leichtes Spiel. Menschen fallen ihm nicht mehr durch Seuchen und Bombennächte zum Opfer, sondern durch eine weit verbreitete Leblosigkeit der Lebenden. Margot Franck war eigentlich schon tot, als sie noch lebte. So abgeschnitten war sie von allem und jedem. Die Menschen in ihrer Umgebung waren nicht weniger dem Tod verfallen. Der Gedanke, der Tod könne Wand an Wand zu ihnen am Werke sein, erschien ihnen so bedrohlich, daß sie ihn gar nicht zu denken wagten. Dieser Herr will gefürchtet sein. Man huldigt ihm indessen nicht, indem man vor sein Angesicht tritt. Man bestätigt seine Macht, indem man sich vor ihm abschirmt.
Ein Telefonanruf. In Angst und großer Sorge bittet mich eine Frau, an das Krankenlager ihres Mannes zu kommen. Sie rechnet damit, daß es jeden Moment mit ihm zu Ende gehen kann. Als ich das Haus betrete, finde ich einen 93jährigen Sterbenden vor. Die Frau ruft ihm, der auch schwerhörig ist, laut ins Ohr: »Der Herr Pfarrer ist da. Er wird mit dir beten, daß du wie-

der gesund wirst!« Der Kranke kann nicht mehr reagieren. Er ist sehr kurzatmig und bricht etwas Galle. »Gell, das versprichst du doch, wir feiern noch deinen hundertsten. Deswegen betet doch der Herr Pfarrer mit dir.« Ich spreche ein Gebet, ein Vaterunser, einen Sterbesegen. Eine halbe Stunde später ist der Mann tot.
Mit welchem psychischen Kraftaufwand wird das Tabu durchgehalten, nicht vom Tod zu sprechen, seine Vorzeichen nicht wahrzunehmen! Ich habe den Eindruck, daß auch die vielen Bücher und Seminare zum Thema Tod und Sterben dieses Tabu aufs Ganze gesehen nicht ins Wanken gebracht haben. In unserer Gesellschaft glaubt man zuerst und zutiefst an den Tod.

*Zum weiteren Verlauf*
Da, besonders nach der Auffassung des Alten Testaments, der Tod nicht auf das Lebensende des einzelnen beschränkt ist, sondern tief hineinwirkt in die sozialen und politischen Verhältnisse, wäre zu erwägen, ob nicht noch ein Beispiel des Glaubens an den Tod aus diesem Bereich angefügt werden soll. Denkbar wäre ein Hinweis auf H.E. Richters »Alle reden vom Frieden« (vgl. Kontexte).
Liebe Gemeinde, ich habe mit Bedacht vom Glauben an den Tod gesprochen. Das ist etwas anderes, als damit rechnen, daß es den Tod in der Welt gibt und daß er mich auch eines Tages treffen wird. Im Alten Testament wird öfter davon gesprochen, daß ein Mensch alt und lebenssatt stirbt. Da nehmen Menschen Abschied vom Leben ohne Panik und Bitterkeit. Sie lassen ihr Leben los, wie einer einen Krug absetzt, nachdem er durstig einen langen Zug daraus getan hat; ohne Trauer, einfach gestillt. So könnten wir sterben. Unsere Erfahrung ist freilich, daß wir sterben müssen und es nicht können. Daß wir verschlungen werden. Sterben könnte natürlich sein, de facto aber erleben wir es als unnatürlich.
Ich setze nun der im AT gebräuchlichen Wendung, daß der Tod den Menschen verschlingt (Jes 5,14; Prov 27,20), die Spitzenaussage von Jes 25 gegenüber, daß Gott den Tod verschlingt. Eine wunderbare Vorstellung, die freilich dem Verdacht unterliegt, sie sei nur ein schöner Traum. Wenn Paulus dieselbe Aussage in 1. Kor 15,26.55 macht, blickt er nicht nur nach vorne, sondern zugleich auf den Karfreitag und den Ostermorgen zurück. Ich spreche von Jesus, der gegen den Tod gekämpft hat, indem er sich auf ihn einließ, und von Gott, der sich mit Jesus identifiziert, in seinem Tod die Berührung des Todes erträgt (Jüngel) und so neues Leben durch den Tod hindurch, nicht an ihm vorbei, stiftet.

*Möglicher Schluß*
Jetzt ist der Tod kein Argument gegen das Leben mehr. Jetzt wird Leben möglich im Schatten des Todes, und zugleich Sterben-können. Immer

wieder erleben wir, daß Menschen auch anders auf den Tod reagieren als in den Beispielen, die ich eingangs erzählte.
Elfi K. war Mitte 40, als sie in der Nacht nach einer Radtour wegen unerträglicher Schmerzen den Notarzt rufen mußte. Eine sofort durchgeführte Operation zeigte weit fortgeschrittene bösartige Tumore im gesamten Bauchraum. Elfi K. war eine auffällige Erscheinung, attraktiv und bunt wie ein Paradiesvogel. Daß sie eine ganze Reihe schwerer Lebenskrisen, darunter zwei gescheiterte Ehen durchgemacht hatte, sah man ihr nicht an. Auch nicht die letzte, die darin bestand, daß nun auch das letzte Kind von zuhause auszog. Wieder drohte ihr ein Stück Lebenssinn abhanden zu kommen. In Wahrheit wüteten aber diese Krisen in ihr in Gestalt des Tumors. Zuerst wagte niemand, ihr die Wahrheit zu sagen. Sie begann allerdings bald, den Beschwichtigungen zu mißtrauen, hatte aber zu große Angst, die Ärzte um die ungeschminkte Wahrheit zu bitten. Als sie sie dann doch erfuhr, reagierte sie keineswegs mit einem Schock, wie viele erwartet hatten. Eine Woche lang schwankte sie zwischen Nicht-wahrhaben-Wollen und Annehmen hin und her. Dann ging in ihr ein erstaunlicher Wandel vor. Sie war es nun, die die Verwandten vom Versteckspielen erlöste. Ungefähr ein Vierteljahr hatten ihr die Ärzte »gegeben«. Diese Zeit erfüllte sie nun mit Leben. Sie bat um den Besuch ihres geschiedenen Mannes, sprach sich mit ihm aus und übertrug ihm die Sorge um die gemeinsame Tochter. Dem Sohn richtete sie einen glanzvollen 18. Geburtstag aus. Sie stellte Kontakt zwischen einigen entfernteren Verwandten und ihren Kindern her, und sie schrieb jeden Tag Briefe.
Am Tag ihrer Entlassung aus dem Krankenhaus kaufte sie sich ein neues, sehr elegantes Kleid und empfing zu Hause ihre Besucher damit. Sie buchte Reisen nach verschiedenen Schauplätzen, die in ihrem Leben eine besondere Bedeutung hatten, und fuhr hin. Allmählich übertrug sich ihr Sterben-Können, das intensives Leben war, auch auf die Familie. Konfusion und Panik klangen ab, und sie konnten gelassener mit dem Sterben in ihrer Nähe umgehen.
Elfi K. war nun oft von Trauer erfüllt: »Das ist das letzte Mal, daß ich die Zwetschgen reifen sehe; dies ist der letzte Geburtstag, den ich miterlebe.« »Aber«, so sagte sie, »ich weiß, daß mir Gott die Zeit gibt, die ich noch brauche.« In Phasen der Trauer weinte sie viel; aber sie mußte eigentlich nie allein weinen. Nur noch wenige machten ängstlich einen Bogen um die Sterbende herum. Warum auch. In ihrer Nähe zu sein war eher tröstlich. Sie war versöhnt, das spürte man, auch wenn sie wenig darüber sprach.
Liebe Gemeinde, solche Erfahrungen können auch Sie in ihrer Umgebung machen. Sie sind Zeichen dafür, daß Gott den Tod verschlungen hat. Mehr als die Stimme im Alten Testament gehofft hat, können auch wir nicht hoffen. Aber wir haben es leichter. Deshalb ist jetzt die Zeit, zu der

sagt: »Siehe, das ist unser Gott, auf den wir hofften, daß er uns helfe. Laßt uns jubeln und fröhlich sein über unser Heil.«

## Kontexte

Irgendwann in der Zukunft mögen intelligente Wesen von einem anderen Stern in der noch immer radioaktiv verseuchten Kruste der Erde graben und nach Anhaltspunkten dafür suchen, wie es zur Auslöschung des menschlichen Lebens auf unserem Planeten gekommen ist ... Lange Zeit werden die fremden Besucher forschen und vergeblich rätseln, was die Völker der Industrieländer zur Vernichtung ihrer eigenen Zivilisation und zur totalen Verwüstung ihres Planeten getrieben haben mag. Aber eines Tages wird sich vielleicht eine Forschergruppe melden: ... »Die Völker der Industrieländer, die den großen Vernichtungsschlag geführt haben, standen in jenem Augenblick mächtiger und großartiger da als je zuvor. Sie gehörten zu den reichsten der Erde ... Ihre Medizin hatte mancherlei Erfolge erzielt und den Menschen für den Augenblick noch eine geradezu erstaunliche Lebenserwartung gesichert. Dennoch glauben wir, daß zumindest maßgebliche Kreise jener Völkerschaften die Auslöschung ihrer Zivilisation mit Absicht betrieben haben. Die atomare Erdkatastrophe kann nur als planmäßiger kollektiver Selbstmord erklärt werden.«
(Aus: H.E. Richter: Alle redeten vom Frieden. Versuch einer paradoxen Intervention, rororo 1984).

ein mann
hatte einen vorgarten
darin standen in reih und glied
100 gelbe
100 rote
100 weiße
plastik-rosen
auch
100 schneeglöckchen
das ganze jahr
100 violette krokusse
das ganze jahr
alle aus plastik
abwaschbar
die standen da das ganze jahr
in reih und glied
immer aufrecht
immer sauber
und adrett
immer in höchster blüte
immer
tot
die leute lachten über den mann
und sagten
ein bild des todes
blumen
die nicht wachsen
die nicht knospen
die nicht blühen
nicht sterben
nicht leben
und auch der mann sah bald so aus
wie aus plastik
er dachte wie ein mensch aus plastik
er redete wie ein mensch aus plastik
er bewegte sich wie ein mensch aus plastik
wie eine gliederpuppe
sauber
adrett
gleichmäßig
er konnte nicht sterben
und nicht leben
und die nachbarn sagten
der mann kann nicht sterben
er ist eben immer jung
eben immer alt
er ist tot
und läuft herum
er kann nicht sterben
und kann nicht leben

(Aus: Wilhelm Willms: Aus der Luft gegriffen, Kevelaer 1978, S. 82)

# Quasimodogeniti

## Predigttext: Markus 16,9–14(15–20)
Horst Albrecht

### Theologisch-homiletische Skizze

Die Exegese von Fr. Lang (Bd. 4) setzt sich mit einleuchtenden Argumenten dafür ein, die beiden »thematischen Einheiten« Verse 9–14 und 15–20 nicht zu trennen. Im ersten Teil führen die nach einem dreiteiligen Schema gegliederten Erscheinungsberichte (Christophanie, Mitteilung davon an die Jünger, deren Unglaube) zum schon durch die Stellung am Satzende hervorgehobenen »Stichwort ›Unglaube‹«; »jeweils im letzten Wort der drei Kurzberichte ist der Unglaube pointiert«. Dem will ich gern folgen, nicht jedoch dem Fazit, das Lang aus dem zweiten Teil der Perikope, der Rede des Auferstandenen, zieht. Lang gliedert in Missionsbefehl (Vers 15), Gerichtsregel (Vers 16) und Auflistung von fünf begleitenden Zeichen (Vers 17f.) und erkennt in letzteren »das besondere Interesse des Verfassers: Der erhöhte Herr wirkt in den Zeichen, die die apostolische Predigt begleiten, und beglaubigt dadurch selber die Osterbotschaft«. So wird »inmitten der gegenteiligen, als Lebensbedrohung handgreiflich spürbaren Wirklichkeit des Kreuzes für die Augen der Glaubenden die Auferstehungswirklichkeit, der Sieg über Tod und Teufel, jetzt schon wirksam und erfahrbar«. Denn alle Gefährdung »wird überwunden durch heilsame Bewahrung wenn nicht des äußeren, so des inneren Menschen«. »Die Glaubenzeugen würden dann trotz leiblichen Todes geistlich ohne Schaden bleiben.«

Vermutlich ist damit tatsächlich die Intention des ohnehin so problematischen »unechten« Markusschlusses getroffen. Nur: das kann ich nicht predigen (H.M. Müller spricht zutreffend von einer »Verflachung des Evangeliums«, PSt V/2, 1983 S. 32). Schon weil hier Wundervorstellungen unkritisch übernommen und mit dem Auferstehungsglauben verbunden werden. Es geht zudem nicht mehr um Wunder Jesu, sondern um Wunder der Glaubenden – auch wenn sie im Namen des Herrn geschehen und der letzte Vers sicherstellen möchte, daß in diesen Beglaubigungs- oder Bekräftigungswundern der Herr selbst wirkt. Solche Aussagen kann ich auch deshalb nicht predigen, weil nun ein doppeltes Weltbild eingeführt wird (»äußerer/innerer Mensch«, »leiblicher/geistlicher Tod«). Vor allem aber lassen solche Mirakel, auch wenn Lang sie »nicht triumphalistisch als Glaubensbeweise verstanden« wissen will, sich nicht vereinbaren mit den paulinischen Aussagen über die Predigt des Auferstandenen, die Ruf unter das Kreuz ist. Die Zeichen, welche Paulus umherträgt, sind die Zeichenmale des Gekreuzigten (Gal 6,17). Gewiß hat schon Lukas keine Bedenken gehabt, den Helden der Missionsreisen reichlich mit Wundern auszustatten, nach Apg 28,3–6 vermochte er ja sogar mit Giftschlangen gefahrlos zu hantieren (vgl. Vers 18a). Letztlich widerspricht das aber dem Ernst der Nachfolge-

worte Jesu selbst, mit dem der Herr seine Jünger unter das Kreuz schickt und ihnen nur ein einziges Wunder gewährt: das des Glaubens.
Ich werde deshalb anfangs in eins mit dem Text über die Enttäuschung predigen, in die der Unglaube der Jünger führt, und dann aufgreifen, was der Text und mit ihm Langs Exegese allzu rasch übergeht: Eben diese Jünger, die die Verkündigung der Auferstehung nicht einmal den Ihren glaubten, ruft Christus in seinen Dienst und schickt sie über diese Erde. Er zeigt sich ihnen selbst und schenkt ihnen Glauben – den Schwachen, die eben noch versagt haben. Ich möchte also nicht von wunderbarer Stärke, sondern von menschlicher Schwäche predigen und darin den Glauben, die Herrlichkeit des Auferstandenen suchen.

## Vorschläge zur Liturgie

*Lieder*

Zum Eingang als cantus firmus zur Erinnerung daran, wo wir nach Ostern herkommen: »Christ ist erstanden von der Marter alle«, EKG 75. Als Graduallied – die Perikope gehörte ja sehr lange zum Himmelfahrtstag – »Jesus Christus herrscht als König», 96, dabei unbedingt die letzte Strophe. Zur Predigt paßt am besten »Jesus lebt, mit ihm auch ich«, 89; hier ist auch vom Verzagen der Schwachen die Rede. Unter den neueren besonders: »Wo ein Mensch Vertrauen gibt«, von H.-J. Netz/F. Baltruweit, oder auch: »Liebe ist nicht nur ein Wort«, besonders die dritte Strophe (Nordelbisches Beiheft zum EKG 723 oder 724).

*Begrüßung*

Glauben – wer kann das? Christus von den Toten auferstanden – wer kann vor allem das glauben? Ich? Du?
Laßt uns im Gottesdienst versuchen, uns hier ein Stück voranzutasten. Wir sollten dabei unsere Zweifel und unsere Widerstände ernst nehmen. Aber noch ernster die Gewißheit, die mit dem Glauben an den auferstandenen Christus auf uns wartet.

*Texte*

Als Eingangspsalm Ps 91,1–13; die letzten Verse greifen den Verheißungen des Predigttextes voraus. Als Epistellesung den Zuspruch Jes 40,26–31, oder 1. Petr 1,3–9; als Evangelium Joh 20,19–29, die Erzählung, die der Intention des Predigttextes am stärksten entspricht.

*Gebet*

Gib es nicht auf mit uns:
Treuer Gott,
wir können wieder nur staunen und danken:
du hast immer gewußt, wie untreu wir sind,
und doch hast du dich mit uns verbunden,

deine Treue mit uns Untreuen.
Du weißt: wir sind mißtrauisch.
Zuviel Untreue ist in uns drin und um uns herum,
vom Völkerleben bis ins Eheleben.
Wir sind gebrannte Kinder,
gebrannt von eigener Schuld.
Darum haben wir es so schwer,
deiner Treue ganz zu trauen.
Hilf uns doch!
Gib uns das neue unerschütterliche Vertrauen,
daß du uns den Sieg gegeben hast
durch Jesus Christus
und daß du dein gegebenes Wort halten wirst
bis zur letzten Erfüllung.
Du hast dich für uns müde gearbeitet.
Laß es nicht verlorene Liebesmühe sein!
Gib es nicht auf mit uns,
laß deine Geduld nicht reißen!
Wir hängen an deiner Treue,
wenn du losläßt, sind wir verloren.
Du hast uns zuerst geliebt.
Nimm diese Liebe nicht zurück!
Hilf uns dich lieben,
hilf uns die Brüder lieben.
Ja, nimm uns fest in deine Pflicht.
Du willst bei uns bleiben,
hilf uns bei dir bleiben.
Du bist unser, wir sind dein.
Amen.
(Aus Theo Brüggemann: Vierzig Gebete. 1966, S. 14 f.)

*Fürbitte*
Herr, unser Gott, wir bitten dich um Glauben:
Zuerst für uns in dieser Kirche.
Nicht einmal die Jünger deines Sohnes haben glauben können.
Sei deshalb auch uns barmherzig.
Erbarme dich unseres Unglaubens, unserer Zweifel, unserer Mutlosigkeit.
Glauben, Herr – das könnte ein anderes Leben sein,
eins, das viele Verletzungen nicht treffen.
Laß uns also ganz tief drin wissen, woher wir kommen
und wohin wir gehen.
Laß uns erkennen, was für eine Hoffnung mit der Auferstehung deines Sohnes auf diese Erde gekommen ist.

Deshalb bitten wir dich auch um Glauben für viele andere:
für die vielen draußen, die nach dir nicht fragen.
Erbarme dich der vielen Menschen, die allen Glauben aufgegeben haben.
Schenk du wenigstens ein bißchen Zuversicht den Menschen,
die in tiefer Abhängigkeit leben – vom Alkohol, von Drogen oder Tabletten.
Mach du dich zur Hoffnung der Hoffnungslosen.
Gib ein Fünkchen Glauben den Enttäuschten und Vereinsamten, all denen, die verloren haben, was sie einmal gehalten hat.
Vielleicht magst du dazu sogar uns benutzen, uns Kleingläubige.
Gib uns den Mut zu glauben – und mit unserem bißchen Glauben andere anzustecken.
Laß es uns wagen, dir zu vertrauen und darüber mit anderen zu sprechen – vielleicht lachen sie uns aus, vielleicht warten sie aber auch sehr darauf.

**Vorschläge zur Predigt**

*Möglicher Predigtanfang*

1. Hier wird uns Schlimmes und Bedrückendes berichtet. Ostern ist gerade vorbei. Jesus ist auferstanden. Aber: Die Menschen glauben das nicht! Nicht etwa die Gleichgültigen und die Gottlosen. Auch nicht die, die ohnehin alles besser wissen, die Schriftgelehrten und die Pharisäer. Nein, die eigenen Leute, seine Jünger, die doch so viel mit Jesus erlebt haben, glauben nicht an seine Auferstehung!
Diese Erfahrung muß als erste Maria aus Magdala machen. In ihrer Trauer um diesen über alles geliebten Mann hatte sie Überwältigendes erlebt. Sie hatte das Grab Jesu aufgesucht – da war er vor sie getreten. Jesus hatte zuvor schon viel für diese anscheinend seelisch belastete Frau getan, er hatte ihr helfen können. »Sieben böse Geister hatte er von ihr ausgetrieben«, heißt es hier bei Markus. Und das alles, diese Erfahrung von Befreiung ist nun nicht vorbei, nur noch Vergangenheit – nein, Jesus lebt, ist weiter für diese Frau da! Und davon ist sie ganz erfüllt, sie läuft, so schnell sie kann, zu den anderen, »die mit ihm gewesen waren und Leid trugen und weinten«. Da sitzen die Menschen, jeder mit seinem Schicksal beschäftigt, mit seinen Erinnerungen an den Mann aus Nazareth, mit seiner Enttäuschung. Und – keiner glaubt der Maria. Was für eine schreckliche Erfahrung für diese Frau, so erfüllt zu sein von Hoffnung und Freude und Glück – und kein Mensch versteht sie, glaubt ihr, nimmt ihr auch nur das geringste ab!
Maria aus Magdala ist die erste, die das erleben muß; sie bleibt nicht die einzige. (Steigerung der Zahl der Schauenden beachten: eine Frau, zwei Jünger, die Elfer-Schar; C.H. Peisker.) Zwei Männer aus der Schar der Anhänger Jesu hatten aufgegeben und sich von den anderen getrennt, waren auf dem Weg in ihr Heimatdorf ... (Hier die Emmausgeschichte gerafft, mit der gleichen Pointe erzählen: »Aber auch denen glaubten sie nicht«).

*Zum weiteren Verlauf*

2. Die Menschen hocken zusammen. Sie geben sich weiter ihrer Trauer hin, ihrer Hoffnungslosigkeit. »Es war eben alles umsonst, es ist alles aus, auch wenn einzelne das Gegenteil behaupten. Wir sind einer großen Illusion nachgelaufen – was soll's noch?«

Vor diesen Haufen, in diese traurige Runde tritt der auferstandene Jesus. »Zuletzt offenbarte er sich ihnen und schalt ihren Unglauben und ihres Herzens Härte, daß sie nicht geglaubt hatten denen, die ihn gesehen hatten.« Maria aus Magdala, die beiden aus Emmaus hatten nichts ausrichten können, die dumpf Verzweifelten nicht überzeugen können.

Das kann offenbar nur einer: der auferstandene Jesus selbst. Er erbarmt sich dieses verängstigten Haufens, er tritt unter die Menschen. So wie er Maria entgegengetreten war und dann den beiden auf dem Weg nach Emmaus. Und in das Entsetzen, das Erschrecken, die fassungslose Freude stellt Jesus den Vorwurf: »Warum glaubt ihr einander nicht! Warum laßt ihr euch nicht auf das ein, was einzelne unter euch erlebt haben? Warum nehmt ihr es ihnen nicht ab, daß Gott, der Schöpfer, der Herr auch des Todes ist? Habt ihr denn kein bißchen Glauben an Gott? ...« (Wer mag, kann hier auch Luther zitieren: »Zum Ersten rupft er seinen Jungern auff den unglauben und hertigkait des hertzens und strafft sy von jres Unglawbens wegen und zaigt in jres gebrechen an, doch verwürfftt er sy nit ... Das ist uns alles zu ainem trost geschehen, das wyr nit verzagen sollen, wenn uns noch am glauben faeiet und zweyfelen, strauchen und fallen, sondern wider auff ston und unsern glauben sterken und zu got erheben und fassen die zuversicht gegen jm ... Darumb ist das Euangelium nichs anders dann ain predig von der auffersteung Christi: wer das glaubt, der wirt selig« WA 10,3, S. 133 ff.)

Und diesen kläglichen beschämten Haufen, diese armselige Handvoll Menschen nimmt der auferstandene Jesus in seinen Dienst: »Ihr Feiglinge, ihr seid davongelaufen und habt euch verkrochen und allen Glauben verloren – geht hin in alle Welt und predigt das Evangelium allen Geschöpfen! Lauft den Menschen nach, sucht sie auf, sagt ihnen, daß ich lebe, den Tod hinter mir habe – tauft sie!«

Und das haben diese so wenig überzeugenden Gestalten getan. Mit so schwachen und unzuverlässigen Menschen, die sich aufstören ließen aus ihrer Verzagtheit und ihrer Ungläubigkeit, hat die Kirche begonnen. Aus solchen Menschen setzt sich die Kirche des Auferstandenen bis heute zusammen ... Denen da ganz am Anfang verdanken wir, daß wir überhaupt etwas von Gott erfahren. Und wir stellen uns zu ihnen, wenn wir das von ihnen Gehörte festzuhalten und zu glauben versuchen ...

*Möglicher Schluß*

3. Jesus hat den Seinen zum Schluß einen Satz gesagt, auf den offenbar viel ankommt – viele haben ihn schon bei einer Taufe gehört: »Wer da glaubt und getauft wird, der wird selig werden. Wer aber nicht glaubt, wird verdammt werden.«

Jesus spricht hier von der Taufe, das auch. Und wir sind ja auch alle getauft. Er spricht dabei aber von noch viel mehr, vom Glauben. Wer glaubt, wird selig, wer nicht glaubt, wird verdammt.

Wir brauchen nicht besonders fromm und nicht einmal getauft zu sein, um das zu verstehen. Was hier gesagt ist, gilt schon für jeden Lkw-Fahrer. Ich stelle mir so einen schweren Lastzug vor, 28 Tonnen, 5 Achsen. Wer da oben auf dem Bock sitzt und unsicher ist, wer glaubt, daß er das nie schafft, wer sich und der Maschine und seinem Gott hier nicht vertraut – der hat Angst. Der muß nicht verdammt werden, der ist es schon. Dem geht es nicht anders als jener verängstigten Schar, die gar nichts mehr glauben konnte. Die da gelähmt zusammensaß und unfähig war, irgend etwas Sinnvolles zu tun.

Dagegen: »Wer glaubt, wird selig.« Nein, wird es nicht, ist es schon. Welch ein Glück schon, auf solch einem schweren Lkw fahren zu können, hoch über den Pkws, im vollen Vertrauen auf die Kraft der Maschine, auf sich selbst, auf Gott!

Christus will uns das noch größere Vertrauen schenken, die Gewißheit, daß auch die letzte Gefahr, der Tod überwunden ist. Glauben, unbeirrbare Zuversicht zu Gott will er uns schenken. Dazu ist er auferstanden, deshalb lebt er unter uns.

## Kontexte

»Als die Jünger unseres Herrn beieinander saßen, erschien ihnen unser Herr Jesus und verwies ihnen ihren Unglauben und ihre Herzenshärte.

Diesen Tadel spricht unser Herr noch alle Tage und zu jeder Stunde aus über den Unglauben und die Härte des Herzens, wie sie die Menschen aller Stände in der Welt besitzen. Besonders weist er geistliche Leute zurecht ... Solchen Unglauben findet man gar sehr darin, daß uns etwas anzieht oder wir etwas begehren, anstatt zu sprechen: ›Herr, *du* bist mein Gott, nur in *dir* ist mir wohl!‹ (An solchem Verhalten) erkennt man, daß diese Leute so ganz den wahren, lebendigen Glauben verloren haben, und gerade besonders die, welche den geistlichen Namen tragen und irgendeinmal von Gott in ihrem Grund berührt und gemahnt worden sind – und alldem entfallen sind. Unser Herr straft diese Menschen auch um ihrer Herzenshärte willen. Das ist doch furchtbar, daß Menschen, die Gott zu sich gerufen hat, so verhärtet sind, daß ihnen göttliche Dinge nicht mehr zusagen, sei es ihr Gebet oder irgendwelche gute Art von Übung; und daß andere Dinge ihnen so zusagen, so leicht und erfreulich, ihre Herzen aber Gott gegenüber von Stein sind.«

(Joh. Tauler († 1361), Predigt über Mk 16,14; Predigten Bd. 1, 1979, S. 123f.)

»Heute hört ihr die Summe des Evangeliums, wie unser Herr seine Jünger anfährt ... Er erteilt den Aposteln und den anderen Jüngern eine handfeste Lektion, weil sie nicht nur ungläubig, sondern halsstarrig und hart waren, sich gegen den Glauben stellten und gegen das ankämpften, was sie von der Auferstehung Christi gehört und gesehen hatten. Darin zeigt er seine übergroße Geduld und Barmherzigkeit, daß er seine ungläubigen, harten und starren Jünger nicht verwirft, sondern zu Predigern für die ganze Welt bestellt. Die sollen nämlich auch selbst erfahren, was es heißt, Ungläubigen zu predigen, und dazu angefochten und aufs höchste verflucht zu werden.«
(Luther, Predigt vom 25. Mai 1536, nach WA 41, S. 591.)

Herrlich in seinem handfesten Pietismus Bengel (Gnomon, z.St.); er verweist auf einen amtlichen Wunderbericht über ein »Zeichen« im Gottesdienst am 13. Sonntag p.Tr. 1644 zu Leonberg, in Gegenwart von Herzog Eberhardt. Dort war eine verkrüppelte Zwanzigjährige auf Knien und Händen in der Kirche erschienen (»beide Schenkel heftig zerschwollen, zuletzt also verdorben und bei den Kniescheiben also zusammengewachsen, daß sie in dem Fortgehen sich der Händ bedienen, auf zwei niedern Krücklein, so sie in beeden Händen gehabt, einherkriechen, und die zusammengekrümmte Füß hat hernachschleppen müssen«). Diese Schwerbehinderte hat nach der Predigt des Stadtpfarrers Philipp Raumeyer »vor Angesicht der ganzen Gemeind ihre in die 9 Jahre lang verdorbene und zusammengezogene Füße angefangen auszurecken, auf dieselbe zu treten, und ohne männiglichs Behelff wieder aufrecht zu wandeln«. Dem frommen Berichterstatter macht aber nicht das späte Wunder, sondern die Moral zu schaffen; hat doch »ermeldete Tochter, wegen niederträchtigen Einherkriechens sich sehr abgekürzter Röcklein, so blos auf die vierthalb Viertel einer Ellen lang gewesen, sich gebrauchen müssen« und nach der Heilung frivol weitergelebt: »Nur schade, daß diese Weibsperson ... die erlangte Wohlthat mit einer schlechten Aufführung entehret hat.«

»Es gibt keinen Jünger zweiter Hand. Aufs Wesentliche gesehen, sind der erste und der letzte einander gleich, nur daß die spätere Generation die Veranlassung im Bericht der gleichzeitigen hat ... denn ein Gläubiger hat ständig die Autopsie des Glaubens und sieht nicht mit andrer Augen, und sieht nur das Gleiche, was jeder Gläubige sieht – mit den Augen des Glaubens.«
(S. Kierkegaard, Philosophische Brocken, 5. Kap., S. 99 ff.)

»Es gibt wohl eine Rechtfertigung des Zweiflers. Es gibt aber – das möchte ich P. Tillich zugeflüstert haben – keine Rechtfertigung des Zweifels. Man sollte sich also wegen seines Zweifels nicht etwa für besonders wahrhaftig, tiefsinnig, fein und vornehm halten. Man sollte weder mit seinem Unglauben noch mit seinem Zweifel kokettieren. Man soll sich seiner nur von Herzen schämen.«
(K. Barth, Einführung in die evangelische Theologie, S. 144)

# Misericordias Domini

## Predigttext: Johannes 21,15–19
Günter Berndt

### Theologisch-homiletische Skizze

Der Sonntag Misericordias Domini gibt ein Thema vor: die Barmherzigkeit Gottes. »Die Erde ist voll der Güte Gottes.« Am alltäglichen Weltgeschehen wie auch am persönlichen Lebensschicksal ist das nicht einfach ablesbar, damals für das gebeutelte Volk Israel nicht, heute ebensowenig für Christenmenschen, die sehr schnell ihre Minderheitensituation in einer christlich firmierten Gesellschaft erfahren. Gottes Güte ist ablesbar und abgebildet in der einen Person, die im Mittelpunkt unserer Geschichte steht: Jesus, der leidende und liebende, der getötete und lebendige Gottesknecht.

Die Frage an Petrus »Hast du mich lieb?« setzt voraus, daß klar ist, wer da spricht. Ausgangspunkt ist die Liebe Gottes zu den Menschen, die sich im Leben Jesu manifestiert. Dieser Lebensweg Jesu stellt klar, daß hier jegliches traditionelle Gottesbild aufgegeben ist. Gott der Allmächtige in der Ohnmacht des Menschen, Gott der Gerechte im Liebeserweis. Ein Gott, der liebt, verläßt seinen Thron, verzichtet auf Herrschaft. Das ist der Weg Gottes nach unten, der mit sich schachern läßt wie bei Abraham, der seine Beschlüsse revidiert wie bei Jona. Der liebende Gott stellt damit alles Herrsein und jede Macht, die sich von ihm ableitet, in Frage. Gott ist ganz heruntergekommen, ganz in die Tiefe unserer Menschheit. Mit ihm ist kein Staat zu machen, aber das Reich Gottes.

Ostern bestätigt, daß dieser Weg der Liebe und des Leidens, des Daseins für die Schwachen, die Sünder und Ausgestoßenen Zukunft hat. Ostern proklamiert, daß die Barmherzigkeit Gottes in der Vergebung Leute zur Liebe erweckt, damit zu neuem Leben auferweckt.

Das zeigt auch diese Petrusgeschichte, wenngleich sie uns auch ein wenig fremd erscheinen mag. Die dreimalige Frage weckt großes Mißtrauen. Daß Petrus ungehalten ist, erscheint verständlich. Ist denn die Liebe des Petrus Voraussetzung? Wofür? Ist Liebe quantifizierbar, gibt es da viel und weniger? Wird gar eine Sonderstellung des Petrus hervorgehoben?

Gewiß geht es zunächst um Petrus. Es ist gewissermaßen die zweite Berufungsgeschichte. Sie setzt die erste voraus: Der Fischer verläßt das Boot und alles, was seine Existenzsicherung bedeutete. Die Petrusgestalt könnte in der Predigt durchaus einen Schwerpunkt bekommen. Petrus lernt in der Nachfolge Jesu, auf dem Weg mit Jesus, den barmherzigen und liebenden Gott kennen. Das gefällt ihm durchaus nicht immer, denn es paßt eben vieles nicht in das tradierte Gottesbild. So wird er auch an Jesus irre, so sehr er sich zu ihm bekennt und mit großen Worten seine Treue schwört. Wo Gottes Barmherzigkeit im Leiden konsequent ist, da hört

die Liebe auf. Da muß das Schwert her. Das Ende ist zunächst die dreimalige Verleugnung.
Darum die dreifache Frage: »Hast du mich lieb?« Der Komparativ »Hast du mich lieber ...« mag an die großen Worte des Petrus erinnern »Wenn alle dich verlassen, ich nicht ...«. Dann sind die Fragen Jesu die Erinnerung an das Versagen des Petrus, und diese zweite Berufungsgeschichte des Auferstandenen weist darauf hin, daß Petrus mit seiner Liebe nicht am Ende ist. Da hört die Liebe nicht auf, sondern fängt erst richtig an.
Aber was heißt das: »Hast du mich lieb?« Den anderen akzeptieren und annehmen, also das Ärgernis Jesu aushalten. Mit ihm übereinstimmen wollen und sich ihm anvertrauen. Den Weg gemeinsam gehen. Bei Jesus heißt das: Sicherheiten verlassen. Bei Petrus war es das Boot, der Beruf, die Heimat. Was mutet Jesus uns zu? Den Weg mit Jesus gehen ist die Hingabe und Zuwendung zu denen, die ihn, also auch uns brauchen. Es ist darum für mich ausgeschlossen, diesen Text auf eine individuelle und innige Herzensfrömmigkeit hin zu akzentuieren. Der geliebt werden will, ist der soeben erst religiös und politisch Verfolgte und als Gotteslästerer Hingerichtete.
Das wird in der Beauftragung des Petrus deutlich: »Weide meine Schafe!« Der Verleugner, der Gescheiterte, der Versager wird beauftragt. Nicht nach der Reue wird gefragt. Petrus soll nicht Wiedergutmachung leisten, sondern erfährt Gutmachung. Das Hirtenbild spielt für diesen Sonntag eine besondere Rolle, Psalmlesung 23 und Evangelium des guten Hirten. Das Hirtenmotiv hat schließlich einen ganzen Berufsstand geprägt. So mag mancher aus diesem Text die Frage ableiten: Was ist für den Pastor die Berufung?
Oder es wird an diesem Text das Leitungsprinzip in der Kirche thematisiert. Wie wird Kirche recht geleitet? Wer sind die richtigen, die guten Hirten? In Westberlin sind im Mai die Wahlen für den Gemeindekirchenrat. Ich könnte mir vorstellen, am Sonntag Misericordias Domini das Thema »Wahl und Berufung der Frauen und Männer in den Gemeindekirchenrat« mit diesem Text zu verbinden. Nicht außer acht lassen können wir bei allen Leitungsfragen in Kirche und Gemeinde, wie sich die Nachfolge Petri im Laufe der Jahrhunderte gestaltet hat. Die Hierarchie in ihrer Selbstdarstellung von Macht und Herrlichkeit, Besitz und Reichtum macht allzuschnell vergessen, was ein Hirte seinerzeit war. Zum Kontext gehört dann die Geschichte der Hirten auf dem Felde und der gute Hirte Jesus als leidender Gottesknecht.
Ich möchte die Geschichte bei aller Konzentration auf die Person des Petrus dennoch auf die Gemeinde beziehen mit der Einladung: Wir sind beauftragt und befähigt, den Hirtendienst an der Welt wahrzunehmen. Gerade die Biographie des Petrus ermutigt dazu: Wir sind brauchbar für Jesu Sache und Gottes Reich. Voraussetzung ist Gottes grenzenlose Barmherzigkeit, er vergibt und erweckt neu zur Liebe. Wo wir Menschen geneigt sind zu sagen: »Da hört doch alle Liebe auf«, fängt sie erst richtig an. Konsequenz ist Nachfolge auch als Leiden. Dabei muß ich nicht für mich selbst garantieren. Ich bin nicht besser als ... Er gürtet mich und hält in mir den Menschen fest. Hoffnung ist: Wir können immer wieder beginnen.
Gliederung der Predigt thematisch: Wir sind berufen zur Weggemeinschaft – auf dem Wege mit Jesus zum Reiche Gottes. Diese Weggemeinschaft ist eine Aktionsgemeinschaft und eine Leidensgemeinschaft.

**Zur Liturgie**

*Psalmlesungen*

Psalm 23, Psalm 33

*Kyriegebet*

Gott, du Barmherziger! Gesättigt sind wir durch deine Güte. Brot haben wir genug, um unseren Hunger zu stillen. Laß uns nicht vergessen, dir zu danken. Laß uns nicht taub werden für die Hungernden. Laß uns nicht abstumpfen. Herr, erbarme dich, daß wir den Hunger nach Brot spüren.
Gott, du Liebender! Gesättigt sind wir durch deine Güte. Liebe ist uns begegnet, um uns darin zu bergen. Laß uns nicht zweifeln, daß wir geliebt sind. Laß uns nicht hart werden gegen die, die nach Liebe schreien. Laß uns nicht abstumpfen. Christus, erbarme dich, daß wir den Hunger nach Liebe spüren.
Gott, du Erneuerer! Gesättigt sind wir durch deine Güte. Gesetze sichern uns zu, daß wir unser gutes Recht einfordern können. Laß uns diese Chance nicht gering schätzen. Laß uns nicht den Blick abwenden von denen, die Unrecht leiden. Laß uns nicht abstumpfen. Herr, erbarme dich, daß wir den Hunger nach Gerechtigkeit spüren.

*Lesungen*

Hesekiel 34,23–25; Johannes 10; Berufungsgeschichte und Verleugnungsgeschichte des Petrus.

*Lieder*

EKG 250, 274, 277, 294.
1. Gott ruft uns heut in die Gemeinde, Gott will der Christen Mündigkeit. Wir wären gerne Jesu Freunde, doch hemmt uns Unentschlossenheit. Wagen wir dennoch diesen Schritt, wir hoffen, Christus geht ihn mit.
2. Wir wollen heut nicht mehr versprechen, als wir zu halten fähig sind. Gott wird sein Wort deshalb nicht brechen. Gott weiß, wir sind oft taub und blind. Wir überhören, was er spricht, und sehen seine Zeichen nicht.
3. Gott läßt uns heute noch einmal sagen, daß er viel Hoffnung für uns hat. In guten und in schweren Tagen gilt seine große Ostertat, sein Aufstand gegen jeden Tod, der uns und unsre Welt bedroht.
(Dieter Frettlöh, Mel.: »Wer nur den lieben Gott läßt walten«)

*Glaubensbekenntnis*

Wir halten uns an Jesus.
Gott schickte ihn in unsere Welt. Sein Auftrag hieß:
Wege zu gehn, die niemand gehen wollte.
Nach Menschen zu sehn, die niemand sah.

Mit Menschen zu sprechen, vor denen jeder Angst hatte und Abscheu empfand.
Hände zu reichen, wo man aufeinander einschlug.
Wir gehen mit Jesus.

Er will uns überzeugen und zur Einsicht bringen,
daß wir zu denen gehören, die ihn brauchen.
Wir sind es, nach denen er sieht,
mit denen er spricht,
denen er die Hand gibt.
Jesus geht mit uns.

Durch seinen Geist soll alles anders werden.
Er will uns gebrauchen, um Menschen zu helfen.
Als seine Füße dürfen wir neue Wege gehen,
als seine Augen nach dem Menschen sehen,
als sein Mund gute Worte sagen,
als seine Hände den Frieden wagen.
Wir halten uns an Jesus.

Von ihm wissen wir, warum wir leben,
was wir zu tun und zu lassen haben,
worauf wir unsere Hoffnung setzen. Amen.

*Fürbittengebet*
Gott, Vater und Mutter aller Menschen, Jesus, Menschenbruder!
Wir wollen Bitten aussprechen für uns und für andere:
Wir bitten für uns, weil wir so schnell am Ende sind, am Ende mit unserer Geduld, am Ende mit unserem Mut, am Ende mit unserer Liebe, am Ende mit unserer Hoffnung. Dann sind wir ganz zugeschlossen, aber wir möchten aufgeschlossene Menschen sein.
Wir bitten für uns, weil wir so schnell fertig sind, fertig mit den Kindern, mit der Frau, mit dem Mann, fertig mit den Nachbarn, fertig mit den Vorgesetzten und Untergebenen, fertig mit den Ausländern. Dann sind wir ganz zugeschlossen, aber wir möchten aufgeschlossene Menschen sein.
Wir bitten für uns, erwecke uns neu zur Liebe. Dann öffnen sich unsere Augen für die Fremden, und die werden uns bekannt. Dann öffnen sich unsere Ohren für die Leidenden, und wir verstehen ihre Klagen. Dann öffnet sich unser Mund für die Stummen, und wir werden Fürsprecher für sie. Dann öffnen sich unsere Hände für die Armen, und wir können schenken. Gott schließe uns auf, daß wir lieben können. Amen.

*Fürbittengebet*
(betr. Mitarbeiter in der Gemeinde)
Gott, du hast uns zur Mitarbeit in deiner Gemeinde berufen.
Wir bitten um Mut für diese Arbeit.
Wir möchten Mut zur Vorläufigkeit haben,
daß wir die alten Formen des Dienstes nutzen,
solange wir nichts Brauchbareres wissen.
Daß wir über den Wünschen von einem großen Neuanfang die kleinen Korrekturen nicht versäumen, die heute fällig sind. Daß wir wagen zu improvisieren, wo langfristige Lösungen nicht in Sicht sind.
Wir bitten um den Mut zur Vorläufigkeit.
Wir möchten den Mut zum Experiment haben,
zum Experiment des Kontaktes mit Menschen, die weit weg sind von der verfaßten Kirche. Zum Experiment mit unserer Begabung, ob sie weiter reicht, als wir denken. Zum Experiment, neue Bereiche des Wissens, des Könnens und der Arbeit zu erschließen. Wir möchten den Mut haben, nicht so schnell aufzugeben, aber auch Scheitern und Irrtum einzugestehen. Wir bitten um den Mut zum Experiment.
Wir möchten den Mut zum Bauen von Brücken haben.
Brücken zwischen uns und denen, die wir nicht mögen und verstehen können, die uns mißtrauen oder enttäuschen. Brücken zwischen Mitarbeitern, wenn wir im Streit liegen. Brücken zwischen einzelnen Kreisen, wenn sie sich abkapseln. Brücken zwischen Gruppen und Generationen. Brücken zu denen, die draußen sind, den Enttäuschten, den Spöttern und auch den Feinden. Wir bitten um den Mut zum Brückenbauen.
Wir möchten Mut zur Ermutigung anderer haben,
daß die Schuldigen bekennen und Vergebung erfahren, daß wir Angst nehmen, statt Angst zu machen, daß Unselbständige ein mündiges Leben riskieren können, daß Humorlose das Lachen lernen. Wir bitten um den Mut, anderen Mut zu machen.
Wir möchten den Mut zum Leiden haben.
Daß wir auch dort bei deiner Arbeit bleiben, wo es Unannehmlichkeiten bringt, daß wir mit anderen den Weg des Friedens gehen, auch wenn wir in Verruf kommen. Daß wir Frieden stiften auch um den Preis, zwischen sämtlichen Stühlen zu sitzen. Wir bitten um den Mut zum Leiden.
Gott, du hast uns zur Mitarbeit in deiner Gemeinde berufen. Wir bitten um Mut und Ausdauer für diese Arbeit. Amen.

*Segensspruch*
Gehet hin im Frieden des Herrn.
Gehet hin in Frieden – Eure Gedanken seien Wegbereiter der Versöhnung
Gehet hin in Frieden – Eure Worte seien Ermutigung zum Leben
Gehet hin in Frieden – Eure Taten seien Zeichen der Hoffnung

**Predigtskizze**

Liebe Gemeinde, es gibt Menschen, die uns mit ihrem Leben faszinieren. Ihr Reden überzeugt uns, ihr Handeln bewundern wir, die Taten sind beeindruckend. Wir staunen, wozu sie fähig sind und was sie vollbringen, welchen Mut sie haben und was ihnen alles gelingt. Das sind dann Leute, von denen wir sagen: so möchte ich auch sein. Gibt es solche Menschen? Fällt Ihnen jemand ein? Haben Sie noch Vorbilder oder sind die aus der Mode gekommen?

Ich stelle oft fest, daß junge Menschen in unserer Umgebung sich sehr schwer tun bei der Frage, wer sie unter den Erwachsenen beeindruckt. Wir haben bei Konfirmandenbefragungen gemerkt, daß es für viele keine Menschen gibt, die sie besonders beeindruckt haben. Irgendwelche Idole können sie noch nennen, meist sind es Stars aus der Musik oder dem Sport, Erfolgreiche, Gefeierte, Leute, die sehr schnell nach oben gekommen sind aufs Treppchen. Aber das heißt noch längst nicht, daß diese Stars sie in ihrem Handeln und Reden beeindrucken. Sie schwärmen kurzfristig für sie und geben auch mal viel Geld aus, um ihnen zu Füßen zu liegen. Doch nachahmenswert erscheint das alles nicht. Da liegt oft schon viel Enttäuschung hinter ihnen. Es gibt zuviel uneingelöste Versprechen. Die Erwartungen für eine gute Zukunft sind äußerst gering und gedämpft.

Liebe Gemeinde, wir sind von solchen jungen Leuten gar nicht so weit entfernt, und die Kehrseite unserer Bewunderung ist, daß wir recht schnell Minderwertigkeitskomplexe bekommen. Je faszinierender die Reden und beeindruckender die Taten anderer sind, um so stärker wächst die Erkenntnis: An die kommen wir doch nicht ran. Wir sind nur kleine Leute. Denen können wir nicht das Wasser reichen. Schlag dir mal die Träume und die Flausen aus dem Kopf! Hübsch bescheiden bleiben. Bescheiden im Können, bescheiden in den Zielen.

Liebe Gemeinde, aus dieser Bescheidenheit will ich Sie herauslocken zu großer Unbescheidenheit, ja zur Maßlosigkeit. Denn unser heutiger Sonntag erinnert an die Maßlosigkeit Gottes: an seine unendliche Güte. Seine grenzenlose Liebe ist Maßlosigkeit. Darum zielt er auf eine Welt, die von solcher Liebe geprägt ist. Darum zielt er auf eine Zukunft, die von solcher Liebe geformt wird.

»So möchte ich auch sein« sollen Sie sagen, und Gott sagt: »So kannst du auch sein.«

Ich stelle Ihnen jetzt einen faszinierenden Menschen vor: ...

Hier würde ich jetzt die Geschichte der kleinen Leute erzählen am Beispiel des Petrus. Lebensstationen des Petrus – der Fischer, kleine Leute – die erste Berufung – seine Nachfolge, was ihn an Jesus fasziniert, was ihn ärgert, was ihm nicht paßt an Gott und der Welt – seine großen Worte und jämmerlichen Taten – seine neue Berufung. Der Predigttext! In dieser

Erzählung würde ich konkrete Bezüge zu heute nicht scheuen. Dann könnte die Erzählung über die Lebensstationen des Petrus bereits Deutung unserer eigenen Lebensgeschichte sein. Das Fazit wäre: so möchte ich auch sein; so soll ich es auch haben, denn wir sind brauchbar und notwendig für Gottes Reich, für Gottes Hirtendienst an der erbarmungswürdigen Welt.

Hier könnte zusammengefaßt werden in der Dreiteilung:

1. Unser Hirtendienst geschieht in der Weggemeinschaft der Jesusleute. Auf dem Weg sein: innehalten, wo wir sind. Ausschau halten, wohin es geht. Abschied nehmen von Gewohntem und Sicherheiten, auf dem Wege zu den anderen.

2. Unser Hirtendienst geschieht in der Aktionsgemeinschaft der Jesusleute. Das wandernde Gottesvolk ist auch das handelnde Gottesvolk. Hier könnte das Glaubensbekenntnis »Wir gehen mit Jesus« konkretisiert werden.

3. Unser Hirtendienst geschieht in der Leidensgemeinschaft der Jesusleute. Wenn am Beispiel der Aktionsgemeinschaft deutlich gemacht wird, daß solches Handeln in der grenzenlosen Liebe auch Grenzüberschreitung bedeutet, ergeben sich hinreichend Beispiele für eine Passionsgemeinschaft.

Liebe Gemeinde, vielleicht haben Sie bei einigen Beispielen doch gedacht: Da wird uns von Gott zuviel zugemutet. Sie möchten wieder zurück zur Bescheidenheit. »Bitte in Maßen!« »Irgendwo hört doch die Liebe auf!« Ich denke, so geht es immer wieder jedem von uns. Wir sind am Ende, wir sind fertig. Aber dann will uns die heutige Geschichte kundtun, daß wir eben nicht überfordert werden. Wo wir immer neu auferweckt werden zur maßlosen Liebe Gottes, da wachsen uns Kräfte zu, da entwickelt sich unsere Phantasie, und wir wagen viele kleine Friedensschritte zu dem großen Ziel. Das kann und soll anstecken, und die Leute werden sagen: So möchte ich auch sein und so möchte ich es auch haben. Dann können wir singen:

»Ich will von Gottes Wundern singen, die er an seinen Kindern tut. Das Lob soll überall erklingen, weil er zu uns sagt: »Du bist gut!« Du bist für mein Reich gerade recht, als Schwester, Bruder, nicht als Knecht.

Wenn unser hartes Herz verschlossen zu keiner Liebe fähig ist, Gott schließt es auf, und bald verflossen sind Zorn, Haß, Neid und arge List. Wir sehn die Menschen nebenan ganz neu als Gottes Kinder an.

So können wir mit Fremden leben, und unser Mund ist nicht mehr stumm. Wir können andren Leben geben, aufrichten, was gebückt und krumm. Das Leid schließt Augen nicht mehr zu, die Not läßt uns nicht mehr in Ruh.

So können wir von neuem wagen, das Nein zu sagen gegen Tod. Auch wenn wir daraufhin ertragen der Mächt'gen Spott und manche Not.

Kraft, Liebe und Besonnenheit hält Gottes Geist uns stets bereit.
(Text: G. Berndt, Mel.: EKG 238 »O daß ich tausend Zungen ...«)

## Kontexte

*Auf dem Weg sein ...*

aus: »Der Anwalt der Gerechten« Dom Helder Camara GTB 476 S. 48/49

Es ist gut, auf dem Weg zu sein ... Auf dem Weg sein ist ein tiefer und schöner Ausdruck. Allerdings denke ich dabei nicht nur an die Straßen in den Städten oder an die Fernstraßen auf dem Land, die wir mit unseren Füßen oder im Auto zurücklegen ... Aber auch wenn es nur darum ginge, wäre es schon viel. Ich liebe es, durch die Straßen zu gehen, ob sie nun voller Menschen oder menschenleer sind, ob es mitten in der Nacht oder in der zarten Morgendämmerung ist.

Heute denke ich an die Wege des Geistes. Auf dem Weg sein ist gleichbedeutend mit: keinen Halt machen, sich nicht anpassen, vorwärts wollen, Fortschritte machen ... Wachsen im Glauben, in der Hoffnung und in der Liebe. Auf dem Weg sein im Verstehen der Menschen. Anstatt voreilig Menschen zu beurteilen und zu verurteilen, immer mehr Verständnis dafür haben, daß jedes Geschöpf einmalig ist. Begreifen daß es in Wirklichkeit unmöglich ist, jemanden zu beurteilen.

Auf dem Weg sein im Entwickeln der Fähigkeit hinzuhören. Wie wir reden! – Wie wir uns schwer tun, auch den anderen zu Wort kommen zu lassen!

Auf dem Weg sein im Entwickeln der Fähigkeit zum Dialog! Dialog ist nicht, so zu tun, als höre man dem anderen zu, und schon mit fertigen Schlußfolgerungen aufwarten zu wollen.

Der Dialog besteht darin, die vernünftigen Argumente der anderen Seite zu wägen und zu akzeptieren. Man muß siegen, aber auch verlieren können. Besser, als den anderen zu besiegen, ist es, sich mit dem Dialogpartner zusammenzutun, um gemeinsam die Dinge besser zu durchschauen und besser voranzukommen, als das allein möglich ist.

Auf dem Weg sein im Entwickeln von Verständnis für die Natur: anstatt über jemanden zu lachen, der davon spricht, er höre das Schweigen; anstatt jemanden kindisch und lächerlich zu finden, der meint, den Bäumen, dem Wasser und den Sternen lauschen zu können; anstatt von Zeitverlust oder – wer weiß – von fehlender Seriosität zu reden, wenn jemand das Ansinnen hat, den Gesang der Vögel, das Heulen der Hunde und das Muhen der Kühe zu verstehen.

Wir sollten wissen, daß die Natur tatsächlich Stimmen hat. Nur fehlen uns fast immer die Antennen, deren es bedarf, um die Sprache von Steinen, Bäumen und Tieren verstehen zu können.

Wir sollen auf dem Weg sein im Entwickeln von Geduld mit uns selbst. Wer nicht begreifen will, daß er auch fallen kann, ist stolz. Geduld mit sich selbst haben heißt jedoch nicht den Kampf gegen die eigene Schwäche einstellen, sondern anerkennen, daß man ein schwacher Sünder ist.

Wir sollten auf dem Weg sein im Vertrauen auf Gott und den Nächsten. Wer allem und allen mißtraut, ist ein trauriger Tropf.

Auf dem Weg sein: das Leben, das Gott einem gegeben hat, nutzen. Weggefährten finden ... Auf dem Weg sein, ohne das Ziel aus dem Auge zu verlieren; in der Gewißheit, daß das Endziel das Haus des Vaters ist ...

# Jubilate

## Predigttext: 1. Mose 1,1–4a.26–31;2,1–4a
Okko Herlyn

### Theologisch-homiletische Skizze
Die merkwürdige Abgrenzung unserer Perikope ist leider geeignet, die Botschaft des priesterlichen Schöpfungsberichts von vornherein in ein schiefes Licht zu stellen. Ist jenem allein durch seine Detailfreude und die fast hymnische Monotonie der Sprache offenkundig daran gelegen, vor allem das Ganze des Schöpfungswerks lobpreisend vor Augen zu führen, so erweckt unsere Perikope den Eindruck, als liefe alles sehr rasch und sehr einlinig auf »den Menschen« zu. Man wird fragen dürfen, ob solche Textabgrenzungen nicht mit dafür verantwortlich sind, daß die in Vers 26 bzw. 28 erwähnten Herrschaftsaufträge mißverstanden werden und ihre bekannt verheerende Wirkungsgeschichte zeitigen mußten. Gewiß wäre es einer sonntäglichen Gottesdienstgemeinde zuviel zugemutet, die ganze Schöpfungsgeschichte im einzelnen ausgelegt zu bekommen, aber warum muß immer alles ausgelegt werden? Der P-Bericht ist doch offensichtlich selber eine einzige Predigt, die man ruhig erst einmal als Ganzes hören kann, auch wenn die sonntägliche Predigt dann durchaus einen auslegenden Schwerpunkt setzen darf. Im Sinne der Perikope entscheiden wir uns für die Verse 26–31.
Dieser Text handelt von der Erschaffung des Menschen. Es fällt auf, daß dieses Werk wohl den Höhepunkt innerhalb der Schöpfung darstellt, aber ganz und gar nicht abgesetzt davon. Der Mensch ist vielmehr eingebunden in die große und vielfältige geschöpfliche Welt und muß sich seinen Schöpfungstag auch noch mit dem Wild, dem Vieh und den Kriechtieren teilen. Vor aller Besonderheit des Menschen spricht dieser Bericht also zunächst von seiner geschöpflichen Solidarität, derzufolge er »in ein Gefüge von Lebensräumen und Lebewesen hineingeschaffen (ist), nicht als Krone der Schöpfung – die Vollendung der Schöpfung ist Gottes Ruhen am siebten Tag –, sondern als Schlußstein in der Reihe der Lebewesen« (G. Altner u.a., Manifest zur Versöhnung mit der Natur, Neukirchen 1985, S. 11).
Nur *inner*halb (und nicht etwa *außer-* oder gar *ober*halb) der Schöpfung wird man nun allerdings auch der Besonderheit des besonderen Geschöpfes Mensch gerecht. Der Bericht bringt diese Besonderheit zunächst auf den Begriff des »Bildes Gottes«, um sie alsdann vor allem mit den Begriffen des »Herrschens« (Vers 26 und 28) und des »Sich-untertan-machens« (Vers 28) zu entfalten. Bekanntlich ist über diese »Grundstelle der Imago-Dei-Lehre« (L. Köhler, ThZ 4, 1948) viel spekuliert worden – in der Regel am Text vorbei. Dieser schildert die Besonderheit des Geschöpfes Mensch vielmehr an einem scheinbar winzigen, dennoch alles entscheidenden Detail: Nach Vers 22 und 28 erhalten die Fische und Vögel einerseits und der Mensch andererseits den scheinbar gleichen Segen und Auftrag, nämlich

fruchtbar zu sein und sich zu mehren und die Erde (bzw. das Wasser) zu erfüllen. Der kleine Unterschied: Während den Tieren dieser Segensauftrag allgemein zugesprochen wird, wird der Mensch direkt angeredet, »indem er *zu ihnen* sprach«. Der Text selber setzt also aller Spekulation ein Ende, indem er die Rede vom »Bild Gottes« darauf konzentriert, daß die Besonderheit des Menschen in seinem Angeredetsein, in seinem Gegenüber »als von Gott anzuredendes Du, aber auch als Gott verantwortliches Ich« (K. Barth, KD III/1, S. 222) besteht.
Von dort mag dann auch der Sinn jenes scheinbar fragwürdigen Auftrags des Menschen erhellen, nämlich über Fische, Vögel, Vieh, Wild und Gewürm zu »herrschen« und sich die Erde »untertan zu machen«. Im Verbund geschöpflicher Solidarität kann der Herrschaftsauftrag des Menschen nur in einer – allerdings besonderen – Fürsorgeverantwortung für die Mitschöpfung bestehen, eine Folgerung, die von neuerer philologischer Forschung am Text bestätigt wird. Danach bezeichnet nämlich rādā (»herrschen«) ursprünglich »das Umherziehen des Hirten mit seiner Herde, der seine Herde auf gute Weide führt, der die Tiere gegen alle Gefahren schützt, sie vor Raubtieren verteidigt und die schwachen Tiere seiner Herde gegen die starken schützt und dafür sorgt, daß auch sie genügend Wasser und Nahrung finden« (F. Zenger, Gottes Bogen in den Wolken, SBS 112, 1983, S. 91). Schließt diese Tätigkeit die begrenzte und durch eine besonders gefährliche Situation erforderliche Anwendung von Gewalt nicht grundsätzlich aus, so doch auf jeden Fall eine das Tier »zum Objekt machende Verfügungsgewalt« (J. Ebach, Ursprung und Ziel, Neukirchen 1986, S. 31) zum Zwecke schrankenloser Ausbeutung. Dem entspricht die nachfolgende Nahrungszuweisung, die Mensch und Tier friedlich nebeneinander leben läßt. Mit Recht kann man hier sogar eine brisant politische, nämlich herrschaftskritische Implikation des Textes wahrnehmen (vgl. Ebach, a.a.O., S. 33 ff.). »Herrschen« im solidar-geschöpflichen Sinne wird somit in der Tat zum »Bild«, zu einer Entsprechung zum Herrschen Gottes, wie es in der Existenz Jesu Christi endgültig manifest geworden ist.

## Vorschläge zur Liturgie

*Eingangspsalm*
Psalm 8 oder 104 i.A.

*Eingangslied*
Unser Vater (s. Beilage)

*Lesung*
1. Mose 1,1–2,4a (verschiedene Sprecher)

*Lied vor der Predigt*
EKG 233, 1–3

*Lied nach der Predigt*
Die Erde ist des Herrn (s. Beilage)

*Fürbitte*
Wenn es stimmt, daß Gott »Menschen und Tieren« hilft (Psalm 36,7), dann sollten an diesem Sonntag beide gemeinsam in die Fürbitte einbezogen werden. Da dies nur konkret – etwa mit Blick in die Tageszeitung – geschehen kann, muß hier auf eine Formulierungshilfe verzichtet werden. Zum Zeitpunkt der Abfassung dieser Arbeitshilfe stehen dem Verfasser z.B. das Sterben der Nordseerobben und die Gefährdung der Küstenbewohner vor Augen.

**Vorschläge für die Predigt**
*Möglicher Predigtanfang*
Gut, daß wir vorhin einmal die ganze Schöpfungsgeschichte gehört haben, diesen großen und prächtigen Lobgesang auf Gottes unvergleichliches Schöpferwerk. Gut zu wissen, daß wir da hineingehören, zunächst nur ein Teil *innerhalb* der Schöpfung sind, neben all den anderen Geschöpfen, den Tieren und Pflanzen, dem Wasser und Boden, dem Licht und den Gestirnen. Gut, daß uns damit sogleich der Hochmut genommen wird, uns über unsere Mitgeschöpfe zu erheben. Dieser Schöpfungsbericht führt uns zunächst in die Bescheidenheit. Und nur als solche, als bescheidene Leute werden wir nun das, was der Bericht über uns Menschen im besonderen zu sagen hat, recht wahrnehmen können.

*Zum weiteren Verlauf*
a) Textlesung: 1. Mose 1, 26–31

b) Auslegung der Rede vom »Bilde Gottes«. Abwehr einer Deutung, die auf vermeintlichen geistigen, körperlichen, charakterlichen oder funktionalen »Vorzügen« des Menschen beruht. Hinweis auf das Angeredetwerden durch Gott und damit auf unsere Verantwortlichkeit.

c) Entfaltung dieser Verantwortlichkeit an dem ursprünglichen Begriff des »Herrschens«. Dabei dürften die Lebensumstände des antiken Hirtendaseins der Anschaulichkeit dienlich sein.

d) Beispiele für ein solidar-geschöpfliches »Herrschen« über Fische, Vögel, Vieh, Wild und Gewürm. Hier wäre Gelegenheit, etwa für eine gemeindliche Ökologie-Gruppe, konkret zu werden. Aus der Überfülle der Möglichkeiten sollten die der Gottesdienstgemeinde tatsächlich zugänglichen ausgewählt werden, um nicht alsbald wieder in ein sattsam bekanntes »Man sollte ...« zurückzufallen .

*Möglicher Schluß*
»Die sollen herrschen ...«, die Menschen, die hier gemeint sind, die sind ja nicht los von Gott, sondern, wie wir hörten, gerade in Beziehung zu ihm gesetzt, gerade sein Gegenüber, sein »Bild«. »Die sollen herrschen ...«, d.h. in ihrem Herrschen müßte sich etwas von Gott und seiner Herrschaft abbilden. Gottes Herrschaft? Liebe Gemeinde, weist uns das nicht weit über diesen Text hinaus? Weist es uns nicht auf jenen, von dem es heißt, daß in ihm Gottes Herrschaft »nahe herbeigekommen« ist?
»Die sollen herrschen ...«, ja, wie sollen wir es denn anders tun können als im Blick auf ihn, Jesus Christus, und *seine* Art zu herrschen. Schützen, schonen, bewahren, heilen, aufrichten, befreien – das ist seine, Gottes, Art zu herrschen. Wie sähe wohl unsere Welt, Gottes Schöpfung, wie sähen wohl Himmel und Erde, Luft und Wasser, Landschaften und Städte, Pflanzen und Tiere und am Ende: Wie sähen wir wohl selber aus, wenn unser Leben nichts anderes sein wollte als solch ein Abbild, solch ein sichtbarer Hinweis auf Gottes gute Herrschaft?

## Kontexte

Unsere Umwelt ist eigentlich nur der menschliche Lebensraum im Kosmos. Die Industriegesellschaft hat dies so mißverstanden, als sei der ganze Kosmos nur der menschliche Lebensraum. Auch vom Wortbild her ist »Umwelt« auf den Menschen im Zentrum bezogen. Um dem anthropozentrischen Weltbild entgegenzutreten, sollten wir die übrige Welt grundsätzlich als unsere *Mitwelt* behandeln, wahrnehmen und denken. Tiere und Pflanzen, Himmel und Erde, Wind und Wasser sind nicht nur für uns da, sondern *mit uns* in der Welt. Sie sind mit uns zusammen die Schöpfung. (G. Altner u.a., Manifest zur Versöhnung mit der Natur, Neukirchen 1985, S. 14f.)

Im Blick auf diese Erinnerungen an die Schöpfungsabsichten Gottes wird klar, warum die neuzeitliche Schöpfungszerstörung so tief reicht. Wir neuzeitlich-abendländischen Menschen stören nicht nur einzelne Teile der Schöpfung – wir bedrohen die Grund-Ordnung der Schöpfung: Wir haben längst die Nacht zum Tag gemacht; wir zerstören die Lebensräume vieler Lebewesen nachhaltig; wir rebellieren gegen die Figur des Ein- und Ausatmens in allem Leben und wollen unendliches Wachstum; wir ernähren uns weit über das zur Fristung unseres Lebens Notwendige hinaus; wir vernichten Mitgeschöpfe auch ohne existentielle Not; wir haben uns mehr Macht erobert, als unserem Eingebundensein in die Schöpfung zuträglich ist; wir haben uns mit all dem an der Stelle Gottes zum Herrn der Erde gemacht. ... Wir brauchen die Erinnerung an die ursprünglichen Schöpfungsabsichten Gottes. Sie können uns zu Zeichen des Umlenkens und der Umkehr werden, wenn wir die Zeichen rechtzeitig verstehen. (U. Duchrow/G. Liedke, Schalom, Stuttgart 1987, S. 59.)

2. Gebrauche deine Kraft. Denn wer was Neues schafft, der läßt uns hoffen. Vertraue auf den Geist, der in die Zukunft weist, Gott hält sie offen.

3. Geh auf den andern zu. Zum Ich gehört ein Du, um Wir zu sagen. Leg deine Rüstung ab. Weil Gott uns Frieden gab, kannst du ihn wagen.

4. Verlier nicht die Geduld. Inmitten aller Schuld ist Gott am Werke. Denn der in Jesus Christ ein Mensch geworden ist, bleibt unsre Stärke.

T. Jochen Rieß M: Matthias Nagel Rechte bei den Autoren
aus: Kirchentagsliederheft, 21. Deutscher Evangelischer Kirchentag, Düsseldorf 1985, Nr. 3

2. Jesus Christus, dir alleine alle Macht gegeben ist.
Über Leben, über Sterben du der Herr und Heiland bist.
Laß dein freundlich Angesicht leuchten als ein warmes Licht.

3. Heilger Tröster, du alleine stärkst die Kirche nah und fern,
führst zusammen, was zerrissen hier auf Erden, Geist des Herrn.
Binde mit dem Friedensband jedes Volk und jedes Land.

Text + Musik: Okko Herlyn

# Kantate

## Predigttext: Jesaja 12
Martin Adam

### Theologisch-homiletische Skizze

1. Der Sonntag Kantate thematisiert das Lob Gottes. Fast überall nimmt die Kirchenmusik breiten Raum ein und trägt der Gemeinde das Gotteslob bekannter und unbekannter Komponisten vor. Dagegen kann die Predigt nur schwer ankommen; denn immer wecken Töne unsere Gefühle mehr als trockene Worte. Und besonders über das Loben und Danken müßte weniger gepredigt als darauf eingestimmt werden. Aber wie?

Jesaja 12 lieferte einst den Text eines Lobliedes, das »an jenem Tage« des Heils (und schon vorher in der Hoffnung auf ihn) angestimmt werden sollte. Die Predigt muß zwei Aufgaben erfüllen: *Erstens* muß sie den *Zusammenhang* mit Jesaja 11, 11–16 herstellen (am besten werden diese Verse dem Predigttext zugeschlagen). Andernfalls entstünde eine mehr allgemeine, erklärende Predigt »über« Loben und Danken – dann sollte ich lieber gleich Psalm 98 oder Psalm 136 als Text nehmen. Erst Jesaja 11,11–16 nötigt dazu, präzise und anschaulich die Frage zu beantworten, »ob wir heute, als christliche Gemeinde, im Duktus der Jesajaworte hoffen, ob ein solches Lied bei uns lebt« (P. Welten, im Band V,4 z.St). Immer entspringt Hoffnung konkreter Bedrängnis, immer malt sie sich das Heil in konkreten Bildern aus. Jesaja 12 allein bleibt blaß.

*Zweitens* muß die Predigt das *pro me* des Textes finden: Wie kann ich hoffen? Was »lobe ich mir« an Gott? Der Text muß zu uns »rüberkommen«. (Zum Problem des Transfers biblischer Texte bietet unerschöpflich viel Material und befreiende Einsichten E. Drewermann in seinem Doppelwerk »Tiefenpsychologie und Exegese«, Bd. I 1984, Bd. II 1985.)

2. Alle Propheten sprechen die Sprache der Hoffnung, aber nur in zeitgebundener Ausdrucksweise und stets bezogen auf innergeschichtliche Zukunftsereignisse. Eine *fundamentalistische* Auslegung gehorcht dem Gesetz der Buchstabentreue und preßt so den Glauben in alte, wortgetreu verbindlich gemachte Mustervorlagen. Die Hoffnung erhofft, was sich so niemals ergibt. Dagegen landet die *historisch-kritische* Methode rasch bei der Feststellung, daß »die eschatologischen Visionen nichts als eine Sammlung historischer Irrtümer (bilden), die ... eher eine Warnung denn eine Einladung dazu (enthalten), den Hoffnungen derartiger Gesichte Vertrauen entgegenzubringen« (Drewermann a.a.O., II, S. 441).

Beide Wege erweisen sich als Sackgassen. Hilfreich ist dagegen der Versuch, von der Tiefenpsychologie her »das Göttliche und Gültige der eschatologischen Visionen verständlich« zu machen: »Es handelt sich vielmehr um *Bilder* der Selbsterfahrung, um Projektionen der eigenen Psyche in die Geschichte hinein« (Drewermann,

a.a.O. II, S. 446). Die Propheten greifen die Traditionen z.B. des Exodus oder des Sinai-Bundes oder des Zion auf (aber nicht die historische Vergangenheit als solche, sondern das symbolische Schema ihrer Erinnerungsgestalt), »um mit diesen *Symbolen* vergangener Erinnerung die Zukunft auszugestalten« (a.a.O. II, S. 448). Uns (d.h. der Seele) ist angeboren ein »absoluter Vertrauensvorschuß in Form von bildhaften Urszenen der Hoffnung ... Was dann nach außen hin als bloßes Wunschdenken oder als Flucht in das Reich der Träume erscheinen mag, erweist seinen tiefenpsychologischen Sinn doch darin, daß nur auf diese Weise ein endgültiges Scheitern in Resignation und Verzweiflung vermieden werden kann ... deshalb vermögen derart regressiv belebte Bilder eine Hoffnung zu vermitteln, die dem Ende aller Zeiten gilt« (a.a.O. II, S. 451). Der Symbolismus dieser Bilder an sich unterscheidet die prophetischen Schauungen noch nicht von den Privatträumen eines einzelnen, das tut erst »der Umstand, daß ihre Visionen für eine *größere Menschengruppe belangvoll* waren« (a.a.O. II, S. 460).
3. *Fazit:* Eine Predigt »im Duktus der Jesajaworte« hat die Sprache der Hoffnung zu sprechen, die auf Bilder zurückgreift, die gleichsam als Archetypen in uns bereitliegen. »Ägyptische Gefangenschaft«, »Befreiung«, »Gottes Zorn und Vergebung«, seine »ausgestreckte Hand« usw. beschreiben als zeitlos gültige Bilder ständig wiederholbare Erfahrungen. Deren Konkretion liefert jeweils die individuelle oder die nationale Geschichte.
Im gesamten Gottesdienst übernimmt die Predigt den Part »Hoffen«, die Liturgie und die Kirchenmusik den Part »Loben«.

**Vorschläge für die Liturgie**

*Lieder*

350, 186, 205, 236, 294

*Lesung*

Psalm 8; Kolosser 3,12–17; 2. Korinther 4,16–5,9 (in: Zink, Womit wir leben können)

*Schlußgebet*

Es heißt, daß du früher die Hilfe warst, Gott, / ein Lichtblick und Trost in dunklen Zeiten, / Erlösung für die hoffnungslos Gefangenen. / Es heißt, daß du sie aufgerichtet hast, / wenn das Gefühl der Schuld sie niederdrückte. / Daß du es warst, der sie aufatmen ließ, / der sie nicht alles hat büßen lassen.
Wir brauchen dich, Gott, das Leben ist hart. / Warum bist du so selten geworden unter uns? / Warum überläßt du uns dem harten Urteil, / den bösen Folgen, die wir heraufbeschwören? / Kannst du uns nicht wieder dazu helfen, / daß uns das Leben mehr Freude macht? / Bringe doch mehr Freundlichkeit bei uns hervor / und laß das Gute endlich gelingen! / Eine Kraft bist du doch denen, die nach dir fragen. / So zeige dich, Gott, / damit wir wieder von dir reden können, / damit Güte mit Treue beantwortet wird, /

Gerechtigkeit und Friede in Einklang kommen; / damit Verläßlichkeit sich ausbreitet in unserer Welt. / Sei uns gut, Gott, damit es gut wird bei uns. (Meditation zum 85. Psalm von F.K. Barth/P. Horst, leicht gekürzt.)

**Vorschlag zur Predigt**

*Möglicher Anfang*

Wir wissen nicht genau, wie es dem Volk Israel ging, als die eben gehörten Worte gesprochen wurden. Aber das spüren wir gleich: Jesaja, der Prophet, spricht zu Menschen, die den Kopf hängen lassen. Er muß sie trösten, muß ihnen neue Hoffnung geben. Denn wer nichts hofft, der will nicht mehr leben, weil ihn nichts mehr an das Leben bindet. Jesaja versucht, resignierten Menschen den Kopf zu heben.

Wie schwer das ist, einem Menschen ohne Hoffnung den Kopf zu heben, weiß jeder: Da genügt es nicht, leere Versprechungen zu machen, die keiner halten kann, sondern da muß ein glaubhafter Ausblick gezeigt werden. Leere Versprechungen haben kurze Beine, echte Hoffnung aber belebt und stärkt und ermutigt – aber sie drängt auf Erfüllung in irgendeiner Zukunft. Der Prophet weiß das und kann doch nicht genau sagen, wie sich das erfüllen wird, was er seinem Volk zu hoffen gibt. Er weiß nur felsenfest: »Einst wird kommen der Tag! Ihr werdet mit Freuden Wasser schöpfen aus dem Heilsbrunnen!« Und ganz selbstverständlich greift Jesaja zu den alten, traditionsreichen Hoffnungsbildern seines Volkes und malt mit ihnen ihrer aller Hoffnung aus: Sammlung der Zerstreuten – wie einst aus ägyptischer Gefangenschaft; brüderliches Verstehen untereinander – wie damals bei der Befreiung; die ausgestreckte Hand Gottes, die dem Volk den Weg weist – wie damals in der Wüste. Jesaja schürt kein Strohfeuer der Hoffnungen, das rasch verlodert, sondern er gewinnt den Mut zu neuer Zuversicht aus der hoffnungsvollen Vergangenheit. Es gibt keinen Grund, an dem Gott zu zweifeln, der wieder und wieder verziehen hat und rettete, was eigentlich unrettbar verloren war. Und diesen treuen Gott will Jesaja schon jetzt gelobt haben: »Lobsingt dem Herrn, denn er hat sich herrlich bewiesen!« Zum Loben Gottes ist es nie zu früh.

*Zum weiteren Verlauf*

Die Bilder, die Jesaja aus erinnerter Vergangenheit aufgreift, dienen ihm als *Symbol*: So rettet Gott. Immer kann geschehene Rettung das gültige Sinnbild liefern für erhoffte Rettung. Glückliche Erinnerungen sind das Weberschiffchen, von dem der ununterbrochene Faden abspult, aus dem das Gewand unserer Hoffnungen entsteht. Und das Lob Gottes ist das Lied, das die Arbeit begleitet, uns in Stimmung bringt und bei Hoffnung hält.

Sicher weiß Jesaja, daß eine gewisse Zeit lang *Klage*lieder sein müssen, aber er sieht die Zeit gekommen, die Hoffnung zu begründen: Das Leben will uns gut, Gottes Hand ist über uns ausgestreckt, die Menschen beschädigen fremdes Leben meist eher gedankenlos als mit böser Absicht, wir dürfen uns selbst akzeptieren.
Jesaja spricht die Sprache der Hoffnung, er erinnert und beflügelt, er begründet und blickt weit hinaus über den engen Horizont der Bedrängten. Er leistet seinem Volk erste Hilfe im besten Sinn: Mit guten Worten und sicherem Handgriff bringt er den schwer Verwundeten in eine neue Lage, bettet ihn so, daß er nicht erstickt an seinem Unglück, sondern frei atmen kann. Wer es versteht, die Sprache der Hoffnung zu sprechen, der erweckt Menschen zu neuem Leben. Hoffnungslose Menschen leben von der glaubwürdigen Hoffnung anderer. (Wer mag, kann hier zeigen, wie nötig die Hoffnung, als das geöffnete Leben, dem Menschen ist: Ganz *unten*, wo keine Hoffnung gelassen wird, bricht sich der Mensch mit aller Gewalt eine Bahn für seine Würde und seinen Lebensraum – ganz *oben*, wo alle materiellen Erwartungen gestillt sind und das Leben wie festgezurrt in entspannter Ordentlichkeit abläuft, suchen besonders junge Leute nach Nervenkitzel, nach »action«, wollen »was los machen« inmitten der versteinerten gutbürgerlichen Geregeltheit.)

*Zum Schluß*
Hoffnungslose Menschen leben von der Hoffnung anderer. Jesaja spricht die Sprache der Hoffnung und nährt die Hoffnung mit den vertrauten Bildern der Vergangenheit. Sprache der Hoffnung für die Hoffnungslosen, wiedererwecktes Leben für die Leblosen. Befehlen läßt sich Hoffnung nicht, auch lebt sie nicht davon, daß uns einer das Blaue vom Himmel verspricht. Sie wird erst glaubwürdig, wenn mein auf dem Trockenen liegendes Lebensboot hineingezogen wird in den Strom lebendiger Erwartungen und es sich lohnt, daß ich alle meine Kräfte anspanne und den Blick nach vorne richte, zu neuen Ufern, wo Gottes Güte mich empfängt.
Ich schließe mit einer Geschichte, die zeigt, wie mit der Hoffnung alle Lebenskraft verbunden ist.

Der Baum des Lebens
Ein Kind lag lange Wochen im Krankenhaus, ohne daß es mit seiner Krankheit besser geworden wäre. »Werde ich nie mehr gesund? Muß ich sterben?« fragte es die Schwester. Und diese, eine kluge alte Frau, sagte: »Nein, du mußt nicht sterben. Sieh dir den Baum vor deinem Fenster an: jetzt im Winter hat er keine Blätter. Aber im Frühjahr bekommt er neue Kraft. Und ich verspreche dir: Wenn dieser Baum da wieder Blätter hat, wirst auch du wieder gesund.« Da freute sich das Kind und sah jeden Tag auf seinen Baum.

Es wurde Frühling, alle Büsche und Bäume bekamen Knospen. Die Hoffnung des Kindes wuchs von Tag zu Tag. Aber *sein* Baum hatte keine einzige Knospe – was war das? Es fragte die Schwester, was mit dem Baum da draußen sei. Aber die alte Schwester war nicht mehr da, und die neue Schwester verstand die Frage des Kindes nicht und verstand auch nichts von Bäumen. Sie warf nur einen kurzen Blick durchs Fenster und sagte: »Ach der, der wird wohl schon gestorben sein.«
Von diesem Tag an ging es dem Kind immer schlechter, ohne daß die Ärzte sich das erklären konnten. Zum Glück kam kurze Zeit später die alte Schwester zu Besuch. Als sie das Kind in hoffnungslosem Zustand vorfand, erschrak sie und setzte sich zu ihm ans Bett. Das Kind weinte und erzählte ihr dann, daß sein Baum gestorben sei und daß es nun auch sterben müsse. Da verstand die Schwester alles, und sie sagte: »Aber nein, dieser Baum ist nicht gestorben. Es ist eine Platane, und Platanen bekommen ihre Blätter später als andere Bäume. Warte noch vier Wochen, dann hat auch dein Baum Blätter, und du bist gesund!«
Nach zwei Wochen hatte die Platane Knospen gebildet, und das Kind konnte zum ersten Mal aufstehen. Und weitere zwei Wochen später hatte die Platane ihre Blätter, und das Kind durfte nach Hause.
(aus der Erinnerung nach einem Kinderbuch erzählt von Ingrid Adam)

**Kontexte**

Hoffnung ist die zweite Seele der Unglücklichen. (J.W. v. Goethe)

Die Vögel singen mehr, als ihnen nach Darwin eigentlich erlaubt ist. (der Zoologe Buytendijk)

Betrachte immer die helle Seite der Dinge. Und wenn sie keine haben? Dann reibe die dunkle, bis sie glänzt! (Sprichwort)

Wir sprechen darüber, nicht, weil wir es sagen könnten, sondern weil davon nicht geschwiegen werden darf. (Augustin)

Was von Hoffnung überquillt, sind Gefängnisse und Krankenhäuser, aber nicht Charterflüge und Luxushotels. (Susan Sonntag)

Die Schienbeine und die Hoffnungen soll man nicht zu weit hinausstrecken! (Epiktet)

Die beste Art, Gott für empfangene Wohltaten zu danken, ist, neue von ihm zu erwarten. (Joh. Calvin)

Manchmal denkt man, Gott müßte einem in all den Widerständen des Lebens ein sichtbares Zeichen geben, das einem hilft. Aber dies ist eben sein Zeichen: daß er einen durchhalten und wagen läßt. (Jochen Klepper)

Leid enthält stets zugleich ein verborgenes Angebot, in eine neue Zukunft einzutreten, die anders nicht zu haben ist. (K.A.M. Müller, Die präparierte Zeit)

Wo kämen wir hin, wenn alle sagten, wo kämen wir hin, / und keiner ginge, um zu sehen, / wohin wir kämen, wenn wir gingen? (Kurt Marti)

Das Mögliche umfaßt nicht nur die Träume nervenschwacher Personen, sondern auch die noch nicht erwachten Absichten Gottes (Musil). (Adolf Holl, Jesus in schlechter Gesellschaft, dtv, S. 147)

Was aber bietet Jesus an? Er löst den Krampf bei der Erhaltung des Bestehenden.
Er hilft mir, wenn Unerträgliches liquidiert werden soll.
Er schärft den Blick für die Beurteilung von Reifeprozessen und Verfallserscheinungen.
Er leitet zur Wachsamkeit an, schlafende Jünger weckt er auf.
Er durchkreuzt die Sterbensangst.
Jesus schickt sich nicht ins Unvermeidliche.
Weiß aber, wann er aufhören muß, wird fertig, findet einen Schluß, hält nichts fest, auch nicht sich selbst.
Solange Menschen sich gegen das Ende wehren, hat Jesus ein Wort mitzureden.
(Adolf Holl, a.a.O., S. 143)

Der Heiland meiner Träume würde sagen: Wer mit mir gehen will, der soll. Doch daß sich keiner um meinetwillen verliere und verleugne. Und daß mir keiner meint, es sei verdienstvoll, ein Kreuz auf sich zu nehmen! Golgatha-Schwärmer mag ich nicht. Ich stelle nichts in Aussicht, nicht einmal Strafe. Adam und Eva sollen essen, was sie wollen. Und folglich keine Sünde. Seid ungeknickt, gönnt euch genügend Schlaf und warme Stille, das ist das radikalste Anti-Teufel-Mittel. (Markus Werner, Froschnacht, S. 16)

Hoffnung
Der Glaube, der mir am liebsten ist, spricht Gott, das ist die Hoffnung. / Der Glaube erstaunt mich nicht. / Die Liebe, spricht Gott, erstaunt mich nicht. / Aber die Hoffnung – die erstaunt mich. / Daß sie sehen, diese armen Kinder, / wie alles geschieht und glauben, / morgen werde es besser gehen. / Das ist erstaunlich / und wahrlich das größte Wunder unserer Gnade. / Dieses kleine Mädchen Hoffnung. / Die Unsterbliche. / Sie ist es, die Kleine, die alles mit fortzieht. / Denn Glaube sieht nur, was ist. / Sie aber sieht, was sein wird. / Denn Liebe liebt nur, was ist. / Sie aber liebt, was sein wird. / Glaube sieht das, was ist, / in der Zeit und in der Ewigkeit. / Hoffnung sieht, was sein wird / in der Zeit und für alle Ewigkeit. (Charles Péguy)

# Rogate

## Predigttext: Matthäus 6(5–6)7–13(14–15)
Ludwig Keller

### Theologisch-homiletische Skizze

Matthäus unterbricht mit den Versen 7 bis 15 den Zusammenhang der drei Sprüche von den guten Werken (Almosen geben, beten, fasten), die im Verborgenen geschehen sollen (6,1–6.16–18). Wenn wir die Verse 5 und 6 sowie 14 und 15 zum Predigttext hinzunehmen, dann legt diese Textauswahl es nahe, nicht eine Predigt über das Vaterunser zu konzipieren, sondern über das Beten. Denn Matthäus stellt, anders als Lukas, das Vaterunser in den Zusammenhang einer kleinen Lehre vom Gebet:

Darin geht es um das Geflüster, mit dem Frau Welt uns vom »Vater« trennen möchte; sie verspricht uns das Leben, das nur der »Vater« uns geben kann. Und indem Adam und Eva sich an Frau Welt klammern, verfallen sie dem Bösen und trennen sich vom »Vater«, dem Geber des Lebens. Betend aber kehren sie ihr den Rücken und reden den Himmel an, den nicht zu fassenden, der sie ansrpicht. Frau Welt läßt das nicht hingehen.

> Laß die Leute wenigstens wissen, sagt sie, daß du wichtig bist und dich ums Wesentliche kümmerst (»Allein den Betern kann es noch gelingen ...«).

Aber der Himmel widerspricht: Es ist mehr als genug für euch, daß ihr mir wichtig seid, wenn es auch niemand sieht. (Vers 5 und 6)

> Ja, richtig, ergänzt Frau Welt, Spiritualität ist angesagt. Glück und Gesundheit aus der Mitte des Seins. Weisheit aus der Tiefe führt dich hin.

Für euch ist gesorgt, sagt der Himmel. Ich weiß, was ihr nötig habt, besser sogar, als ihr selbst es wünschen könnt. (Vers 7 und 8)

> Tu was für dich, sagt sie, erst dann kannst du auch was für andere tun.

Den Himmel und das Leben habt ihr gemeinsam oder gar nicht, hören wir dagegen. Laßt ihr nur einen zurück, dann kommt keiner zu mir. Sprecht als Geschwister. (Vers 9)

> Bezieh deinen Lebensmut nicht aus Ungewissem, mahnt sie mütterlich. Der Mensch braucht einen sicheren Halt.

Der Himmel dagegen: Unbegreiflich ist euer Vertrauen, und euer Lebensmut kommt aus dem Geheimnis, das euch umgibt. (Vers 9)

> Laß dich nicht unterkriegen, lehrt Frau Welt. Man muß wissen, was man will, und es dann auch durchsetzen.

Unser aller Vater aber traut uns zu, daß Liebe unter uns König sei. Liebe ist sein Wille in Zeit und Ewigkeit. (Vers 10)

> Es wird dir nichts geschenkt im Leben, sagt sie mit Sorgenmiene. Und die Sorge macht, daß jeder nur sein eigenes Brot backt.

Ich gebe euch Brot für alle, weiß der Himmel. Sorgt ihr nur dafür, daß auch alle täglich ihr Brot bekommen. (Vers 11)

Frau Welt weiß: Wo kein Kläger ist, da ist kein Richter – und nimmt mir die Schuld ab, die mir zu lästig wird.

Aber der Himmel macht unsere Verantwortung sehr weit, und noch weiter seine Geduld mit uns. (Vers 12)

Aber was Recht ist, muß doch Recht bleiben, kontert Frau Welt und lehrt mich, auf mein gutes Recht zu pochen.

Ihr könnt es nur miteinander aushalten, sagt der Himmel, wie ich es mit euch aushalte: verzeihend. (Vers 12) Werdet ihr mir darin ähnlich, dann werdet ihr auch meine Verzeihung erlangen. (Vers 14 und 15)

Bin ich nicht Gottes schönes Geschöpf, spielt sie ihren letzten Trumpf aus, Mutter Natur, von der alle kommen und zu der alle zurückkehren? Kann böse sein, was natürlich ist?

Aber der rätselhafte, offene Himmel sagt: Ihr seid mehr als Natur. Klammert ihr euch an die Schöpfung, dann verderbt ihr sie und euch. Meine schöne reiche Schöpfung ist eure Versuchung. Doch euer Heil bin ich. (Vers 13)

Lesen wir die Perikope so, dann sagt sie: Menschen können sich betend aus der Faszination (= Fesselung) der Schöpfung lösen, ihr Vertrauen in die Offenheit und Unberechenbarkeit ihrer Existenz erneuern und so die Schöpfung und sich selbst heilen. Die gegenwärtige Krise des Gebets kommt daher, daß wir einerseits süchtig sind nach der Fülle der Schöpfung, andererseits den Schöpfer als Person vorstellen, also in einer geschöpflichen Kategorie, anstatt ihn in der Offenheit und Unbegreifichkeit unserer Existenz zu erkennen. Die Krise des Gebets ist ein Symptom für die Krise unserer Welt, die wir verderben, weil wir ihrer Faszination erliegen. Wenn wir endlich beten lernten, könnten wir die Schöpfung heilen.

**Zur Liturgie**

Als *Introitus* Psalm 73,23–26

*Epistellesung*
Kolosser 4,2–6

*Gebet*
Vater,
wir möchten es wieder lernen, dir alles anzuvertrauen,
alle unsere Sorgen, unsere Trauer und Angst,
alle unsere Schulden und Fehler.
Du weißt, was jeden einzelnen von uns belastet,
was uns Angst macht, womit wir uns und andere plagen.
Wir möchten es wieder lernen,
die Welt und unser Leben als dein Geschenk anzunehmen,
dankbar und froh,
diesen schönen Frühling wie einen Blumenstrauß von dir,

als Zeichen deiner treuen Liebe.
Und so jeden Morgen, jede Begegnung, jedes Lachen, jede Freude.
Wir möchten auch wieder lernen,
deine Geheimnisse und Rätsel zu ehren,
das Rätsel unseres Lebens und Vertrauens, seinen verborgenen Sinn,
das Geheimnis des Leidens, der Schmerzen und der Verwirrung,
das große Geheimnis unserer Vergänglichkeit,
unseres Todes und deiner Ewigkeit.
Gib uns deinen Geist,
daß wir unser Heil nicht in deiner Schöpfung suchen,
sondern in dir,
daß wir frei werden von aller Sucht, von Mißtrauen und Neid
und deine schöne Schöpfung in Frieden und Liebe verwalten können.

**Vorschlag für die Predigt**

*Möglicher Anfang*

Bei vielen Völkern ist das Märchen von dem Berg bekannt, in dem unermeßliche Schätze verborgen liegen. Man muß nur das geheime Wort wissen, um hineinzugelangen – und wieder hinaus. Da war ein armer Mann, der durch Zufall das Wort erfuhr. Berg Semsi, tu dich auf, sagte er, und der Berg tat sich auf. Der Arme ging hinein, nahm von den Schätzen, soviel er nötig hatte, und kam auch wieder heraus. Sein Bruder aber, der reich war, beschwatzte ihn, daß er ihm das Wort verriet. Dann spannte er zwei Pferde vor den Wagen und fuhr in den Berg hinein. Da brauchte er lange, bis er das Kostbarste ausgesucht und den Wagen bis fast zum Zerbrechen beladen hatte. Aber in seinem Eifer hatte er das Wort vergessen, es fiel ihm auch nicht wieder ein, und so mußte er in dem Berg bleiben und inmitten all der Reichtümer verhungern.
Zu viel Eifer schadet nur, sagt ein Sprichwort, und das haben wir wohl alle schon einmal erfahren – die meisten sicherlich beim Essen und Trinken. Wer dabei zu eifrig ist, dem wird es übel. Aber auch Eltern erfahren das, die ihren Kindern den Weg ins Leben besonders gut zeigen und bahnen wollen – und dann gehen die Kinder erst recht andere Wege. Oder Berufstätige, die durch ganz besonderen Eifer eher den Neid und das Mißtrauen als die Anerkennung ihrer Kollegen und Vorgesetzten wecken. Vielleicht kennen Sie Leute, die nur noch für das Haus leben, das sie gebaut haben. Jahrelang legen sie sich dafür krumm, und schließlich ist alles perfekt und bestens in Ordnung – aber nun bricht die große Langeweile aus. Irgend etwas ganz Wichtiges fehlt; sie haben das Wort vergessen, das sie mit dem Leben verbindet.
Führe uns nicht in Versuchung, beten wir im Vaterunser, und Martin Luther hat in seiner Erklärung dazu gesagt, »Gott versucht zwar niemand ...«,

aber ich glaube, daß Gott uns doch in Versuchung führt, nämlich durch die große Schönheit und den unermeßlichen Reichtum seiner Schöpfung.

*Weiterer Verlauf*

Reichtum und Schönheit der Schöpfung wecken unser Verlangen, möglichst viel davon zu bekommen. Wir beklagen uns, wenn unser Anteil uns zu gering erscheint, trauern über Verluste, werden neidisch und mißtrauisch gegen andere, sorgen deshalb nur für uns selbst, wehren die Ansprüche anderer ab. Schließlich stehen wir einsam und verbittert da, wie der reiche Mann im Berg Semsi.

Jesus will uns davor bewahren. Das Wort, das uns aus der Faszination der Schöpfung befreit, ist das Gebet, und zwar durchaus nicht in erster Hinsicht als Bitte, sondern als die Wendung von der Schöpfung weg zum Schöpfer:

Wenn ich nur dich habe,
so frage ich nichts nach Himmel und Erde. (Ps 73,25)

Es genügte schon, nur Abba! zu sagen, um diese Wendung zu vollziehen. Und davon war Jesu Haltung bestimmt: er klammerte sich nicht an Dinge, die man erwerben, besitzen oder sichern kann; er hielt nicht Erfolg, Glück und Gesundheit für das Wichtigste, pochte nicht auf sein Recht. Weil er ganz dem »Vater« zugewandt lebte, ergab sich ihm die Schöpfung und wurde durch ihn geheilt; darum konnte er auch ohne Klage leiden und sterben.

*Möglicher Schluß*

Laßt uns doch von Jesus lernen, immer wieder der Schöpfung den Rükken zu kehren und den Schöpfer anzureden, sei es auch nur mit dem winzigen Wort Du! Wenn wir essen und trinken, können wir des Gebers gedenken, dem Appetit Zügel anlegen und selbst das Maß bestimmen, das uns gut tut. Wenn unsere Kinder heranwachsen und wir uns um sie sorgen: wir können sie getrost der Liebe und Weisheit des Vaters anvertrauen, der längst weiß, was sie nötig haben, der ihre Namen kennt und sie liebt. Wenn wir unsere Arbeit tun und sehen, daß vieles noch viel besser gemacht werden könnte, können wir dem Vater im Himmel trauen, der allein alles vollenden und zurecht bringen kann und es auf seine Weise auch tun will.

Die ganze Menschheit ist ja in die Lage des Mannes geraten, der im Berg Semsi riesige Reichtümer auf seinen Wagen geladen hat, aber weil er das Wort vergessen hat, das den Ausgang öffnet, bleibt er darin gefangen. Die Menschheit hat sich durch Wissenschaft und Technik große Reichtümer erworben und neue, ungeahnte Möglichkeiten erschlossen. Alle Menschen könnten genug zu essen haben, alle Kinder gute Schulen besuchen, alle könnten gute Arbeitsplätze haben, alle Kranken könnten gut versorgt werden. Die Mittel dafür haben wir. Aber über all diesen Erfolgen haben wir den Vater vergessen, von dem wir das alles haben. In unserem Eifer haben wir nicht gemerkt, daß wir die Natur zerstören, die er uns anvertraut hat. Und wir haben die Liebe verlernt, haben das Wohlergehen aller Menschen aus dem Auge verloren. Nun plagen Hunger und Kriege den größeren Teil der Menschheit. Wir alle sind in großer Gefahr, und bei allen, die das erkennen, herrscht Ratlosigkeit und Angst. Manche erkennen auch schon, daß uns noch mehr Wissenschaft, noch mehr Technik, noch mehr politische Macht nicht retten können. Es ist sehr merkwürdig: was im Kleinen gilt, das gilt auch im Großen: am Anfang einer wirklichen Wende zum Besseren und zu unserer Rettung müssen nicht Taten stehen, sondern die Wendung zum Vater, zu dem, der alles in Händen hält. Erst wenn wir all unsere Maßnahmen lassen und vergessen und alles restlos dem Vater anvertrauen, erst dann wird sich seine Schöpfung uns ergeben und heil werden können. Sie wartet darauf.

**Kontexte**

Rezept

Jage die Ängste fort und die Angst vor den Ängsten.
Für die paar Jahre wird wohl alles noch reichen,
das Brot im Kasten und der Anzug im Schrank.

Sage nicht »mein«, es ist dir alles geliehen.
Lebe auf Zeit und sieh, wie wenig du brauchst.
Richte dich ein und halte den Koffer bereit.

Es ist wahr, was sie sagen: was kommen muß, kommt.
Geh dem Leid nicht entgegen. Und ist es da,
sieh ihm still ins Gesicht. Es ist vergänglich wie Glück.

Fege deine Stube wohl, und tausche den Gruß mit dem Nachbarn.
Flicke heiter den Zaun und auch die Glocke am Tor.
Die Wunde in dir halte wach unter dem Dach im Einstweilen.

Zerreiß deine Pläne. Sei klug und halte dich an Wunder.
Sie sind lang schon verzeichnet im großen Plan.
Jage die Ängste fort und die Angst vor den Ängsten.
(Klabund)

Das Brot ernährt dich nicht: was dich im Brote speist,
ist Gottes ewges Wort, ist Leben und ist Geist. (I, 173)

Das Wort, das Gott von dir am allerliebsten hört,
ist, wenn du herzlich sprichst: sein Wille sei geehrt. (I, 232)

Die Helden plappern viel. Wer geistlich weiß zu beten,
der kann mit A und B getrost für Gott hintreten. (II, 77)
(Angelus Silesius, Der cherubinische Wandersmann)

Wir leben doch in einer Welt der Zeitlichkeit. Zeit bedeutet schon, daß Schranken da sind. Alles, was man kennt, kennt man beschränkt. Sind das nicht die »Formen«? Die Proportionen geben uns das Gefühl der Harmonie, der Schönheit. Wir zählen Sekunden, Tage, Jahre – alles begrenzt. Unser Körper in seinen Formen – ebenfalls beschränkt. Unsere Jahre, unsere Möglichkeiten, unsere Erfahrungen – alles hat Grenzen. Als Grundlage meines Gebetes hatte ich doch den ewigen Gott erfahren, hatte das ewige Sein voller Glück gepriesen. Und jetzt stehe ich vor der Realität der Zeitlichkeit, der Grenzen. Und jetzt spüre ich das Verlangen, all dieses Zeitliche wie eine Braut dem ewigen Bräutigam zuzuführen. Ich möchte die Braut erfreuen, indem ich sie zur Hochzeit führe. Heißt das nicht auch, daß ich mein Leben hier, mein Leben in der Zeitlichkeit dem ewigen Sein zuführe? Das Zeitliche allein ist Lüge, ist nicht wahr. Leben, nur begrenzt, ist sinnlos. Ich möchte es erlösen, indem ich es mit dem Ewigen verbinde, indem ich es die Wahrheit erfahren lasse. Die Welt des Zeitlichen erfährt die Wahrheit.
(Friedrich Weinreb, Was ist beten? Weiler im Allgäu 1985, S. 18f.)

Der Herr hat gesagt: »Das Himmelreich leidet Gewalt, und die Gewalt brauchen, reißen es an sich.« Das Himmelreich ist kein Ding, das irgendwoher herunterfiele, wie im Märchen. Auch nicht etwas, das mit Notwendigkeit aus dem Wesen der Menschen heranwüchse. Es kommt von Gott und steht im Kommen alle Zeit, aber der Mensch muß es fassen und an sich ziehen. Er muß sich wagen daraufhin. Vieles in ihm wehrt sich aber dagegen: Wünsche, auf die er verzichten muß, wenn er das Reich Gottes ernsthaft will; Leidenschaften, die unter Zucht treten oder aufgelöst werden müssen, wenn das Reich Gottes Raum haben soll. Nach allen Seiten sind wir gebunden; die Bande halten fest und wollen nicht zerschnitten werden. Die Selbstsucht liegt in sich selbst verklammert und will sich nicht geben.
Hierauf richtet sich die »Gewalt«, die gebraucht werden muß, um zum Reiche Gottes zu gelangen: Durchzudringen durch sich selbst. Durchzubrechen durch die Bindungen und Verstrickungen um uns her; durch Menschenrücksichten, Anhänglichkeiten, festgewordene Zustände, Verhältnisse, Gewohnheiten, angebliche Pflichten.
Das »Amen« meint diese Entschlossenheit. Es ruft sie herauf und besiegelt sie. Das ganze Vaterunser kreist um das Reich Gottes; in ihm lebt das Bewußtsein von dessen Nähe und die Hoffnung auf sein Kommen. Das »Amen« aber spricht: »Ich will es, daß es komme!« Es greift danach: »Also geschehe es!« Und es wirft seine Kraft in die voraufgehenden Bitten zurück: In der Inbrunst und heiligen Entschlossenheit solchen Amens sollen sie gebetet sein.
(Romano Guardini, Das Gebet des Herrn, Mainz 1959, SA. 107 f.)

# Himmelfahrt

## Predigttext: Johannes 17,20–26
Heinrich Jürgenbehring

### Theologisch-homiletische Skizze

Der Text bildet den Schluß des »Hohenpriesterlichen Gebetes«, welches seinerseits die »Abschiedsreden« Jesu (Joh 13,31–16,33) beendet. Den Bezug zum Kasus »Christi Himmelfahrt« stellt der Vers 24 dar. Jesus verabschiedet sich von seinen Jüngern. Doch dieser Abschied ist nicht Verlust, sondern Gewinn. Die Gemeinschaft mit dem Herrn bleibt für die Jünger. Sie ist unverlierbar. Wo der Auferstandene, zu Gott Erhöhte, ist, werden auch die Seinen eine Bleibe haben. Er will (thelo) es so. Freilich: der »Ortswechsel« Jesu bedeutet für die Jünger eine Einstellungsänderung. Ihr Herr ist nicht in gleicher Weise gegenwärtig wie zuvor. Er geht zum Vater. Wie sollen sie zurecht kommen in der Welt, die (für Johannes) als Gottes Schöpfung und zugleich als »böse«, gegen ihren Schöpfer aufbegehrend, gesehen wird? Jesu »Hingang« zum Vater bedeutet Irritation für die Zurückbleibenden, löst Verlustängste aus. Nach Jesu Abschied mag die Versuchung groß sein, wehmütig zurückzuschauen, Vergangenheit zu verklären oder den Freiheitsimpuls der Botschaft Jesu weiterzutragen ohne die vergewissernde Gegenwart des Herrn – mit tödlichem Risiko. Doch gibt Johannes uns zu verstehen: Jesu Abschied bedeutet nicht Ende, sondern Anfang. Nun, da er fern von den Seinen, ist er ihnen erst recht nahe, ihr Verbindungsmann, der beim Vater für sie eintritt. Die Jünger haben teil an der Liebesgemeinschaft, die zwischen Vater und Sohn besteht (Vers 21a;23a). Wie der Sohn, so werden auch die Seinen die doxa des Vaters schauen (Vers 22;24). Von der doxa, jener Herrlichkeit Gottes, die Liebe und Leben ist, sollen die Jünger künden, damit durch ihr Wort jene glauben, die der Vater dem Sohn »geben« wird. Auch sie werden in die Gemeinschaft des Vaters mit dem Sohn hineingenommen. In der Gemeinschaft des Vaters mit dem Sohn ist auch das »Einssein« der Gemeinde begründet (Vers 21). »Der Text will die Einheit der Gemeinde nicht als zu erstrebendes Ziel, sondern – geglaubte – *Realität* bezeugen« (O. Weber, Predigtstudien, 1967, S. 41). Die Einheit der Gemeinde ist also nicht eine Sache äußerer Organisation. Sie wird nicht gemacht, sondern gegeben, weil sie vorgegeben ist. »Es kennt der Herr die Seinen.« Die Gemeinschaft der Glaubenden mit dem Vater durch den Sohn hat kein Ende. Sie dauert über den Tod hinaus. »Vater, ich will, daß, wo ich bin, auch die bei mir seien, die du mir gegeben hast, auf daß sie meine Herrlichkeit sehen, die du mir gegeben hast ...« (Vers 24). Auch Johannes kennt eine futurische Eschatologie, die freilich nicht apokalyptisch bestimmt ist. In der Gemeinschaft mit Gott ist dem Glaubenden eine unverlierbare Zukunft geschenkt. Es gilt: »Der Tod ist nicht das Ende des Glaubens, sondern der Glaube das Ende des Todes« (S. Schulz, NTD, 1983, S. 221).

Unser Predigttext ist kein klassischer Himmelfahrtstext. Dies mag man als Entlastung empfinden, muß doch nun die leidige »Weltbildfrage« nicht traktiert werden. Man kann sogleich zur Sache kommen. Andererseits mag das Gewicht des Kasus (Himmelfahrt ist eben doch ein besonderer Festtag) dazu veranlassen, mit den zu »Himmelfahrt« sich einstellenden Assoziationen zu beginnen. Ich ziehe es vor, mit der Situation, in die der Text mich einweist, einzusetzen: Was wird, wenn Jesus nicht mehr da ist? Die Verlustangst der »Jünger«.

**Vorschläge zur Liturgie**

*Eingangspsalm*

Psalm 47,2–3.5.8.

*Lieder*

EKG 474 »Dein Wort, o Herr, bringt uns zusammen«; EKG 95 »Siegesfürste, Ehrenkönig«; EKG 96,1–6.10 »Jesus Christus herrscht als König«; EKG 94 »Zeuch uns zu dir ...«

*Kollektengebet*

Herr, unser Gott, wir danken dir an diesem Morgen, daß du Jesus Christus, unsern Herrn und Bruder, erhöht hast zu dir und ihm damit einen Namen gegeben, der über alle Namen ist. In seinem Namen bitten wir dich: Wecke in uns die Freude darüber, daß Jesus unser Herr ist. Seinem Ruf laß uns folgen. In seinem Dienst laß uns tätig sein.
Herr Jesus Christus, du hast deine Jünger nicht allein gelassen, sondern mit ihnen den Bau deiner Gemeinde begonnen. Du bist auch bei uns, redest zu uns in deinem Wort, schenkst uns deinen Geist und die Gemeinschaft mit dir, dem Auferstandenen und Erhöhten. Hilf, daß wir dir vertrauen. Sei bei uns auch in dieser Stunde und rede zu uns. Amen.
(Nach: Rogate, Gebete für den Gottesdienst, 1969, S. 67)

*Lesungen*

Epistel: Apg 1,2–11; Evangelium: Lk 22,44–53.

*Fürbittengebet*

Herr Jesus Christus, zur Rechten des Vaters erhöht! Nimm jetzt unsern Lobpreis an, der aus viel Schwachheit, Kleinglauben und Untreue kommt. Wir danken dir, daß du dich erniedrigt hast bis zum Tode am Kreuz, um diese Erde zu erlösen und uns mit aller Kreatur wieder unter die Herrschaft des Vaters zu führen. Mache uns deines Sieges und deiner Zukunft gewiß. Laß uns daran teilhaben in aller Feindschaft der Welt, in aller Verborgenheit deiner Herrschaft, in aller Schwachheit unseres Lebens und Wissens. Dir übergeben wir alle Dinge und Menschen, die uns Not machen und uns am Herzen liegen: Leite die Regierenden und die Geschicke der Völker hin

zu deinem Tag. Erquicke die Leidenden. Rüste deine Boten aus mit Vollmacht, gib deiner Gemeinde eine neue Entschlossenheit und Treue zu dir. Schenke uns den Blick des Glaubens, der alle Gegenwart schon unter deiner Herrschaft sieht, der weiß, daß dir die Zukunft gehört und daß deinem Namen allein Anbetung geschehen wird von allen, die erlöst sind durch deine Liebe. Amen.
(Nach: Rogate, Gebete für den Gottesdienst, 1969, S. 71).

**Zur Predigt**
*Möglicher Anfang*
Gott ist im Himmel; du Mensch bist auf Erden. Und mutterseelenallein ist der Mensch, wenn ihm Gott entschwindet. Da standen sie nun – ratlos, verunsichert, einsam. Er, der ihnen Gott in ihr Leben gebracht hatte, der Mann aus Nazareth, hatte sich verabschiedet. Was sollte nur werden aus ihnen, den Jüngern, seinen Freunden? Golden glänzte die Vergangenheit. Da waren sie mit ihrem Herrn durchs Land gezogen. Seine Worte hatten sie erquickt, ermutigt; in seinen Taten kündete eine neue Zeit sich an: Gottes Herrschaft mitten unter den Menschen auf dieser Erde. Aber nun? Wenn Jesus sich verabschiedete, wenn er in Gottes Himmel fuhr, waren sie dann nicht verwaist und ganz arm und elend dran? Vergangenheit tröstete nicht, Zukunft war ohne Verheißung und die Gegenwart leer. Abschiedsstimmung. Trauer über den Verlust eines Menschen, den sie geliebt hatten. Schmerzliches Ende einer Gemeinschaft, die trug, die Geborgenheit schenkte.

*Zum weiteren Verlauf*
Aber: Gott ist im Himmel; und darum auch auf Erden. Wenn Jesus zurückkehrt in die Gemeinschaft mit dem Vater, so bleibt er erst recht bei den Jüngern. Nun ist er Menschen zu allen Zeiten und an allen Orten auf der Erde gleich nahe, gleich gegenwärtig. »Du kannst alles allerorten nun erfülln und nahe sein.« So jedenfalls meint es Johannes. Darum: Nicht mutlos werden! Nicht den Kopf hängen lassen! Nicht nach rückwärts träumen und den Boden unter den Füßen verlieren. Die Verbindung zum Himmel ist hergestellt. Jesus ist der Verbindungsmann zu Gott. Die Gemeinschaft mit Jesus Christus ist von ewiger Dauer. Denn unser Herr hat teil an Gottes ewigem, unvergänglichem Leben.
Wie der Vater und der Sohn in Liebe zusammengehören, so gehören wir nun auch hinein in dieses Liebesverhältnis. Im Glauben an Jesus Christus sind wir mit Gott verbunden. Wir – und andere Menschen mit uns. Wir – und andere Menschen nach uns. Denn, daß Gott »ein glühender Backofen voller Liebe ist, der von der Erde bis an den Himmel reicht« (Luther), davon sollen alle Menschen erfahren. Denn (so läßt Johannes uns wissen): »So

sehr hat Gott die Welt geliebt, daß er seinen einzigen Sohn dahingab, damit alle, die an ihn glauben nicht verloren werden, sondern das ewige Leben haben.« Diese Liebe hat in Jesus Hand und Fuß bekommen. Das hatten die Jünger erfahren. (Dieser Gedanke kann an Beispielen aus dem Leben Jesu von Nazareth verdeutlicht werden.) Diese Liebe gilt. Gott hebt seine Liebeserklärung nicht auf. Dafür steht Jesus ein. Gott, der Jesus aus dem Tod erhöht hat, kann nicht sterben. Und darum seine Liebe auch nicht.

Von der Liebe Gottes, von seiner Zuwendung leben wir jeden Tag. Von der Liebe Gottes erzählen wir. Aus dieser Liebe leben wir und geben sie an andere weiter, so daß die »Sache mit Gott« ansteckend wird und auch andere sich die Liebe Gottes gefallen lassen. So entsteht die Gemeinschaft der Freunde Jesu. So wird Gemeinde. Am Ort. In der Nachbarschaft. Im eigenen Land und darüber hinaus, Gemeinde auf der bewohnten Erde – Ökumene. Unser Verbindungsmann zu Gott, Jesus Christus, bittet darum, daß durch das Wort der Jünger Menschen zum Glauben finden, »auf daß sie alle eins seien, gleich wie du, Vater, in mir und ich in dir ...«. Einssein der Christen? Eia, wärn wir da! Wieviel Zank und Streit, wieviel ärgerliche Unterschiedenheit gibt es unter denen, die sich Christen nennen! »... damit die Welt glaube, du habest mich gesandt.« Wie soll sie denn, wenn die Kirche so unglaubwürdig lebt. Wir möchten wohl gern Einheit herstellen, sie organisieren. Doch was wir schaffen, ist vielleicht die Einigkeit der Kirchensteuerzahler. Sie wird ja meist beschworen, wenn man vor Spaltung warnt. Einigkeit, an der zumal Kirchenleitungen interessiert sind, damit es nicht zum Bruch komme über der Frage der Rüstung, der Apartheid, der Weltwirtschaftsordnung. Jesus meint gewiß nicht einen faulen Frieden pluraler Unverbindlichkeit. Er meint die Einheit (das Einssein) der an ihn Glaubenden und darum auch verbindlich nach seinem Worte Lebenden. Einheit der Gemeinde Jesu kann es nicht geben, wo die Armen und Unterdrückten durch Unrechtssysteme aus der Gemeinschaft des Glaubens ausgeschlossen werden (konkretisieren an Beispielen aus der Ökumene).

*Schluß*

Sich auf die Liebe Gottes einlassen ist nicht ohne Risiko. Die »Welt« hat mit dieser Liebe wenig im Sinn. Und die »Welt« treibt ihr Wesen auch innerhalb der Kirchenmauern. Es ist nicht ohne Risiko, sich Jesus Christus anzuvertrauen, denn die Liebe, die er lebte, wurde von der Welt mit Haß beantwortet. So ist den Jüngern und Jüngerinnen Jesu kein schönes, leichtes Leben versprochen, wohl aber ein Leben in der Geborgenheit der Liebe Gottes, ein Leben, das auch der Tod nicht töten kann. Denn wo unser Herr ist, da werden auch wir sein. Allezeit.

## Materialien zur Predigt

»Die Erzählung von einer leiblichen sichtbaren Himmelfahrt ist eine Legende; sie drückt die Gewißheit des Glaubens, daß Jesus durch seine Auferweckung zu Gott erhöht ist, mit Mitteln antiker Entrückungs- und Himmelfahrtsvorstellungen aus. Als Bericht ist sie sekundär und zeitgebunden. Aber der Sinn, der sich in ihr ausdrückt, ist dem Glauben an Jesus ursprünglich und wesentlich eigen.« (Paul Althaus, Die christliche Wahrheit, 1962, S. 490)

»Der nächste Ring aber heißt dann: Wir alle. Denn da füllt sich ja die Szene rasch mit den Gestalten einer zweitausendjährigen Christenheit. Die Geschlechterkette der Glaubenden bricht auseinander in der Zeit, die uns immer nur Stückwerk fassen und schaffen läßt. Da streiten sie sich dann um die Teile: Laue und fanatische Christen, landeskirchliche Schwerfälligkeit und behende Sektenpropaganda, Erwekkung und Erstarrung, ein unmenschliches katholisches Mischehenrecht, eine schwer erträgliche protestantische Eigenbrödelei. ... Da gibt es das laute Gelächter der Welt über die dünnen Stimmen der zankenden Christenheit und die unendliche Mühsal ökumenischer und auch ein wenig katholischer Einheitssuche. Dagegen hilft kein ökumenischer Rütlischwur: ›seid einig, einig, einig‹ und keine weltstrategische Überlegung über die erwünschten Abwehrkräfte einer einigen Christenheit gegen alle jene -Ismen, die heute mobilmachen zum Kampf um die Welt. Aber in Chor verzerrender Zeugnisse ist die große Fürsprache zu hören, die unentwegt *›wir alle‹* sagt ... Der für uns bittet, ist auch der Anwalt der anderen. Wie könnten wir uns beruhigen, solange es Trennungen gibt?« (Werner Jetter, Unterwegs mit dem Wort, 1966, S. 212/213)

»Wenn schon die teuflische Möglichkeit des unvorstellbaren Chaos eines von mir mit geführten atomaren Krieges im Blick auf Gottes Schöpfung frevelhaft ist, so ist sie es im Sinne der Sünde wider den Heiligen Geist, wenn ich an die Zerreißung des Leibes Christi durch allein den Akt der gegenseitigen Bedrohung denke, von der Anwendung der Massenvernichtungsmittel zwischen Christen ganz zu schweigen. Dieses Vakuum in der Argumentation macht es möglich, daß Verteidiger der Weiterrüstung mit Massenvernichtungsmitteln sich der Lehre von der Kirche bemächtigen. So hat der Ev. Arbeitskreis der CDU in Baden eine Gegenunterschriftensammlung gegen eine Unterschriftensammlung für die Thesen des Reformierten Moderamens mit dem Argument geführt, diese Thesen bedrohten die Einheit der Kirche. Einheit der Kirche wird hier definiert als Mitgliederbestand von Kirchensteuerzahlern innerhalb einer Provinz Westdeutschlands, nicht im Sinn der universalen Kirche Christi.« (Ulrich Duchrow, Weltwirtschaft heute, ein Feld für Bekennende Kirche?, 1986, S. 137)

# Exaudi

## Predigttext: Johannes 14,15–19
Hanns-Heinrich Schneider

### Theologisch-homiletische Skizze

Unser Predigttext spricht vom ›Heiligen Geist‹ für unser menschliches Leben. Mit dem Sonntag Exaudi führt er uns auf das kommende Pfingstfest hin. So heißt es im Introitus dieses Tages: »Höre, Herr, meine Stimme, wenn ich rufe, sei mir gnädig und erhöre mich« (Ps 27,7). Auf dieses rechte Hören wird es für uns ankommen, und M. Luthers Klage: »Ich kann nicht weiter kommen, denn zu den Ohren«, mag uns im Blick auf die Predigt vom Parakleten Warnung und mutmachend zugleich sein. So gilt es zu versuchen, den Predigthörern (und vorher sich selbst einmal) ein wenig deutlich werden zu lassen, daß wir mit dem Helfer, dem Beistand und dem Geist der Wahrheit Gott selbst in unserem Leben miterleben dürfen. Das wird mancherlei Konsequenzen für einen lebendigen Glauben und ein reiches und erfülltes Leben haben.

G. Bornkamm verweist in seiner Meditation von 1947 darauf, daß »die Frage, die in dem Abschnitt 14,15–24 vorausgesetzt und gestellt ist, die Frage nach dem Verhältnis der Glaubenden zu dem Herrn ist, der sichtbar nicht mehr bei ihnen ist (1–14). Der darauf folgende Abschnitt stellt und beantwortet sie noch einmal, indem er die Liebe zum Thema macht« (GPM 1947). Für die Predigt scheint es mir wenig hilfreich zu sein, in die (noch nicht abgeschlossene) Diskussion um den ›Parakleten‹ einzusteigen. So verweist Bornkamm darauf, »daß die allgemeine Übersetzung ›Beistand‹ oder ›Helfer‹ anderen Übersetzungen vorzuziehen ist. In unserem Text ist der Paraklet der ›Geist der Wahrheit‹ (a.a.O.).

Die johanneische Gemeinde erlebt sich bedrängt und bedroht. Die Jünger erschrecken über die (Abschieds-) Rede Jesu (14, 1+27), denn sie können ihrem Herrn ja noch nicht folgen und haben die Konsequenzen seiner Lehre und ihres Glaubens an ihn zu tragen. In seiner Meditation für Exaudi 1983 weist H. Schröer darauf hin, »daß sich die Argumente gegen Jesus als den gekreuzigten Messias im vierten Evangelium deutlich wiederfinden lassen. Agitation und Pression der jüdischen Orthodoxie waren erfolgreich. Es kam zu einer Abfallbewegung in der johanneischen Gemeinde. In dieser Situation schrieb der vierte Evangelist sein Werk ... Er wollte seine Leser und Hörer zum ›Bleiben‹ veranlassen und ihnen klarmachen, was sie an Jesus haben. Er wollte ihnen Gewißheit darüber verschaffen, daß Jesus, der Messias, der Sohn Gottes ist« (GPM 1983, Heft 2). Das ist, auch wenn unsere Situation heute eine andere ist, wohl auch für unseren Glauben helfend und tröstend.

Ich werde in einer jungen Trabantenstadt zu predigen haben, deren Situation vor allem dadurch gekennzeichnet ist, daß wir in unserer Gemeinde sehr viele Spätaus-

siedler aus Rußland, Rumänien und Polen, wie aber auch Übersiedler aus der DDR haben. In unserer Gemeinde ist vielen das Bewußtsein um einen erlebten Atheismus lebendig. Nur eine kleine Minderheit hat alte religiöse Traditionen über Jahrhunderte hinweg bewahrt und tradiert. Die ›Gott-ist-tot‹-Erfahrung steht somit gegen die Grundaussagen unseres Textes, daß Gott uns einen Beistand und Helfer, ja den Geist der Wahrheit geben will, um so unser Leben zu begleiten: »Denn ich lebe, und ihr sollt auch leben«, diese Aussage des Textes gilt es allen Gottesdienstbesuchern und Menschen im Stadtteil wieder ein wenig lebendig werden zu lassen.
Der verheißene Paraklet ist in unserem Text, wie aber in den Abschiedsreden überhaupt, Christus zugeordnet. Dieser Geist begleitet das Leben der an diesen Christus Glaubenden. Er ist ihr (Tröster) Helfer, Beistand, ja auch der Geist der Wahrheit. Ohne ihn ist unser christlicher Glaube nicht möglich. Mit diesem Geist dürfen wir hoffentlich geist-reich gegen die Geistlosigkeit anleben, die uns so oft in unserem Leben und in unseren Gemeinden zu schaffen macht. Unsere Hoffnung darf sein, daß dieser Geist Leben aus dem Tod schaffen kann, der ja sehr lebendig erfahrbar ist. Im Blick auf das kommende Pfingstsfest werden wir daran erinnert, daß unser Glaube in der Gemeinschaft einer konkreten Kirche und Gemeinde erlebt werden will: Offen für andere Menschen und Situationen, phantasievoll in der Umsetzung dieses Glaubens gegen den Zweifel, die Angst und Hoffnungslosigkeit, die unser Leben so oft bedrohen.

## Vorschläge zur Liturgie

*Lieder*

Im Blick auf den Text und das kommende Pfingstfest: EKG 108 »O komm, du Geist der Wahrheit« (Verse 1–4); EKG 106 »Komm, o komm, du Geist des Lebens« (Verse 1,2 (6?); EKG 128 »Gott ist gegenwärtig« (Verse 1+8). In der Regel wird in unserer Gemeinde EKG 139 (Vers 1) als Schlußlied gesungen, was angesichts unserer Situation und der Verheißung des Geistes der Wahrheit ebenfalls passen würde.

*Begrüßung und Eingangsspruch*

Liebe Gemeinde! Mit diesem Gottesdienst unterbrechen wir unseren Alltag und damit all das, was uns immer wieder gefangen nimmt, herausfordert oder auch beunruhigt. So wollen wir nun miteinander ein wenig zur Ruhe kommen. Wir sind eingeladen, heute über ein Wort Jesu aus den Abschiedsreden nachzudenken, in dem es um den Heiligen Geist geht, der uns in unserem Leben als Beistand und Helfer, als Geist der Wahrheit begleitet. Darum sind wir hier und wollen nun miteinander diesen Gottesdienst feiern.
»Herr, höre meine Stimme, wenn ich rufe; sei mir gnädig und erhöre mich. Mein Herz hält dir vor dein Wort: ›Ihr sollt mein Angesicht suchen‹. Darum suche ich auch, Herr, dein Angesicht.«

*Bußgebet*

Gott, wir behaupten nicht, daß wir verstanden hätten, wie das ist zwischen dir und uns Menschen. Es soll uns genügen, dir zu glauben und zu vertrauen, auch im Zweifel. Es ist zwar unsere Hoffnung, daß du bei uns bist, auch in den Tagen unseres Lebens, wo du weit weg scheinst und wir deinen Geist kaum spüren. Schenke ihn uns immer wieder neu in unser altes Leben hinein. Darum kommen wir zu dir und bitten: Gott, erbarme dich. (Ein abgeändertes Gebet von Gertraud Knoll, ZGP 6/84)

*Gnadenzusage*

Es ist eine Zusage, die Möglichkeit zu haben: noch einmal anzufangen, sich zu besinnen, anders weiter zu machen, die unbenutzten Gelegenheiten noch zu benutzen, die versäumten Augenblicke nicht zu versäumen, die kommenden Tage zu behandeln als Tage, die noch unbelastet sind, als Gelegenheiten, die noch nicht vorübergegangen, als Augenblicke, die noch nicht zu spät sind. Es ist ein Geschenk, die Fähigkeit zu haben: sich nicht mit dem zufrieden zu geben, nicht bei dem zu bleiben, was ist, nicht abzuwarten, sondern zu handeln. Dieser Zusage gemäß erbarmt sich der Herr. Ehre sei Gott in der Höhe.
(Eine abgeänderte Gnadenzusage von Eric Hultsch, ZGP 1/84)

*Schlußgebet*

Guter Gott, wir danken dir für dein Wort, das uns zusagt, daß du mit deinem Geist unser Leben teilen und begleiten willst und daß wir damit darauf vertrauen dürfen, daß dein Sohn Jesus Christus bei uns ist. Für viele Mitmenschen ist »Gott tot«, schenke uns darum einen solchen Glauben, der auch für andere Menschen, mit denen wir den Alltag und die Freizeit teilen, glaubwürdig ist und ansteckend wirkt. Laß durch deinen Geist der Wahrheit neues Leben in ein altes und verbrauchtes Leben hineinkommen.
Wir bitten dich immer wieder neu um deine Gegenwart in unseren Familien und Gemeinden, in unseren Dörfern und Städten. Wir bitten dich um deine Gegenwart trotz unserer Zweifel, Ängste und Sorgen, unserer Einsamkeiten. Schenke uns mit deinem Geist einen tragfähigen Glauben, eine zukunftsweisende Hoffnung und eine aufopfernde Liebe für all jene Menschen, die uns als Christen brauchen. Und was uns sonst bewegt, bringen wir in der Stille vor dich ...

**Vorschläge für die Predigt**

*Möglicher Anfang*

Liebe Gemeinde! Wie verheißungsvoll ist doch dieses Wort Jesu an seine Jünger und damit auch an alle, die es durch die Zeiten hindurch gehört haben: »Ich will meinen Vater bitten, daß ER euch einen anderen Tröster

schenkt, den Geist der Wahrheit, daß ihr nicht wie Waisen unversorgt zurückbleibt, denn ich lebe, und ihr sollt auch leben.« Die Jünger sind erschrocken, ja sie haben Angst. Der lebendige, faßbare, konkrete Jesus, mit dem sie so vieles in ihrem Leben teilen durften, kündigt ihnen seinen Tod an. Damit stehen sie *vor* der Situation, auf die wir mit der jungen Kirche nur zurückschauen können: Sie haben seinen Tod vor sich und damit all das Leiden, das damit verbunden sein wird, die Angst, ohne seine Gegenwart weiterleben zu müssen, all die Not des Zweifels und alle Anfechtung, ob mit dem scheinbar letzten Machtwort der Mächtigen dieser Welt gegen Jesus nicht vielleicht auch ihr Gott selbst getötet wurde? Gegen diese Bedrohung durch den Tod setzt Jesus sein Wort der Verheißung.
Sind das nicht Erfahrungen, die jeder Christ bis auf den heutigen Tag durchmacht? Die Angst davor, daß der Gekreuzigte in unserem Leben nicht auch als der Auferstandene spürbar wird, der Zweifel, ob mit dem Kreuzestod Jesu nicht vielleicht auch Gott selbst mitgekreuzigt und getötet wurde und mit allem erfahrbaren Leid auch heute immer noch und immer wieder neu getötet wird – erleben wir doch unser eigenes Leben immer stärker auf dem Weg in eine Gott-lose Welt und Umwelt. Gott scheint an den Rand des Lebens gedrängt, und nur zu bestimmten Anlässen erinnert man sich seiner, da stellt sich dann hin und wieder die Frage nach Gott und seinem Sohn Jesus Christus. So steht der Philosoph Friedrich Nietzsche mit seinem Fragen nach Gott wohl neben vielen Menschen, denen der Glaube auf dem langen, oft mühsamen Weg durchs Leben abhanden gekommen ist: »Habt ihr nicht von jenem tollen Menschen gehört, der am hellen Vormittage eine Laterne anzündete, auf den Markt lief und unaufhörlich schrie: ›Ich suche Gott! Ich suche Gott!‹ – Da dort gerade viele von denen zusammenstanden, welche nicht an Gott glaubten, so erregte er ein großes Gelächter. Ist er denn verlorengegangen? sagte der eine. Hat er sich verlaufen wie ein Kind? sagte der andere. Oder hält er sich versteckt? Fürchtet er sich vor uns? Ist er zu Schiff gegangen? ausgewandert? – so schrien und lachten sie durcheinander. Der tolle Mensch sprang mitten unter sie und durchbohrte sie mit seinen Blicken. ›Wohin ist Gott?‹ rief er, ›ich will es euch sagen! Wir haben ihn getötet – ihr und ich! Wir alle sind seine Mörder!‹« (Friedrich Nietzsche, Werke in sechs Bänden, Bd. 3, Carl-Hanser-Verlag $^{5}$1966, S. 126)

Der Philosoph drückt auf seine Weise aus, was uns mit den Passionsgeschichten erzählt wird: Niemand anderes als Menschen dieser Welt versuchen mit dem Gottessohn auch Gott selbst zu töten. Das scheinbar aufgeklärte Bewußtsein des Menschen, die Herausforderungen durch den beruflichen Alltag, die vielfachen Ablenkungen der Freizeit, doch auch ein hohes Maß an schlichter Gedankenlosigkeit und Gleichgültigkeit haben

Gott scheinbar aus der Welt verdrängt: Die selbstgemachten und selbsternannten Götter und Götzen der Welt haben den Gott des 1. Gebotes ersetzt. Doch ist Gott tot?
Jesu Verheißung und der Glaube seiner Jünger, die seiner Gegenwart bis auf den heutigen Tag vertrauen, steht dagegen: Der Geist der Wahrheit, der Tröster schenkt uns selbst das Wissen um die Gegenwart Gottes in unserem Leben – auch gegen allen Anschein, alle Selbsttäuschung und Zweifel. So wird der, auf den die Jünger alle Hoffnung setzen, selbst zur Hoffnung für sie und alle Glaubenden. Nicht das Kreuz Jesu, der Tod und alle zerstörerischen Mächte haben das letzte Wort, sondern der Gott, der sich auf eine ganz neue, andere Weise in der Auferstehung seines Sohnes der Welt kundtut und uns damit auch einen anderen Geist verheißt, ermöglicht und faktisch schenkt. So ist Gott gegenwärtig als ein Gott der Hoffnung, daß aus allen Erfahrungen der Angst und des Zweifels, ja der Resignation und der Hoffnungslosigkeit durch diesen Geist neues Leben erwachen kann.
Mit dem Geschenk dieses Geistes dürfen wir unseren Glauben leben, in dem wir mit all unseren Möglichkeiten und auch Grenzen die Liebe immer wieder neu gegen die Lieblosigkeit setzen, den Frieden gegen allen Haß, die Phantasie gegen die Langeweile, den konstruktiven Konflikt gegen faule und unmenschliche Kompromisse. Mit diesem Glauben dürfen wir getrost Fehler machen und diese dann auch korrigieren. Wir dürfen alle menschlich erfahrbaren Höhen und Tiefen durchleben und dann doch darum wissen, daß wir eben nicht allein sind, sondern einen Helfer und Beistand haben, mit dem wir aus ganz alten und oft verbrauchten Verhältnissen heraus dennoch hier und da neue Antworten für unser Leben versuchen dürfen.
In dieser Weise begleitet uns das Kreuz Jesu auch durch unser Leben, doch es ist nicht das letzte Wort, das spricht Gott, indem er aus dem Tod Leben schafft und gegen den Tod seinen helfenden, tröstenden Geist setzt.

*Zum weiteren Verlauf*
Es gilt nun, an einigen exemplarischen Beispielen, die unserer Gemeinde gut bekannt sind, deutlich werden zu lassen, wie das konkret werden kann, daß Gott uns seinen Tröster sendet, daß wir nicht wie Waisen allein und verlassen zurückbleiben sollen und vor allem, wie das Wirklichkeit werden kann, daß Jesus Christus unter uns lebendig und eben nicht tot ist – und damit auch Gott – gegen alle anderen Erfahrungen, die wir immer wieder machen: Viele Menschen leiden bei uns unter der Not, keine Wohnung bekommen zu können, man fühlt sich als Fremder und damit heimatlos. Kinder haben Schulangst und Erwachsene Sorgen vor den Lei-

stungsforderungen unserer Gesellschaft. Luther nannte den Geist, der uns in unserem Leben hilft und beisteht, nicht ohne Grund den »Tröster«. Hier in der konkreten Gemeinde und Kirche wird der Glaube an diesen helfenden, beistehenden und tröstenden Gott gelebt, und zwar so, daß dies den Menschen auch bewußt wird, mit denen wir zusammen leben und deren Sorgen wir als Gemeinde zu teilen haben.
Hier bewegt uns eben dieser Geist unseres lebendigen Gottes aufeinander zu, läßt uns in Not und Sorgen füreinander einstehen, helfen, trösten. Die Gemeinde wird dort ein glaubwürdiges Zeugnis ablegen, wo sich einzelne Gemeindeglieder um Wohnungen für Aussiedler bemühen, ja evtl. Gästezimmer oder Kellerräume zur Verfügung stellen, damit die Fremden bald heimisch werden. Gemeindeglieder werden aus diesem Geist heraus Kindern mit Deutschunterricht helfen, die benachteiligt sind, weil ihre Muttersprache situationsbedingt eine Fremdsprache bleiben mußte. Und wir werden Erwachsenen helfen, sich in unsere Gesellschaft sinnvoll eingliedern zu können, indem wir auf sie zugehen und ihnen das Zusammenleben erleichtern. So wie wir sie aus diesem guten Geist Gottes heraus aufnehmen und begleiten, so werden ja auch wir durch sie beschenkt mit den ganz anderen Erfahrungen und Möglichkeiten, die sie als Aussiedler mit in das Leben der Gemeinde und des Stadtteils einbringen können. Der Geist, von dem unser Text spricht, ist ja nicht auf ›Einheimische‹ zu begrenzen. Von allen Seiten bewegt er Menschen aufeinander zu und läßt uns in lebendiger Hoffnung füreinander da sein, was nun aber auch für alle Fremdartigkeit und Andersartigkeit in unseren Gemeinden und in unserer Kirche und Gesellschaft gilt. So steht der Geist Gottes gegen alle Geistlosigkeit, und alle, die sich von ihm bewegen lassen, werden geist-reich leben, glauben und dann auch handeln.

*Möglicher Schluß*
Unser verheißungsvolles Wort aus dem Johannesevangelium zielt auf Jesus Christus selbst hin: Er will uns ja nicht allein und als Waisen zurücklassen, und mit seiner lebendigen Gegenwart in unserem Leben dürfen auch wir hoffnungsvoll leben, ganz gleich, wie unser Leben durch alle Höhen und Tiefen in Beruf und Freizeit auch aussehen mag. So geht es also nicht um ein paar Begriffe, die uns begleiten, sondern um ihn selbst in einen erlebten und erlebbaren Glauben. So sagte der große Theologe Karl Barth nur wenige Wochen vor seinem Tode einmal in einem Interview: »Das letzte Wort, das ich ... zu sagen habe, ist nicht ein Begriff wie ›Gnade‹, sondern es ist ein Name: Jesus Christus. Er ist die Gnade, und er ist das Letzte jenseits von Welt und Kirche und auch von Theologie. Wir können ihn nicht ›einfangen‹. Aber wir haben es mit ihm zu tun. Um was ich mich in meinem langen Leben bemüht habe, war in zunehmendem Maße,

diesen Namen hervorzuheben und zu sagen: dort ...! ... Dort ist auch der Antrieb zur Arbeit, zum Kampf, auch der Antrieb zur Gemeinschaft, zum Mitmenschen. Dort ist alles, was ich in meinem Leben in Schwachheit und Torheit probiert habe. Aber dort ist's.« (Karl Barth, Letzte Zeugnisse, EVZ-Velag, Zürich [2]1969, S. 30) Mit einem solchen Vertrauen dürfen auch wir leben. ... Amen.

**Kontexte**

Félicité de Lamenais, einer der Vorväter des religiösen Sozialismus, schrieb 1834 die »Worte eines Gläubigen«. In kurzen, prophetisch klingenden Sätzen prangerte er die Armut an und rief auf zu einem Kampf für ein Gottes- und Christusreich der Freiheit, Gerechtigkeit und Liebe. Er schrieb u.a.:

Im Namen des Vaters und des Sohnes und des Heiligen Geistes. Amen! ... Der Sohn hat versprochen, den Geist, den Tröster zu senden, den Geist, der ausgeht vom Vater und von ihm, und der ihre gegenseitige Liebe ist; er wird kommen und das Angesicht der Erde erneuern, und dies wird wie eine zweite Schöpfung sein. Es sind achtzehn Jahrhunderte, daß das Wort die göttliche Saat aussäte, und der Heilige Geist sie befruchtete. Die Menschen haben sie blühen gesehen, haben von ihren Früchten gekostet, von den Früchten des Baumes des Lebens, der da gepflanzt war in ihrem armen Wohnplatz. Ich sage euch, es war eine große Freude unter ihnen, als sie das Licht erscheinen sahen und sich ganz von einem himmlischen Feuer durchdrungen fühlten. Jetzt ist die Erde dunkel und kalt geworden. Unsere Väter haben die Sonne sich neigen gesehen. Als sie unter dem Horizont versank, da zitterte das ganze Menschengeschlecht. Dann gab es in dieser Nacht etwas, das keinen Namen hat. Kinder der Nacht, der Abend ist schwarz, aber der Morgen fängt an, hell zu werden. (aus: Die Verkündigung des Reiches Gottes in der Kirche Jesu Christi, E. Staehelin, Bd. VI, F. Reinhard Verlag, Basel)

Hier stehen Lebenserfahrungen des Menschen im Vordergrund, die von Leid, Not, Krieg und mancherlei vom Menschen selbst verursachter Schuld zeugen. Doch es ist eben nicht das letzte Wort, das Gott spricht. Das Moment einer hoffnungsvollen Zukunft aus leidvollen Erfahrungen heraus kann ebenfalls für eine Predigt über den ›Geist der Wahrheit‹, den ›Helfer‹ und ›Beistand‹ wichtig werden. Im Vordergrund steht dann wieder das Vertrauen in eine Zukunft, die vom Geist Gottes begleitet ist.

In seiner phantastischen Erzählung »Traum eines lächerlichen Menschen« schildert F.M. Dostojewski einen Mann, der Selbstmord machen möchte, doch dann durch eine merkwürdige Begegnung mit einem kleinen Kind davon abgehalten wird. Er schildert einen langen Traum, an dessen Ende die Annahme des Lebens steht. Dieser kleine Text beginnt mit einigen Gedanken über die Wahrheit, die von anderen kaum ernst genommen wird und zu der man doch stehen darf:

Ich bin ein lächerlicher Mensch. Jetzt nennen sie mich sogar verrückt. Das wäre ja eigentlich eine Rangerhöhung, wenn ich dabei nicht immer noch lächerlich für sie bliebe. Aber jetzt ärgere ich mich nicht mehr darüber ... Ich würde gern mit ihnen lachen, – nicht gerade über mich, sondern aus Liebe zu ihnen, wenn mich ihr Anblick nicht so traurig machte. Traurig, weil sie die Wahrheit nicht wissen. Ich aber weiß die Wahrheit. Ach, wie schwer ist es doch, ganz allein die Wahrheit zu wissen! Aber das werden sie nicht verstehen. Nein, das werden sie nicht verstehen. ...
(F.M. Dostojewski, Späte Romane und Novellen, Piper, München 1977/1980)

# Pfingstsonntag

## Predigttext: 4. Mose 11,4–32 in Auswahl
Joachim Funk

**Theologisch-homiletische Skizze**

Die Geschichte ist ausgesprochen humorvoll erzählt. Sie lebt geradezu von Übertreibungen (Vers 4, 6, 15, 20). Manches erinnert mich an Guareschis ›Don Camillo‹, siehe Kontexte.

Zwei Geschichten sind ineinander verflochten. Das Motiv »Wachteln« begegnet auch in 2. Mose 16. Eine Erzählung »Mose gibt Aufgaben ab« findet sich noch 2. Mose 18. Unser Abschnitt verbindet beide Themen zusätzlich mit dem Motiv »Geistbegabung«. Anders als die Perikopenordnung will ich jedoch diesen Zug nicht herauslösen. Mich reizt die spannungsvolle Kombination. ›Wachteln‹, ›Verzückung‹, ›Delegation von Verantwortung‹ haben auf den ersten Blick nichts miteinander zu tun; hier aber hängt alles zusammen. Jahwe gibt von seiner ›ruach‹ auf die Ältesten, überraschend, unverfügbar. Jahwes ›ruach‹ bringt die Wachteln, überraschend, unverfügbar. Die Ältesten übernehmen Verantwortung und geraten in Verzückung, wie Saul nach der Salbung zum König (1. Sam 10). In beidem wirkt also derselbe Geist Gottes.

Lehrpredigten, was der Heilige Geist sei, hat die Pfinigstgemeinde schon öfter gehört, auch von mir. Den meisten ist der Geist wohl weiter rätselhaft geblieben. Er wirkt Glauben. Das ist richtig. Aber was tut er sonst?

4. Mose 11 redet von Alltagsfragen, von Essen und von Verantwortung. »Ich kann nicht mehr, ich will nicht mehr!« Wie das Volk Israel stöhnt mancher auf eintönigen Strecken seines Lebens. Wie Mose klagt mancher, der große oder kleine Verantwortung trägt.

Die Erzählung weist darauf hin, daß Gottes Geist auch in diesen Dingen des Alltags wirkt. Verantwortung zur rechten Zeit zu übernehmen und abzugeben, die richtigen Leute zu finden, Fähigkeiten bei anderen und bei mir zu entdecken – das alles sind Gaben des Geistes Gottes. Darum darf ich auch in diesen Fragen um seinen Geist bitten.

Die Geschichte lädt zum Lachen ein. Je mehr einer sich selbst und andere im »ich mag nicht mehr« des Mose und des Volkes wiedererkennt, desto mehr befreit ihn das Schmunzeln vom Ärger und sagt: Nimm dich nicht ganz so ernst! Solches Lachen ist sogar der Ekstase verwandt! Wie diese ist es Begeisterung ohne Worte. Humor ist sozusagen Verzückung im Alltag. Um diesen Zug der Geschichte zu erhalten, entscheide ich mich dafür, sie nachzuerzählen. Ich möchte die Hörer nicht zum Lachen, aber doch zum Lächeln bringen.

**Vorschläge zur Liturgie**

*Lieder*

Freut euch, ihr Christen alle (EKG 102); Komm, o komm, du Geist des Lebens (EKG 106); Gott Vater, sende deinen Geist (EKG Bayern 424).

*Confiteor*

Unsere Hilfe steht im Namen des Herrn ...
Gott hat uns seinen Geist zugesagt. Sein Geist führt uns hier zusammen. Von ihm empfangen wir Hoffnung und Freude, Geduld und Liebe, Kraft und Besonnenheit. Wir besinnen uns, ob wir auch in diesem Geist leben. Wir bekennen, daß wir oft anderen Geistern folgen, daß wir unverständig waren oder unversöhnlich, kleingläubig oder lieblos. Wir vertrauen auf Gottes Barmherzigkeit und sprechen: Gott sei mir Sünder gnädig.
Gemeinde: Der allmächtige Gott erbarme sich unser ...
Gott hat sich über uns erbarmt. An Jesus Christus sehen wir, wie Gott uns liebt. Unsere Schuld ist vergeben. Gottes Geist öffnet uns die Augen, daß wir seine Barmherzigkeit erkennen und darüber froh werden.
Freut euch, ihr Christen, nehmt wahr, was Gott verheißt: Gottes Geist schenkt euch neues Leben.
Folgt Lied »Freut euch ihr Christen«, Liederheft für die Gemeinde, München 1982, Nummer 699.

*Eingangskollekte*

Gott, Heiliger Geist! Du beschenkst die Christen mit deinen Gaben. Entzünde in uns dein Licht, vertreibe die Finsternis, wecke die Freude, damit wir mit allen Christen einstimmen in das Lob Gottes. Durch Jesus Christus, unseren Herrn. Amen.

*Bausteine zum Fürbittengebet (Ektenie)*

Wir bitten Gott um seinen Geist: um offene Augen, daß wir seine Gaben bei uns und anderen entdecken, daß wir achten, wozu er uns fähig macht, daß wir seine Gaben nützen zum Dienst am Nächsten.
Wir bitten Gott um seinen Geist für alle, die Verantwortung tragen im Kleinen oder Großen: um Kraft, die Last zu tragen, um Weisheit, die Verantwortung mit anderen zu teilen, um Phantasie, auch ungewöhnliche Wege zu gehen, um Entschiedenheit, am Wohl der ihnen Anvertrauten festzuhalten.
Wir bitten Gott um seinen Geist: um die Heiterkeit, uns selbst nicht gar so wichtig zu nehmen, um Humor, der vieles leichter macht, um Gelassenheit gegenüber dem, was uns ärgert. Wir bitten um die Gabe, über uns selbst zu lachen.

**Vorschlag zur Predigt**

*Nacherzählung als möglicher Predigtanfang*

Zum Schmunzeln ist die Geschichte, die ich Ihnen erzählen will. Ich meine, sie paßt gut zu Pfingsten. Denn Schmunzeln und Lachen sind Gaben des Heiligen Geistes. Stören Sie sich bitte nicht daran, daß Gott hier redet wie ein Mensch. Das gehört zu solch einer Geschichte dazu und steht auch so in der Bibel.

Es ist eine Pfingstgeschichte, doch lange vor Pfingsten, aus der Zeit, als das Volk Israel durch die Wüste zog. Endlich sind sie den Ägyptern entronnen, der Sklaverei. Mose führt sie in die Freiheit, ins gelobte Land. Doch der Weg ist weit; sie hungern. Da ernährt sie Gott selbst. Jeden Morgen mit dem Tau finden sie Manna. Man kann es zubereiten und essen. Sie werden satt: ein Wunder. Jeden Morgen neu dieses Wunder, das Manna. Jeden Tag Manna, 365 mal im Jahr – Manna. »In Ägypten hatten wir Fisch, Zwiebeln, Knoblauch, Melonen!« (Gar nicht wahr! Gehungert haben sie und unter der Peitsche der Treiber gestöhnt. Aber im Rückblick vergoldet sich manches.) Sie laufen zu Mose: »Das Manna steht uns bis hier. Wir wollen Fisch, Fleisch, Gemüse!«

»Ihr undankbare Bande!«, schimpft Mose und geht ins Zelt. »Herr, dieses Volk! Warum hast du sie mir nur anvertraut. Wie Kinder sind sie, Kindsköpfe! Aber bin ich ihre Mutter? Habe ich sie geboren oder gestillt? Soll ich sie auf den Armen ins gelobte Land tragen? Fleisch wollen sie, in der Wüste! Dafür sorgen soll natürlich ich. Für alles bin immer ich verantwortlich. Aber jetzt reicht's mir. Ich mag nicht mehr. Ich kann nicht mehr, Herr.« Gott läßt Mose zürnen. Dann sagt er: »Du hast recht. Es wird zuviel. Suche dir siebzig Männer aus den Sippenältesten. Ich will ihnen meinen Geist geben, so wie dir. Du sollst nicht mehr alle Verantwortung allein tragen. Und was die Sache mit dem Fleisch betrifft: Morgen werden sie Fleisch haben, einen Tag, zwei, fünf, zehn, zwanzig; einen ganzen Monat lang werden sie Fleisch essen – bis es ihnen zum Hals heraus hängt.» – »Aber Herr«, sagt Mose, »weißt du auch, wieviel Esser wir sind? Woher willst du soviel Schafe und Rinder nehmen, mitten in der Wüste?« – »Mose! Traust du's mir nicht zu? Wart's ab.«

Mose läßt die siebzig holen. Gemessenen Schrittes nahen sie, auf ihre Stäbe gestützt: die Erfahrenen, die Weisen, die weißbärtigen Alten, voller Würde und heimlicher Neugier. – Da fährt wie ein Windstoß Gottes Geist in sie. Sie jubeln, sie singen, sie tanzen. Sie werfen die Stäbe fort, sie klatschen in die Hände, lachen und preisen Gott. Mose schaut verdutzt zu, weiß nicht recht, wie ihm geschieht. Da kommt einer gelaufen: »Mose, Mose! Eldad und Medad, mitten im Lager! Sie singen, sie tanzen, sie preisen Gott.« Ein anderer fragt empört: »Darf das denn sein, Mose?« Da beginnt der gestreßte, überlastete Mose zu lachen: »Laß gut sein! Am besten, Gottes Geist käme über alle – dann würden sie endlich gescheit.«

Am nächsten Morgen übrigens brachte der Wind riesige Schwärme von Wachteln. Das Volk aß Wachteln – wochenlang.

*Zum weiteren Verlauf*

Mose unter uns: – die gestreßte Mutter. Mama hin und Mama her. Will das eine Kind nichts, braucht das andere sie. Abends kommt auch noch der Mann heim. »Ich kann nicht mehr!«

– der Schulleiter: Jeder will etwas von ihm; Kinder und Eltern, Kollegen, der Schulrat. Allen soll er's recht machen.

– der Betriebsleiter: Für alles muß er sorgen, die großen Dinge und die Kleinigkeiten; wo etwas schief läuft, soll er es richten. Mancher sagt (auch mancher Pfarrer): Ich kann die Last nicht mehr tragen.

Was tut Gott? Er schickt seinen Geist, nicht erst, als die Ältesten in Verzückung geraten, sondern vorher bereits, unauffällig. Mose soll delegieren, Lasten abgeben. Es ist Gabe des Geistes, die Richtigen zu finden; es ist Gabe des Geistes, Aufgaben so weiterzugeben, daß der andere sie wirklich aufgreifen kann. »Ich etwa stelle mir dabei oft selbst ein Bein. Entweder bin ich zu ungeduldig und mache es doch gleich selbst; oder ich ziehe mich zu schnell zurück, ohne daß klar wäre, wer jetzt was tun soll.«

Der Geist überrascht uns. Wie Mose überrascht war über die Verzückung der Ältesten, so bin ich immer wieder überrascht, welche Talente bei anderen sich zeigen, und auch, wie Gaben dort auftauchen, wo sie keiner vermutet (Eldad und Medad).

*Möglicher Schluß*

Eine Pfingstgeschichte? Ja. Denn Gottes Geist wirkt nicht nur, wenn Jünger in anderen Zungen reden oder Sippenälteste tanzen. Gottes Geist wirkt auch in Fragen des Alltags (wie es damals um die Fleischversorgung Israels ging). Gottes Geist wirkt, wo einer sieht: Ich kann Verantwortung abgeben; und er wirkt, wo einer sie so weitergibt, daß der andere sie auch aufnehmen kann. Er wirkt dort, wo einer bei sich Gaben entdeckt und bereit ist, Lasten zu übernehmen. Gottes Geist wirkt, wo sich überraschende Lösungen ergeben wie bei den Wachteln, an die niemand gedacht hatte. Er wirkt dort, wo mitten in Streß und Verantwortung einer beginnt, über sich und seine Probleme zu lachen.

Jetzt erst (damit Sie auch glauben, daß dies alles in der Bibel steht): 1. Mose 11 in Auswahl(!) lesen.

## Kontexte

*Wie Christus mit Don Camillo spricht*

»Krepieren werden wir alle!« rief Peppone. »Früher oder später muß man krepieren!« – »Na gut, dann krepiere!« schrie Don Camillo und ging davon. Und als er in der Kirche war, tobte er sich vor dem Christus am Hauptaltar aus.

»Man muß diesen Leuten eine Lehre erteilen«, sagt Don Camillo. »Schicke einen Orkan über sie, der alles in die Luft fliegen läßt. Diese Welt ist verflucht, ist voll Haß, Unwissenheit und Bosheit. Da tut eine Sintflut not. Alle werden wir dann umkommen, und so wird der Schlußstrich unter die Rechnung gezogen werden, und jeder wird vor dem Gottesgericht erscheinen und wird die Strafe oder die Belohnung empfangen, die er verdient!«
Christus lächelte. »Don Camillo, um es darauf ankommen zu lassen, ist keine Sintflut notwendig. Es ist jedem bestimmt zu sterben, wenn seine Stunde schlägt, und vor Gottes Gericht zu erscheinen ... Ist es nicht auch ohne Naturkatastrophe dasselbe?«
»Auch das ist wahr«, gab Don Camiollo zu und beruhigte sich. Da es ihm aber im Tiefsten seiner Seele doch nicht leicht fiel, gänzlich auf die Idee einer Sintflut zu verzichten, versuchte er zu retten, was noch zu retten war. »Wenn Du wenigstens einen kleinen Regen kommen ließest. Die Felder sind ausgetrocknet, die Zisternen sind leer.«
»Es wird schon regnen, es wird schon regnen, Don Camillo«, beruhigte ihn Christus. »Es hat immer wieder geregnet, seit die Welt besteht. ... Oder bist du etwa der Meinung, daß sich der Ewige Vater geirrt hätte, als er die Maschine des Weltalls erschuf?«
Don Camillo verbeugte sich. »Es ist schon gut«, sagte er seufzend. »Ich verstehe vollkommen, wie richtig das alles ist, was Du sagst. Darf aber ein armer Dorfpriester sich nicht einmal erlauben, seinen Gott zu bitten, ein oder zwei Eimer Wasser auf uns zu gießen? Entschuldige, aber es stimmt wirklich traurig.«
Christus wurde ernst. »Du hast tausendfach recht, Don Camilo. Es bleibt dir nichts anderes übrig, als in den Proteststreik zu treten.«
Don Camillo zog es das Herz zusammen und er entfernte sich gesenkten Hauptes. Christus rief ihn aber zurück. »Sei nicht traurig, Don Camillo«, sprach Christus leise. »Ich weiß, wie es dir schwerfällt ...« Christus lächelte, und Don Camillo dankte ihm, daß er ihn hatte zur Welt kommen lassen.
Giovanni Guareschi: Don Camillo und Peppone, rororo TB, S. 175f.

# Pfingstmontag

## Predigttext: Johannes 4,19–26
Karl-Fritz Daiber

### Theologisch-homiletische Skizze

Der Gottesdienst am Pfingstmontag ist im allgemeinen nicht gerade gut besucht. In der Regel nehmen Ältere und besonders Kirchennahe daran teil. Zumindest drei Gründe sind hierfür maßgebend: Zum einen haben viele, im übrigen auch regelmäßige Gottesdienstbesucher den Eindruck, nach der Teilnahme am Pfingstsonntagsgottesdienst ihre Pflicht getan zu haben. Zum andern ist Pfingsten ein Ausflugstermin. Wenn die Tage günstig fallen, machen insbesondere die Großstädter Kurzurlaube. Schließlich bleibt die Sache mit dem Heiligen Geist merkwürdig abstrakt und dem unmittelbaren Verstehen wenig zugänglich.

Auffallend ist, daß säkulare Rezeptionen des Pfingstmotivs (vgl. die Kontexte) durchaus die Relevanz der Pfingstaussage erkennen lassen. Pfingsten bedeutet dann die Ansage einer grundlegenden Erneuerung durch einen neuen Geist. Pfingsten bedeutet Anbruch eines neuen Zeitalters. Pfingsten bedeutet Erfüllung einer gemeinschaftstiftenden Hoffnung.

Derartige Beobachtungen erheben die Frage, ob denn das Pfingstfest unbedingt einem religiösen Dornröschenschlaf überlassen bleiben muß. Eine grundlegende geistige Erneuerung kann sicherlich schwer symbolisch antizipiert werden, und das Zungenreden ist auch nicht jedermanns Sache, trotzdem: wäre es nicht denkbar und möglich, daß etwa am Pfingstmontag hier und da in den Städten ökumenische Gottesdienste gefeiert werden? Welcher Tag außer dem Pfingsttag würde sich mehr anbieten, gelebte Ökumene Gestalt werden zu lassen?

Und der Text? Johannes 4 kann vorzüglich dazu anleiten, Berührungsängste zwischen den verschiedenen christlichen Konfessionen zu thematisieren und auf das Neue, das in Christus begonnen hat, hinzuweisen.

Am Predigttext sind mir einige Punkte aufgefallen, die für meine Predigt bestimmend sind:

1. Jesus redet mit einer *Samaritanerin.* Er überschreitet die religiösen Konventionen seiner Zeit. Dies scheint nicht nur den Erfolg der Samaritanermission widerzuspiegeln, sondern im tatsächlichen Verhalten des historischen Jesus begründet zu sein. Es scheint so, daß gerade aus diesem Grunde Johannes in seiner doch sehr programmatischen Strukturierung des Evangeliums das Samaritanergespräch neben das Nikodemusgespräch stellt.
2. Jesus redet mit einer *Frau.* Auch dies scheint für Johannes programmatisch akzentuiert zu sein. Daß es sich in Johannes 4 um eine Frau handelt und nicht um einen Mann, wird eigens in Vers 27 betont.

3. Die Begegnung mit Jesus erfolgt *dialogisch.* Auch wenn die beiden ständig aneinander vorbeizureden scheinen, ergibt sich ein Fortschritt in diesem Dialog. Er erreicht mit der Aussage in Vers 26 seinen Höhepunkt. In diesem Dialog wird Christologie entfaltet, aber eben situativ in der Auseinandersetzung mit einer Partnerin. Ihre Lebenswelt und ihr religiöser Hintergrund bestimmen den Dialog mit, so, wie es in entsprechender Weise im Nikodemusdialog geschieht.

4. Ausgerechnet im Gespräch mit der samaritanischen Frau begegnet zum erstenmal die die Gottesgegenwart andeutende Formel des ›*Ich bin*‹. Ich bin, der mit dir redet. Die Zeit des wahrhaftigen Anbetens, genauer die Stunde des wahrhaftigen Anbetens ist damit gekommen (vgl. dagegen Johannes 2.4, wo Jesus ausgerechnet seiner Mutter sagt: »Meine Stunde ist noch nicht gekommen«).

Die verschiedenen Entdeckungen am Text können in der Predigt nicht alle aufgenommen werden. Das Thema Pfingsten könnte sehr wohl unter der Frage nach der Gemeinschaft von Männern und Frauen in der Kirche entfaltet werden. Für meinen Predigtentwurf habe ich einen anderen Akzent gewählt, nämlich das Verhältnis der christlichen Konfessionen, ja, der verschiedenen Religionen zueinander. Die Wahrheit, die Christus ist, ist der jüdischen und samaritanischen Tradition gleichermaßen voraus, ihnen gegenüber etwas grundlegend Neues. Heute ist das Christentum selbst zur Religion geworden. Ist da, wo das Christentum ist, schon eo ipso die Gruppe derer, die im Geist und in der Wahrheit anbeten? Oder bleibt dies auch heute etwas immer ganz anderes und Neues?

## Vorschläge für die Liturgie

Was ich für nötig halte, habe ich schon gesagt: An Pfingsten oder am Pfingstmontag müßte ein ökumenischer Gottesdienst stattfinden, ein gemeinsamer Gottesdienst aller Christen an einem Ort. Unterschiedliche Akzente wären dabei möglich. Ökumene könnte bedeuten: ein evangelisch-katholischer Gottesdienst. Ökumene könnte bedeuten: ein Gottesdienst, an dem Landeskirchen und Freikirchen beteiligt sind. Ein ökumenischer Gottesdienst könnte bedeuten, daß Christen, die von anderswo her in unsere Land gekommen sind, diesen Gottesdienst mitgestalten.

*Lieder*

237, 1–3: Dir Jehova; 99, 1–4: Nun bitten wir den Heiligen Geist; 133, 1–5: Wir glauben Gott; 104: O heiliger Geist.

*Gebete*

Auf einem gemeindlichen Flohmarkt habe ich folgendes Buch gekauft: 99 Fürbittexte, zusammengestellt durch die Dominikaner-Gemeinschaft in Huissen/Niederlande, Deutsche Ausgabe besorgt von Gabriele Miller, Kevelaer 1978. Einer der Texte (S. 35) lautet:

Wir wollen bitten Gott unseren Vater, dessen Geist Liebe ist:

– daß Gottes Geist uns ergreife,
  unser Inneres erneuere und uns zu neuen Menschen mache;

– daß wir im Feuer von Gottes Geist es wagen,
begeistert zu leben,
auch wenn Kälte und Dunkelheit uns umgeben;
– daß der Sturm des Geistes die Menschen füreinander öffne
und die Geteilten und Zerstreuten zusammenblase,
auf daß alle Menschen
an Gottes Zukunft teilhaben können;
– daß wir als Kinder eines Vaters leben dürfen
in der Freiheit, die auch andere frei macht,
und im Vertrauen, das auch ihnen Halt gibt;
– daß der Heilige Geist in uns wohnen möge
und unser Fürsprecher sei,
so daß wir freimütig zu Gott sprechen
und kraftvoll Zeugnis geben von ihm;
– daß uns die Gaben des Geistes geschenkt werden
zum Aufbau von Kirche und Gesellschaft
und die Früchte des Geistes:
nämlich Liebe, Freude, Friede;
– daß wir nicht meinen, alles empfangen zu haben,
weil uns der Geist geschenkt wurde,
daß wir ihn vielmehr
als Vorgeschmack der Zukunft erfahren
und sehnsüchtig
nach der Ankunft des Reiches Gottes suchen.
Herr, unser Gott, erfülle uns mit deinem Geist.

Abschließend könnte gebetet werden (S. 104):
Gott,
antworte uns,
da wir zu dir beten;
erhöre uns,
derweil wir zu dir sprechen:
Schaffe einen neuen Himmel
und eine neue Erde,
wo jeder in Frieden lebt
und das Werk seiner Hände genießen kann –
zu Lob und Ehre deines Namens.

**Zum Predigtentwurf**
Intention:
Ich möchte die Gemeinde dazu einladen, sich auf die ideologische und religiöse Grenzen überwindende Kraft des Geistes Jesu einzulassen.

Folgende *Gedankenschritte* schweben mir vor:

1. Der Text – an Pfingsten gepredigt.
2. Mit einer Samaritanerin redet Jesus.
3. Die Samaritaner als Typus der Fremdreligiösen.
4. Das Gespräch als Weg des Entdeckens der Wahrheit.
5. Und wer ist nun Jesus? Der Prophet, der Messias, der Erfüller aller Hoffnung.
6. In ihm werden die religiösen Gegensätze aufgehoben, in ihm bricht Neues an, das Anbeten Gottes im Geist und in der Wahrheit.
7. Was heißt »im Geist und in der Wahrheit anbeten«?
8. Pfingsten: der Beginn eines Weges zur Einheit.

*Ausformulierte Teile der Predigt*

1. Was dieser Bericht vom Gespräch Jesu mit der Samaritanerin mit Pfingsten zu tun hat, läßt sich schwerlich übersehen: eine Vision deutet sich an, das Ende alter Kultstätten. Weder im Tempel zu Jerusalem noch auf dem Berge Garizim wird angebetet. Die neue Gestalt der Anbetung ist die Anbetung im Geist und in der Wahrheit. So wird es ja schon in der Apostelgeschichte erzählt. Wenn der Geist Gottes kommt, fällt das Trennende hin. Der Geist Gottes schafft eine neue Sprache der Anbetung: Wir hören sie mit unseren Zungen die großen Taten Gottes reden (Apostelgeschichte 2,11).

Das Gespräch mit der Samaritanerin läßt äußerlich so gut wie keine enthusiastische Begeisterung erkennen. Und trotzdem ist es ein gutes Beispiel dafür, wie der Heilige Geist als der Geist Jesu Grenzen überwindet und Gemeinschaft von getrennten Menschen möglich macht.

2. Der erste Schritt zu dieser Gemeinschaft ist der, daß Jesus mit der Samaritanerin spricht. Er spricht mit jemandem, auf den er als Jude sich normalerweise nicht unbedingt eingelassen haben dürfte. Er spricht mit jemandem, der einer fremden Religionsgemeinschaft angehört, der den Gottesglauben in der strengen Form jüdischer Überlieferung nicht teilt und der darum für den gesetzestreuen Juden zur Gemeinschaft des Volkes Gottes nicht zugehört. Wenn Jesus mit der Samaritanerin spricht, überschreitet er die Grenze zu Andersgläubigen.

3. Die Samaritaner sind Leute, die in Samaria wohnen. Es war zur Zeit Jesu ein Landstrich in der Mitte Palästinas, zwischen Galiläa im Norden und dem Land um Jerusalem im Süden. Wer von Galiläa, etwa von Nazareth, nach Jerusalem wollte, mußte in der Regel Samaria durchwandern. Aus diesem Grunde kannte Jesus das Land und die Leute. Auch aus den anderen Evangelien wissen wir dies. Besonders bekannt sind die Samaritaner durch das Gleichnis vom barmherzigen Samariter geworden. Fromme Juden gehen an dem unter die Räuber Gefallenen vorbei, nur der

Samariter hilft ihm. Dieser Samariter ist zum Vorbild christlicher Nächstenliebe geworden. Bis heute tragen Stiftungen der Nächstenliebe den Namen des barmherzigen Samariters, und dies nicht im engeren kirchlichen Bereich allein. Neben dem Roten Kreuz arbeitet z.B. in Deutschland noch der Arbeiter-Samariterbund, keine kirchliche Organisation und doch der Tradition der Zuwendung zum anderen verpflichtet, wie sie die Gleichnisgestalt des Samariters darstellt.
Der Samariter ist so vertraut, daß kaum mehr wahrgenommen wird, daß allein schon die Erwähnung des Samariters, seine Herausstellung als Vorbild, zur Zeit Jesu geradezu eine Provokation war und erst recht das Gespräch eines jüdischen Mannes mit einer samaritanischen Frau.
Zwischen Samaritanern und Juden gab es einen tiefen Graben, und dies, obwohl die Samaritaner Gott im Sinne der ersten fünf Bücher Mose verehrten. Auf dem Berg Garizim, in der Mitte ihres Landes, auch in der Mitte Palästinas, hatten sie einen Tempel errichtet. Gut 150 Jahre vor der öffentlichen Wirksamkeit Jesu hatten die Juden den Garizimtempel zerstört. Er war nie mehr wieder aufgebaut worden, nur das Gebet der Samaritaner auf dem Garizim verstummte nicht. Dies ist der Hintergrund der Aussage der Frau in ihrem Gespräch mit Jesus: »Unsere Väter haben auf diesem Berge angebetet, und ihr sagt, zu Jerusalem sei die Stätte, da man anbeten solle.«
4. Jesus begegnet der Frau am Brunnen vor dem samaritanischen Dorf. Er beginnt mit der, die nicht zu seinem Volk gehört, zu reden. Für uns etwas Selbstverständliches und doch damals etwas provozierend Neues. Grenzpfähle werden abgerissen. Ausgerechnet ihr, der Samaritanerin, sagt er, wer er ist. Das Gespräch scheint oft aneinander vorbeizugehen...
5. »Es kommt die Zeit und ist schon jetzt, daß die wahrhaftigen Anbeter werden den Vater anbeten im Geist und in der Wahrheit; denn der Vater will haben, die ihn also anbeten.« Ausdrücklich hebt Jesus hervor, daß diese Art der Gottesbegegnung die alte ablöst. Jerusalem ist nicht mehr die Stätte der Anbetung und auch der heilige Berg der Samaritaner nicht. Der alte Glaube ist überwunden durch den neuen im Geist Jesu.
Auf den ersten Blick scheint die neue Weise der Anbetung Gottes im Christentum Gestalt gewonnen zu haben. Doch in welchem Christentum, in welcher christlichen Kirche? Wo wird Gott im Geist und in der Wahrheit angebetet? Bei den Orthodoxen, bei den Katholiken, bei den Protestanten, bei den Lutheranern oder Baptisten, bei den Pfingstkirchen oder unter den Quäkern? Jesus sagt, »sie« werden ihn im Geist und in der Wahrheit anbeten. Eine genaue Festlegung erfolgt nicht. Keine christliche Konfession wird von sich selber sagen können, daß bei ihr allein Gott im Geist und in der Wahrheit angebetet wird. Dies nötigt zum Respekt voreinander, zum Interesse füreinander, zur Bereitschaft, die Wege des Geistes

gerade bei den anderen zu entdecken. Und wie ist es mit den Juden und mit den Samaritanern, die bis zum heutigen Tag alljährlich das Passahfest in ihrer Weise feiern? Ehe Christen sagen: Ihr verkörpert die alte Religion, nicht das in Christus erschienene Neue, werden sie zunächst voller Respekt wahrnehmen müssen, wie gerade auch in den alten Religionen Menschen Gott zu verehren suchten. Dies gilt in erster Linie für das jüdische Volk, ohne dessen Erbe christlicher Glaube nicht denkbar wäre. Dies gilt aber auch für alle anderen Religionen dieser Erde. Ein Gespräch mit ihnen ist nicht möglich, wo der Respekt vor ihnen fehlt, wo ihre Art der Anbetung Gottes als Irrglaube, Aberglaube, Götzendienst einfach abgetan wird.

In vielen alten Kulturen wurden die Ahnen göttergleich verehrt. In nicht wenigen Ländern unserer Erde findet sich diese Praxis bis zum heutigen Tag. In einem koreanischen Museum habe ich die dort früher und auch heute noch übliche Gestalt der Ahnenverehrung dargestellt gefunden. Vor dem Schrein sind am Jahrestag des Todes Opfergaben für den Toten aufgestellt, liebevoll zubereitetes Essen, als ob der Verstorbene mitten unter der Familie wäre. Beim Betrachten habe ich einen Augenblick nur diese in Liebe bereiteten Speisen wahrgenommen, und ich meinte etwas von der Ehrfurcht dieser Menschen entdeckt zu haben vor dem Geheimnis ihres Lebens, das sie sich nicht selbst verdanken, sondern denen, die ihnen vorausgegangen sind, und wiederum nicht nur ihnen allein.

Wenn Brücken gebaut werden bis zu einem gemeinsamen Anbeten Gottes im Geist und in der Wahrheit, setzt dies voraus, daß Menschen einander zunächst in Achtung und Respekt begegnen, auch wenn sie auf recht unterschiedliche, manchmal nicht nachvollziehbare Weise Gott zu glauben versuchen. Brücken bauen setzt offene Begegnung voraus, aus dieser offenen Begegnung entsteht die neue Anbetung Gottes.

**Kontexte**

Der neue Geist, die Hoffnung auf Einheit – säkulares Pfingsten:
Freude, schöner Götterfunken,
Tochter aus Elysium,
Wir betreten feuertrunken,
Himmlische, dein Heiligtum.
Deine Zauber binden wieder,
Was die Mode streng geteilt;
Alle Menschen werden Brüder,
Wo dein sanfter Flügel weilt.
Seid umschlungen, Millionen!
Diesen Kuß der ganzen Welt!
Brüder, überm Sternenzelt
Muß ein lieber Vater wohnen.
(Fr. Schiller. Vgl. auch dessen Übernahme in der Neunten Symphonie von Beethoven)

Rudolf Bahro schloß seine Rede auf der Bundesversammlung der Grünen im Jahre 1984 mit folgendem Satz: »Der Wettlauf mit der Apokalypse kann nur gewonnen werden, wenn dies eine große Glaubenszeit wird, eine Pfingstzeit mit dem lebendigen Geist, möglichst gleichermaßen ausgegossen über alle.«

Anklänge an Pfingsttraditionen finden sich insbesondere auch in der New Age Literatur, dort in Verbindung mit Überlieferungen der Astrologie. Das neue Zeitalter ist das Zeitalter des Wassermanns, seine Auswirkungen werden im Musical Hair etwa folgendermaßen beschrieben:
Harmonie und Recht und Klarheit!
Sympathie und Licht und Wahrheit!
Niemand wird die Freiheit knebeln,
niemand mehr den Geist umnebeln.
Mystik wird die Einsicht schenken,
und der Mensch lernt wieder denken,
dank dem Wassermann, dem Wassermann!
Zitiert nach H.-J. Ruppert, New Age. Endzeit oder Wendezeit? Wiesbaden 1985, 16.

*Anderes, was des Nachdenkens wert sein könnte*
Gebet
Herr Jesus Christus, du bist von einer hebräischen Mutter geboren; du warst voll Freude über den Glauben einer syrischen Frau und eines römischen Soldaten; du nahmst die Griechen freundlich auf, die dich suchten; du ließest zu, daß ein Afrikaner dein Kreuz trug. Hilf uns, Menschen aller Rassen als Miterben in dein Reich zu bringen.
Gefunden bei H. Badenhop, Ums Himmels willen, Hannover 1982, 137.

Eine kleine Begebenheit, die mich ins Nachdenken gebracht hat, über die Liebe als grenzüberschreitende Wirklichkeit des Geistes:
Im Frühsommer 1988 fuhr ich in einem Expresszug von Tokio zu der etwa 150 km entfernten Stadt Nikko. Neben mir saß eine ältere Frau, eine Japanerin. Wir merkten bald, daß eine sprachliche Verständigung nicht möglich war, sie las in ihren Unterlagen, ich blätterte im Reiseführer. Die Stewardess ging durch die Reihen, gab Prospekte aus. Nachdem sie an unseren Plätzen schon vorbei war, rief meine Nachbarin sie zurück, erbat sich einen englischsprachigen Prospekt von Nikko und übergab ihn mir. Sie hatte gemerkt, daß ich mich für die Stadt interessiere. Kurz vor Ende der Reise wurde noch einmal Kaffee und Tee durch den Zug gebracht. Meine Nachbarin bestellte einen Tee und überraschenderweise eine Tasse Kaffee dazu. Es war deutlich, was sie wollte: der Kaffee war für mich bestimmt. Vielleicht hatte sie den Eindruck, mir würde eine Tasse guttun.
Ein Wort konnten wir nicht miteinander wechseln, nur Gesten austauschen. Die fortdauernde Wirkung des Turmes zu Babel war zu gewichtig. Nur, die einfache Freundlichkeit dem Fremden gegenüber hatte das Trennende überwunden.

# Trinitatis

## Predigttext: 4. Mose 6,22–27
## Susanne Kahl-Passoth

### Theologisch-homiletische Skizze

1. Wer am Sonntag Trinitatis im Gottesdienst das Thema Dreifaltigkeit aufnehmen will, sollte sich, wie die Exegese bereits andeutet, für seine Predigt einen anderen Text suchen. Es wäre schade, wenn der vorgeschlagene Predigttext nur zum Ausgangspunkt für ein ganz anderes Thema mißbraucht würde (in diese Versuchung fallen wir als Pfarrerinnen und Pfarrer leider oft genug).

2. Am Anfang meiner Arbeit als Pfarrerin bereitete mir der Segen am Schluß eines Gottesdienstes Schwierigkeiten: Wer bin ich denn, daß ich mich jetzt hier hinstelle, um den Segen Gottes an die Gemeinde weiterzugeben? Im Laufe der Jahre, in denen ich lernte, mich in meiner Rolle und Aufgabe als Pfarrerin besser zurechtzufinden, hat sich diese Scheu gelegt. Segnen ist für mich nicht zur Routine geworden, sondern es ist ein zum (Über-) Leben wichtiger Zuspruch Gottes, ein Halt in einer Zeit, die eher zum Fluchen einlädt.

3. Segen und Fluch – Zuwendung und Abwendung – gehören im Alten Testament oft zusammen, wobei der Fluch jedoch nicht in Verbindung mit Gott gebracht wird. Gott richtet, straft, sucht heim, aber er flucht nicht. Der Mensch flucht, verflucht, wenn der Segen Gottes nicht auf ihm ruht, ausbleibt. Im Neuen Testament ist Fluch kaum noch auffindbar, da er mit der Feindesliebe nicht vereinbar ist: »Segnet, die euch fluchen ...« (Lk 6,28). Der Fluch hatte u.a. eine wichtige Ventilfunktion. Seiner ganzen Verzweiflung gegenüber Gott, den Mitmenschen, der Welt konnte ein Mensch damit Ausdruck verleihen. Im Gottesdienst hat der Fluch keinen Platz. Etwas von ihm findet sich allenfalls in Klagegebeten wieder. Mit dem Segen Gottes verbanden die Menschen des Alten Testaments konkrete Erfahrungen. Sie erlebten ihn als eine Bereicherung ihres Lebens, Vermehrung ihres Glücks und Wohlstandes. Gottes Segen rechneten sie es zu, wenn ihre Ernten gut ausfielen, es nach einer Dürrezit endlich regnete, ihre Viehherden anwuchsen, das Volk es zu großem Ansehen brachte.

4. Den Menschen in der Gemeinde, in der ich arbeite, ist der Segen am Schluß des Gottesdienstes sehr wichtig. Der Segen muß von einem Pfarrer oder einer Pfarrerin gesprochen sein, und zwar im Wortlaut unseres Predigttextes. Wenn ich einen neu formulierten Segensspruch spreche, fühlen einige sich irritiert und nicht gesegnet. Dennoch halte ich neue Segensformulierungen für eine gute Möglichkeit, um Menschen das Geschenk des Segens Gottes und seine Bedeutung für ihre Lebenssituation begreiflich zu machen; besonders gilt dieses für Tauf-, Konfirmations- und Familiengottesdienste.

5. Mich als Frau stört es erheblich, wenn von Gott als dem Herrn die Rede ist – auch wenn ich weiß, daß hier ein anderer Herr gemeint ist, der mit den mißhandelnden, arroganten, ausbeutenden Herren unserer Welt nichts zu tun hat; es stört mich gerade beim Segen. In der hebräischen Bibel steht hier JHWH. Wie das genau auszusprechen ist, wissen wir nicht. Ich kann es auch sagen mit der uns vertrauten Aussprache. Bei Helmut Gollwitzer habe ich in einer Predigt zum 1. Gebot (abgedruckt in »Die zehn Gebote«, Hrsg. Heinrich Albertz) folgende Übersetzung von JHWH gefunden: »Ich werde in immer neuer Weise für euch da sein.« Die Übersetzung Luthers »Herr« gibt das nicht her. Ich pflege beim Schlußsegen »Herr« durch »Gott« zu ersetzen und füge gelegentlich die Formulierung von H. Gollwitzer hinzu: »Gott, der in immer neuer Weise für dich da sein wird, segne dich und behüte dich ...«

6. Es ist gut, wenn im Laufe eines Kirchenjahres eine Gemeinde Gelegenheit hat, über Elemente ihres Gottesdienstes nachzudenken. Das ist auch deshalb wichtig, weil ein Teil unserer Gottesdienstbesucher nicht mehr mit unseren Traditionen vertraut ist. Manche sehen den Segen als einen etwas unverständlich formulierten Abschiedsgruß des Pfarrers, der Pfarrerin an im Sinne von: »Macht's gut – kommt gut nach Hause – bleibt gesund, bis zum nächsten Mal!« Für andere sind's leere Worte – »Typisch Kirche!«, die mit ihren täglichen Erfahrungen, ihren Ängsten und Zukunftssorgen nichts zu tun haben. In der Predigt möchte ich mit der Gemeinde über die grundlegende Bedeutung des Segens für das Leben der Menschen nachdenken, wie besonders das Alte Testament davon berichtet.

## Vorschläge zur Liturgie

*Lieder*

EKG 185,1–4 u. 6,7; 208; 231; 139 oder in einem Abendmahlsgottesdienst 163,3 (statt »brüderlich«: »geschwisterlich«). Komm, Herr, segne uns ..., Gehn wir in Frieden ..., Herr, gib uns deinen Frieden ...; in: »Du laß dich nicht verhärten – Ein Liederbuch für Jugend und Gemeinde«, Gütersloher Verlagshaus.

Ferner gibt es in »Mein Kanonbuch«, hrsg. Deutscher Katechetenverein, tvd-Verlag, Düsseldorf, mehrere Kanons zum Thema Segen, wie: An Gottes Segen ist alles gelegen ..., Segne, die dich verfluchen, Schalom ...

*Eingangsvoten*

Weil wir nicht immer wissen, wem wir noch vertrauen, was wir noch glauben sollen, in Gottes Namen sind wir hier zusammengekommen, um Geborgenheit und Zuversicht im gemeinsamen Hören, Bitten, Bekennen, Danken und Feiern zu erfahren. Amen.

In Gottes Namen wollen wir beginnen, der allen Zweifelnden, Verzagten und Suchenden besonders nah ist.

In Jesu Namen wollen wir beginnen, der diese Nähe Ausgestoßene, Verachtete, Verzweifelte spüren ließ.

In der Hoffnung auf das Geschenk des Heligen Geistes wollen wir beginnen, um Mut und Ideen bitten, heute diese Nähe weiterzugeben. Amen.

*Eingangspsalm*

145 oder Meditation dazu in: »Gottesdienst menschlich 2«, F.K. Barth u.a., Jugenddienst-Verlag, S. 32, auch Meditation zu Psalm 33, S. 35.

*Kyrie-Gebet*

Betroffen stehen wir vor dem Scherbenhaufen, den wir Menschen in dieser Welt, Deiner Schöpfung, Gott, angerichtet haben. Und trotzdem sind wir nicht in der Lage, mit der gleichen Energie, mit der wir die Natur und ihre Schätze ausbeuteten, für ihre Genesung und Bewahrung einzutreten, umzukehren. Wir verbergen unser Eigeninteresse, unser Streben nach Reichtum und Profit hinter Reden von der angeblichen Rücksichtnahme auf Arbeitsplätze. Wir scheuen den Weg durch die Wüste, können uns nicht vorstellen, uns einzuschränken, zu bescheiden, unser Leben völlig zu verändern. Darum rufen wir zu Dir: ...

*Kollektengebet*

Gott, Du gibst uns nicht auf. Das ist für uns oft unbegreiflich, aber zugleich etwas, was uns ermutigt, uns aus unserer Hoffnungslosigkeit herausholt, wieder aufrichtet. Laß uns in diesem Gottesdienst Deine Nähe spüren, damit wir neu wissen, woran wir uns halten, woran wir glauben dürfen, um mit neuer Kraft, mit Freude in die kommende Woche zu gehen. Amen.

*Fürbittengebet*

Um Deinen Segen bitten wir Dich, Gott, wenn wir jetzt nach Hause, in die kommende Woche gehen, damit wir uns nicht abhängig machen von dem, was man allgemein so denkt und meint; damit wir nicht aufgeben, für Gerechtigkeit, Frieden und die Bewahrung Deiner Schöpfung einzutreten.
Um Deinen Segen bitten wir Dich, Gott, für alle die Menschen, die unter Gewalt, Hunger und den Folgen von Naturkatastrophen zu leiden haben.
Wir denken heute besonders an ...
Um Deinen Segen bitten wir Dich, Gott, für alle, die unter uns als Fremde, als Flüchtlinge leben, für alle, die krank und alt sind, alleingelassen werden, für alle, die sich von einem ihnen lieben und wichtigen Menschen trennen mußten, keinen Gesprächspartner für ihre Trauer finden:
Wir denken heute besonders an ...
Um Deinen Segen bitten wir Dich, Gott, damit wir zum Segen werden können für die, denen wir begegnen. Amen.

**Vorschläge für die Predigt**

*Möglicher Anfang*

»Meinen Segen hast Du!« Mit diesen Worten segnete mein Vater vor einigen Jahren meinen Plan ab, meinen Studienort zu wechseln. Ihm ist nicht bewußt gewesen, in was für eine Tradition er sich mit seinem Satz gestellt hat. Nur wenige biblische Begriffe haben ihren Weg in unsere Alltagssprache gefunden, auf diesem Weg ist einiges Wissen von ihrer Bedeutung verloren gegangen. Der Segen gehört dazu.

Der Predigttext am heutigen Sonntag ist eine gute Möglichkeit, nach diesem Verlorengegangenen auf die Suche zu gehen. Vertraute Worte, ja vielleicht sogar liebgewordene Worte enthält dieser Text aus dem Buch Numeri: eine der ältesten Segensformulierungen, die bis heute ihren Platz auch in unserem Gottesdienst hat. Ist uns aber noch bewußt, welch einen Reichtum dieser Segen für unser Leben haben kann? Im Namen Gottes legten ihn die Priester Israels, Aaron und seine Söhne, auf das Volk. Im Namen Gottes geben auch wir ihn heute am Schluß des Gottesdienstes weiter. Gott versprach Abraham reichen Segen, als er ihm gebot, seine Heimat zu verlassen (Gen. 12,1–3) ...

*Zum weiteren Verlauf*

1. An dieser Geschichte und anderen Segensgeschichten ließe sich die Bedeutung des Segens für das ganze Leben der Menschen des Volkes Israel aufzeigen: Segen und Fruchtbarkeit; Weitergabe des Segens an den Erstgeborenen (Jakob gewann mit List den Erstgeburtssegen); das Segnen im Alltag der Menschen ...
2. Wann bitten wir um den Segen? Eltern und Paten bringen Kinder zur Taufe und bitten um den Segen Gottes; verheiratete Paare bitten um ihn für ihre Ehe; am Schluß eines Gottesdienstes bitten wir um den Segen Gottes, um in unseren Alltag, in die kommende Woche hineingehen zu können ... Sie alle und wir erwarten etwas von diesem Segen Gottes, wissen, daß unser Leben Geschenk, nicht Selbstverständlichkeit ist.
3. Der Segen ist aber kein Zauberspruch, der die Kinder vor allem Bösen, eine Ehe vor Krisen, unseren Alltag vor Problemen bewahrt. Sich von Gott abzuwenden, nur weil der Segen nichts »gebracht« hat, ist ein großes Mißverständnis, das Gott eine Rolle zuschiebt, mit der wir uns aus der Verantwortung stehlen wollen. Gott ist nicht der, der alle Fäden in der Hand hat, für unsere Fehler und selbstfabrizierten Katastrophen zuständig ist.
4. Mit seinem Segen erinnert uns Gott an seine Schöpfung, unseren Auftrag, unser Leben mit ihr. Der Segen ermutigt uns, ein Leben zu führen, das Gottes Schöpfung bewahrt, hegt, aufbaut, ein Leben, das wir bejahen, an dem wir uns auch freuen – auch heute.

5. So erbitten und erhalten wir im Segen die Zusage, daß Gott uns behüten, Geborgenheit schenken, unser Leben mit Weisheit, Kraft und Fülle ausstatten will. Sein Angesicht soll er über uns leuchten lassen, uns freundlich und barmherzig gesonnen sein und Frieden schenken. Einen liebevollen, freundlichen Gott, einen Gott ohne Mißtrauen und finstere Gedanken erbitten wir im Segen, und so will er uns begegnnen.

*Möglicher Schluß*
Abraham, der von Gott so reich Gesegnete, sollte zugleich ein Segen sein. Er sollte ein Zeuge für alle sein: Hier lebt einer sein Leben mit der Kraft des Segens Gottes.
Wenn wir mit dem Segen Gottes nach Hause gehen, wird auch uns zugetraut, Segen zu sein. Wir werden ermutigt, unseren Segen zu teilen, z.B. mit denen, die für ihr Leben Ziel und Halt verloren haben, die durch den Tod eines Menschen aus der Bahn geworfen worden sind (...).
Unter uns ist es nicht üblich, uns Segen zuzusprechen, wenn wir einander begegnen. Einen anderen segnen, bedeutet, etwas von sich zu schenken, etwas von sich zu offenbaren. So direkt fällt uns das schwer, ist uns vielleicht sogar peinlich. Uns fällt es leichter, ihn weiterzugeben, indem wir uns Zeit nehmen für andere, zuhören (Beispiele).
»Gott segne dich und behüte dich; Gott lasse sein Angesicht leuchten über dir und sei dir gnädig; Gott erhebe sein Angesicht über dich und gebe dir Frieden.«

**Kontexte**

Fürbitte
Jetzt kann ich nichts mehr tun für ihn. / Mein Latein ist zu Ende. / Ich finde keine Sprache mehr als die der Fürbitte. / Am besten wär's, meine Liebe könnte telepathisch wirken. / Ich versuche, ganz fest an ihn zu denken, meine guten Gedanken auf ihn zu konzentrieren. / Dennoch traue ich meiner Telepathie nicht. / Dir traue ich mehr, Gott. / So werden meine Wünsche für ihn Bitten an dich. (aus Kurt Marti, Lachen-Weinen-Lieben, Ermutigungen zum Leben, Radius-Verlag, Stuttgart 1985, S. 127)

Lebenswunsch
Wenn ich alt bin / soll keiner sagen / »er hat sein leben gelebt« / so wie man eine lästige pflicht erfüllt // wenn ich alt bin / sollen sie sagen / »er hat sein leben geliebt« / es im glück und im schmerz / durch sich hindurch / lebendig sein lassen (Werner Posner, im Radius Almanach 1987/88, Stuttgart 1987, S. 115)

»Das Segnen ist ein stetiges Handeln Gottes, das da ist oder nicht da ist; es kann so wenig in einem Ereignis erfahren werden wie das Wachsen, das Reifen oder das Abnehmen der Kräfte.« (Claus Westermann in »Der Segen in der Bibel und im Handeln der Kirche«, Gütersloher Verlagshaus, 1981, S. 11f.)

# 1. Sonntag nach Trinitatis

## Predigttext: Matthäus 9,35–38;10,1(2–4)5–7
Renate Bieritz-Harder

**Theologisch-homiletische Skizze**

Vom Text, Mt 9/10, ausgehend sind einige Ansätze für eine Predigt möglich:

1. Ausgangspunkt könnte der »irdische« Jesus sein, der die Not des Volkes, in dem er lebt, sieht und der dabei diese *soziale* Not ganz ernst nimmt. Jesus geht eben nicht zu den Leidenden, um die Liebe ihres Gottes nur zu behaupten, um ein kommendes Reich, frei von Schmerzen, nur anzusagen. Er läßt es auch zeichenhaft aufleuchten, indem er Menschen von ihren Schmerzen befreit. – Die Predigt müßte weiterführen zur Frage nach dem Auferstandenen und seinem Wirken unter uns. Wo und wie sind in unserer Zeit Menschen in Not? Wo und wie leuchtet das kommende Reich Gottes heute auf?

2. Ausgangspunkt könnte die nachösterliche Gemeinde sein, die den Propheten verloren hat, der der kyrios bleibt. Sie steht vor der Aufgabe, beides zusammenzubringen: den Tod und die Auferstehung. – Sie hat schon lange gewartet auf das endgültige Kommen des Reiches, die Wiederkunft Christi, und muß sich einrichten in der Welt. – Und so, wie Jesus beides in sich vereint hat, Reden und Tun, so verbinden die Christen dieser Gemeinde auch beides für sich (vgl. Vers 10,7.8). Und sie sagen sich und anderen damit: Jesus, der auferstandene kyrios, ist in unserem Reden und Tun mit seinem Reden und Tun gegenwärtig. – Und so haben es die Christen durch die Zeiten hindurch gesehen. Das ermutigt auch uns, uns zuzurufen: Jesus, der Christus, ist gegenwärtig in unserer Welt, in unserem Reden, unserem Tun. Und er wird es sein bis zum Ende der Zeit.

3. Es ergibt sich noch ein anderer Ansatz aus der in Vers 10,8 angesprochenen Vollmacht der Jünger, zu heilen und Dämonen auszutreiben, indem man hier vor einer Enge der Auslegung warnt, die den Vers nur auf Krankheit und »Besessenheit« bezieht und nicht auch auf Not in allen anderen nur möglichen Formen. In manchen Gemeinden wird dies zusehends ein Problem: die Vollmacht zum Heilen als Kriterium für die wahrhaft von Jesus ausgesandten Boten. Interessant und bemerkenswert ist dabei: solche Leute (ich denke zum Beispiel an Herrn Bonncke) gehen nicht hin zu denen, die in Not sind, sondern sie lassen die Kranken in ihren Rollstühlen zu sich kommen. – Jesus geht selber, und er schickt seine Jünger aus. Er wartet nicht erst, bis ihn einer findet, und er heißt auch seine Jünger nicht warten.

4. Ich selbst möchte im weiteren Verlauf nur *einen* Akzent weiter verfolgen: Jesus, der als Mensch in die Not ging, um Menschen von ihr zu befreien und sie zugleich das kommende Reich, in dem die Gesetze und Ordnungen der bestehenden Welt außer Kraft gesetzt sind, schmecken zu lassen, sendet auch heute als der

Auferstandene Menschen in die Not, geht selbst mit, um Leben zu bringen. – Nur, wenn *ich* mitgehen möchte, wie kann dies aussehen? Wohin soll ich mich wenden? Wie kann ich glaubhaft von dem kyrios reden? Wie soll ich handeln? Wohin ist der Auferstandene vorausgegangen? – Solch eine Predigt wird mehr von Fragen bestimmt sein, als daß sie Antworten (Greifbares) zu geben vermag. Sie kann aber die Möglichkeit zur Besinnung geben: Sind wir uns der Gegenwart des Auferstandenen zu sicher? Ist er in dem, was wir hier tun, gegenwärtig? Oder ist er ganz woanders? – Solch eine Besinnung sollte aber, wenn möglich, nicht mit dem Gottesdienst abgeschlossen sein, sondern könnte als Impuls zu Gesprächen (in welcher Form auch immer) dienen.

**Vorschläge zur Liturgie**
*Kollektengebet*
Gott, du suchst Menschen, die von dir sprechen und der Welt deine gute Botschaft weitersagen. Hilf uns, Trägheit und Menschenfurcht zu überwinden und deine Zeugen zu werden – mit unserem ganzen Leben. Darum bitten wir durch Jesus Christus.
(ZGP 1986, H. 1, Lit. Texte, 5)

*Glaubensbekenntnis*
Wir glauben an Gott, den Vater,
den Schöpfer der Welt,
der uns geschaffen hat als Mann und Frau,
der uns in die Freiheit stellt,
Leben zu erhalten,
Frieden zu fördern,
Sorge zu tragen für den Bestand der Erde,
daß die Menschen dieser Welt zusammengehören
in Gleichheit und Gerechtigkeit.

Wir glauben an Jesus Christus,
unseren Herrn,
geboren als Mensch in Israel von Maria,
erwählt, mit seinem Leben Gottes Nähe zu bezeugen,
er verkündete den Armen die Parteinahme Gottes,
den Gefangenen Freiheit,
den Blinden, daß sie sehen,
den Unterdrückten Befreiung;
er litt, wurde gefoltert und getötet am Kreuz
von den Mächtigen unter Pontius Pilatus,
auferweckt zu Leben und Hoffnung für alle,
er befreit und eint uns weltweit
ohne Rücksicht auf Entfernung,

inmitten kultureller und politischer Verschiedenheit
und entgegen aller Trennung
miteinander und füreinander zu leben,
und ruft uns zum dienenden Zeugnis.

Wir glauben an den heiligen Geist,
die Kraft des neuen Lebens in Christus,
der auch uns und alle Verhältnisse ändert,
der uns reich macht mit Mannigfaltigkeit in Einheit,
der uns sendet mit dem Ziel,
alle Menschen in neuer Gemeinschaft zusammenzubringen,
durch ihn selbst,
den in Vielfalt einen Gott,
Vater, Sohn und heiligen Geist.
(ZGP 1986, H. 3, Lit. Texte, 4)

*Lieder*

Nun bitten wir den Heiligen Geist (EKG 99; Wochenlied); Aus dem Geist, der uns verbindet, sind wir in die Welt gesandt (Neue Lieder. Beiheft zum EKG, Nr. 18); Gib uns Weisheit, gib uns Mut (ebd. Nr. 67); Ich will gegen das Geläut der Leute (Mein Liederbuch. tvd 8100 N, Nr. B 69); Selig seid ihr (ebd. B 97).

**Vorschläge zur Predigt**

*Zur Einleitung*

»Ljonka, sag ihm, was du brauchst – Gott oder Geld?« »Geld!« erwidert der Junge. Siebzehn Jahre ist er alt. Und zum zweiten Mal fährt er mit den Haschjägern in die Steppe, um den Hanf zu sammeln. Und der, dem diese Antwort in Tschingis Aitmatows Roman »Die Richtstatt« an den Kopf geschleudert wird, heißt Awdi Kallistratow. Seit er wegen Ketzerei und Gottsuchertum aus dem Priesterseminar ausgeschlossen worden ist, arbeitet er ab und zu für eine Zeitung. So kommt es, daß er mitten unter den anderen in der weiten Steppe steht, neben sich einen Rucksack voll getrockneten Krauts. Er fuhr mit ihnen, um Informationen zu sammeln, einen Bericht zu schreiben, um irgendwie einen Weg zu finden in die Herzen dieser jungen Männer: »Ich mach das, um euch zu retten!« Aber Grischan, der Chef der Truppe, fragt ihn: »Wer oder was ist denn in der Welt seither wirklich gerettet worden? ... Alles ist bis heute so geblieben, wie es vor Golgatha war.« Und weiter sagt er: »Ich helfe den Menschen, Glück zu erleben, beim Kiffen Gottes teilhaftig zu werden. Ich gebe ihnen das, was ihr ihnen weder mit euern Predigten noch mit euern Gebeten geben könnt. Ich bringe meine Leute viel operativer Gott nahe als sonstwer.« – Grischan schließt

ein Abkommen mit Awdi: Awdi bekommt Gelegenheit, frei mit den Männern zu reden. Er kann versuchen, sie von *seiner* Wahrheit zu überzeugen. – Wie das ausgeht? Awdi wird zusammengeschlagen und aus dem rasenden Güterzug in die Steppe gestoßen. Grischan sitzt dabei und lächelt.
»Ich sende euch wie Schafe mitten unter die Wölfe.« Und weiter heißt es: »Hütet euch aber vor den Menschen; denn sie werden euch überantworten den Gerichten und werden euch geißeln in ihren Synagogen.« Diese Verse gehören nicht mehr zum Predigttext. Aber sie sollten dem in den Ohren sein, der an diesem Sonntag hört, wie Jesus hinausgeht: Wie er das Kommen einer neuen Welt ausruft, alle Krankheit, alles Gift aus den Körpern wirft und wie er auch seine Jünger aussendet, das Böse zu sammeln und zu vertreiben.
Das war vor langer Zeit. Gesammelt wurden seitdem die Geschichten darüber, aufgeschrieben, zwischen Buchdeckeln verschlossen, weggestellt. Das Gift sucht sich weiter seine Opfer. – Ich frage Sie: Wer könnte – wer kann dem Einhalt gebieten? Ich frage Sie: Wer wird heute ausgesendet? Zu wem? Mit welchem Ziel?

*Zum weiteren Verlauf*
Das Übliche kommt in den Sinn: die Kranken, die Behinderten ... Nur: Wir haben heute Krankenhäuser, Fördereinrichtungen, Forschungslabors, hochtechnisiert, mit ausgebildetem Fachpersonal. Die Krankheiten sind nicht meine Sache.
... die Alkohol- und anderen Süchtigen ... Doch was richten Worte gegen eine Sucht aus? Das ist Sache der Polizei und auch wieder Sache der Mediziner und Psychotherapeuten. Ich kann nur trauernd dabeistehen.
... der Mangel am Nötigsten in anderen Völkern oder sogar im eigenen Land ... Aber entweder sind die Betroffenen selbst verantwortlich, höre ich, oder die Ursachen sind so beschaffen, daß ich daran bestimmt nichts ändern kann. Die Macht ist Sache der Mächtigen und der Politiker, die sich von mir wählen ließen.
Was bleibt? – Gebete in geschlossenen Räumen. Sendung zu denen, Verkündigung an die, von denen man vermutet, es könnte gelingen, sie mit in den Raum hereinzuholen. – Vergrößerung der Gemeinde, Gemeindewachstum. – Einer mehr auf der Arche.

*Zum Schluß*
Awdi geht hinaus in die Steppe, schutzlos. »Du bist ein naiver Vollidiot!« Ja – wäre er denn sonst gegangen? Nur ein Idiot kann sich *nicht* ausrechnen, wie das enden *muß*. Nur ein Idiot geht noch ein zweites Mal. Den Sturz aus dem Zug hat Awdi überlebt. Die zweite Reise endet in der Steppe. Sie hängen ihn an einen knorrigen Baum wie an ein Kreuz. Wenn

er wenigstens ein klein wenig erreicht hätte. Nun triumphieren die, die den Menschen in sich getötet haben, noch bevor sie Awdi töteten.
Ich bin doch kein Idiot: Ich weiß, wie so etwas ausgeht. Ich würde kein zweites Mal gehen. Jesus ging hinaus: Er kam nur bis Golgatha. Was hat sich seitdem verändert? Awdi wie Jesus ... Jesus ist etwas ganz anderes, höre ich. Awdi ist tot, Jesus ist auferstanden ... Ja, sage ich: Jesus ist ein zweites Mal gegangen. Wie Awdi ... Wie weit wird er kommen? Diesmal? Mit uns?
Die Strophe eines Gedichtes von Kurt Marti:

anstatt sich verstummt zu verziehn ins bessere jenseits
brach er von neuem auf in das grausame diesseits
zum langen marsch durch die viellabyrinthe
der völker der kirchen und unserer unheilsgeschichte

**Kontexte**

1. Pilatus zu Jesus: »Was immer du prophezeist, Jesus von Nazareth, deine Bemühungen sind vergebens. Die Welt gehorcht der Macht, anders kann es auch nicht sein. So war es, und so wird es immer sein. Wer stärker ist, hat die Macht, auch in Zukunft werden die Starken die Welt regieren. Diese Ordnung ist unwandelbar wie die Sterne am Himmel. Die kann keiner verrücken. Vergebens sorgst du dich um das Menschengeschlecht, vergebens bist du bereit, es um den Preis deines Lebens zu retten. Die Menschen lassen sich weder durch Tempelpredigten noch durch himmlische Stimmen belehren! Stets werden sie den Kaisern folgen: wie Herden ihren Hirten, sie werden sich vor der Kraft und dem Besitz verneigen, also vor allem denjenigen achten, der der Erbarmungsloseste und Mächtigste ist ... Du aber, Nazarener, willst all das verurteilen und verfluchen, du rühmst die Armen und Schwachen, wünschst allen nur Segen und vergißt darüber, daß der Mensch ein reißendes Tier ist, der ohne Kriege nicht existieren kann wie unser Körper nicht ohne Salz ... Du siehst die Wurzel allen Übels in der großen Machtgier der Menschen ... doch damit vergrößerst du nur deine Schuld, denn wer gegen die Macht ist, der ist auch gegen die Mächtigen. Indem du das Reich der Gerechtigkeit ausrufst, zielst du auf unser Römisches Reich, willst du die wachsende Macht Roms behindern, seine Weltherrschaft vereiteln, und allein für diese Absicht verdienst du dreimal den Tod.«
(Tschingis Aitmatow, Die Richtstatt, Verlag Volk und Welt, Berlin ²1988, S. 171).
2. »In den Tagen, da er mit den Haschjägern in die Hanfsteppe fuhr und von früh bis spät aus dem Zugfenster die öden Weiten sah, sagte er sich: Nun bist du ganz auf dich gestellt, bist an nichts gebunden als an den Auftrag der Redaktion, in allen anderen Dingen kannst du frei über dich verfügen. Was hat sich dir nun auf dem Leidensweg offenbart? Da hast du das Leben, wie es ist, du stehst ihm Auge in Auge gegenüber. Wie vor hundert Jahren fährt Volk im Zug von irgendwoher nach irgendwohin, du bist einer der Mitreisenden, und die Haschjäger unter ihnen sind auch ganz gewöhnliche Reisende, doch potentiell sind sie hoffnungslos Verlorene, denn sie schmarotzen von einem der schrecklichsten Laster. Der bittere Rauch scheint nichts weiter zu sein als ein angenehmes Betäubungsmittel, aber er zerstört den

Menschen im Menschen. Wie willst du sie bewahren, wenn sie sich selbst zum Opfer bringen? Weißt du denn, woher all das kommt? Wo die Gründe dafür liegen? Du schweigst – du weißt nicht, von welchem Ende du es anpacken, wie du es erklären, was du machen sollst. Drängtest du nicht mit Macht heraus aus den Mauern des Seminars, um dich in den Strudel des Lebens zu stürzen, um es zumindest ein klein wenig zu verbessern? Deine Mitseminaristen haben dich einen Idealisten genannt. Sicherlich nicht zu Unrecht. Jetzt aber denkst du schon darüber nach, ob diese Haschjäger dich eigentlich brauchen, ob es für sie nötig ist, daß du dich in ihre Angelegenheiten und in ihr Vorgehen einmischst. Was kannst du schon für sie tun? Sie umstimmen, sie zwingen, ein anderes Leben zu führen? Während du dich quälst und hin und her überlegst, fahren sie einem festen Ziel entgegen, bauen auf Erfolg und sehen darin ihr Glück. Wie kannst du sie davon abbringen, wie erreichen, daß sie der Wahrheit ins Gesicht sehen? Wenn du dich aber nicht einmischst, ihnen nicht hilfst, werden sie früher oder später abgeurteilt und in Straflager gesteckt, und sie werden das nicht als verdiente Strafe hinnehmen, sondern als Unglück. Etwas anderes wäre es, sie dem Bösen abspenstig zu machen, auf daß sie sich durch Buße reinigen, sich selbst zwingen, dieses verbrecherische Tun aufzugeben und wahres Glück woanders zu finden. Wie schön wäre das! Aber worin sollten sie ihr Glück sehen? In unseren vielgepriesenen Werten? Die sind doch schon tüchtig entwertet und vulgarisiert. In Gott, in dem sie von Kind auf nur eine Witzfigur aus Omas und Opas Klamottenkiste sehen, ein Märchen und weiter nichts? Was vermag schon das Wort angesichts der Möglichkeit, leicht ans große Geld zu kommen? Alle führen sie heutzutage den gängigen Aphorismus im Munde: Für ein Dankeschön kannst du dir nichts kaufen, Geld bleibt Geld! ... Wenn es doch gelänge, einen Artikel zu schreiben, auf den Unzählige reagieren wie auf ihre ureigenste Angelegenheit, wie auf einen Brand im eigenen Haus, auf ein Unglück der eigenen Kinder! Nur so könnte das Wort, aufgegriffen von vielen unvoreingenommenen Menschen, mit Geld und Laster fertigwerden! Gebe Gott, daß es so kommt, daß das Wort nicht in den Wind gesprochen wird, daß, wenn wirklich ›im Anfang das Wort‹ war, es auch hierbei seine ursprüngliche Kraft behält ... Aber, o Gott, wieder wende ich mich an dich: Was ist ein Wort angesichts klingenden Geldes? Was ist eine Predigt angesichts eines heimlichen Lasters? Wie kann ich mit meinem Wort das Böse bezwingen? Gib mir die Kraft, verlaß mich nicht auf meinem Weg, ich bin allein, noch allein, sie aber, die besessen sind von der Gier nach leichtem Verdienst, sind zahllos.«
(Tschingis Aitmatow, Die Richtstatt, S. 91 ff.)

3. jesus

1 mit einer schar von freunden (freundinnen auch)
durch galiläas dörfer und städte ziehend
hat er kranke geheilt und geschichten erzählt
von der weltleidenschaft des ewigen gottes

2 privilegien der klasse der bildung galten ihm nicht
zu seinem umgang zählten tagelöhner und zöllner
wo mangel sich zeigte an nahrung oder getränk
teilte er fische brot und wein aus für viele

3 die gewalt von gewalthabern verachtete er
gewaltlos hat er die erde versprochen
sein thema: die zukunft gottes auf erden
das ende von menschenmacht über menschen
4 in einer patriarchalischen welt blieb er sohn
und ein anwalt unmündiger frauen und kinder
wollten galiläer ihn gar zum könig erheben? er aber
ging hinauf nach jerusalem: direkt seinen gegnern ins garn
5 auf einem jungesel kam er geritten – kleinleute-messias:
die finger einer halbweltdame vollzogen die salbung an ihm ...
bald verwirrt bald euphorisch folgten ihm die freunde die jünger
um bei seiner verhaftung ratlos unterzutauchen ins dunkel
6 über sein schweigen hin rollte der schnelle prozeß
ein afrikaner schleppte für ihn den balken zum richtplatz hinaus
stundenlang hing er am kreuz: folter mit tödlichem ausgang –
drei Tage später die nicht zu erwartende wendung
7 anstatt sich verstummt zu verziehen ins bessere jenseits
brach er von neuem auf in das grausame diesseits
zum langen marsch durch die viellabyrinthe
der völker der kirchen und unserer unheilsgeschichte
8 oft wandelt uns jetzt die furcht an er könnte
sich lang schon verirrt und verlaufen haben
entmutigt verschollen für immer vielleicht – oder bricht er
noch einmal (wie einst an ostern) den bann?
9 und also erzählen wir weiter von ihm
die geschichten seiner rebellischen liebe
die uns auferwecken vom täglichen tod –
und vor uns bleibt: was möglich wär' noch

(Kurt Marti, Zart und genau, Evangelische Verlagsanstalt, Berlin 1985, S. 192f.)

# 2. Sonntag nach Trinitatis

## Predigttext: Jesaja 55,1–5
Claus Marcus

### Theologisch-homiletische Skizze

Während der Woche, in der ich diesen Entwurf schreibe, beherrschen ökologische, gentechnologische und währungspolitische Probleme viele Gespräche, ebenso die Meldungen von den ersten Schritten zur Abrüstung und Verschrottung der Mittelstreckenraketen in West und Ost sowie vom Abzug der Truppen aus Afghanistan. Robbensterben in der Ost- und Nordsee. »Der Spiegel« widmet Titelblatt und Titelgeschichte dem Problemfeld »Lebenselement – Wasser – vergiftet und vergeudet« (42/32 vom 8.8.88). In Berlin findet Ende August 1988 das Ökumenische Hearing als kritische »Vorbereitung« auf das Treffen des Internationalen Währungsfonds statt. In verschiedenen Gemeinden treffen sich Vorbereitungsgruppen für die Friedenswoche und die Konvokation der Kirchen im Jahre 1990 unter dem Leitwort »Gerechtigkeit, Frieden, Bewahrung der Schöpfung«. Der 23. DEKT findet 1989 in Berlin unter der Losung »Unsere Zeit in Gottes Händen« statt. Der Text aus Jes 55 stellt sich als kritischer Dialogpartner den zentralen Lebensfragen einer christlichen Gemeinde in der Welt des ausgehenden 20. Jahrhunderts. Nicht nur die Worte »Wasser-Brot-Geld« und die Einladung »umsonst«, sondern die Hinweise auf Gottes Gnadenbund, auf den Zeugen, Fürsten und Gebieter rühren an Fragen christlicher Lebensverantwortung und Lebensgestaltung. Fragen des Überlebens, der gerechten Verteilung der Güter dieser Erde – ich denke an die bildhafte Formulierung von M.L. King, daß die ganze Erde der Tisch des Herrenmahles sei! – Gerechtigkeit, die keine Rassengrenzen kennt, Frieden, der nicht durch Raketen garantiert wird, Verantwortung für die Bewahrung des »beschädigten Lebens« (Adorno).
Als Predigtvorlage wähle ich, trotz der Exegese (Band IV, S. 43 ff.), die Verse 1–5. Ich schließe mich der ersten homiletischen Möglichkeit aus der Exegese an und versuche in der Gestaltung von Gottesdienst und Predigt diese Schritte zu gehen; dabei möchte ich die unterschiedlichen Erwartungen der Gottesdienstgemeinde berücksichtigen und neben dem prophetischen das meditative Element zur Sprache bringen.

1. Wir sind eingeladen zum Fest der Kinder Gottes – umsonst, aus Gnaden. Wir kommen so, wie wir sind, ohne Masken.
2. Aus dem Hören wird Leben neu gefunden und gewagt.
3. Gott steht zu seiner Verheißung des Bundesschlusses. Er überführt uns des täglichen Bundesbruches.
4. Christliche Gemeinde hat stellvertretend in dieser Welt die Funktionen wahrzunehmen von Zeuge, Fürst und Gebieter in Sachen Gerechtigkeit, Frieden und Bewahren der Schöpfung. Sie ist berufen zum Anwalt des Lebens, zum Gewissen und Ort der Hoffnung.

**Vorschläge zur Liturgie**

*Eingangsvotum*

Ein neuer Morgen ist wie Verweilen an einer Quelle.

Aufwachen und den eigenen Atem spüren. Aufstehen und die eigene Leiblichkeit spüren. Trinken und den eigenen Durst zulassen. Hören und sehen und die Welt an sich herankommen lassen.

Ein neuer Morgen ist wie Verweilen an einer Quelle.

Bei sich selbst bleiben, rufen und einladen, teilen und mitteilen, hören und sprechen, sehen und fühlen, trinken und feiern. Das Leben entdecken. Leben in der Gemeinschaft – uns neu anvertraut von dem, der da war, der da ist und der auf uns zukommt in Christus, unserem Bruder.

*Psalmvariation* (Ps 36,10; Joh 7,37; Offbg 22,17; Matth 11,28)

Bei dir ist die Quelle des Lebens!

Bedrohtes Leben, gequält und geschunden / die Großen beherrschen die Kleinen / die Starken unterdrücken die Schwachen / Seufzer und Klagen verhallen im Nichts / Bequemlichkeit bahnt sich den Weg / Hoffnung auf Wandel droht zu schwinden / Vertrauen erstickt zwischen den Felsen von Gemeinheit / Liebe erkaltet durch Haß / Glaube scheitert im Wagnis.

Bei dir ist die Quelle des Lebens!

Wer lehrt mich zu vertrauen? Wo finde ich eine Tür, die offen steht für mich? Wo höre ich eine Stimme, die mir antwortet? Wo ist der Ort meines Lebens in dieser Welt vielfacher Tode? Wer weist mir den Weg aus dem Dickicht, in dem ich mich zu verfangen drohe? Wer steht mir zur Seite, wenn alle sich von mir abwenden? Auf wen unter den Menschen ist Verlaß, wenn ich an mir selbst schon zweifle?

Wen da dürstet, von des Leibe werden Ströme lebendigen Wassers fließen! Worte der Hoffnung aus alter Zeit. Worte, die mich heute zum Leben einladen. Worte, die mir zur Arche werden über den Untiefen meiner Zeit. Herberge – Oase – Quelle – Heimat. Dürsten / den eigenen Durst wahrnehmen, zulassen, die Künste der Verdrängung aufgeben. Das Spiel der Masken beenden. Kommen – trinken – glauben – leben. Zum Zeugen des Lebens werden. Ein Mensch / der zuhört / der hinsieht / der mitfühlt / der versteht / ein Mensch, der gegenwärtig lebt.

Komm – und wen dürstet, der komme, und wer da will, der nehme das Wasser des Lebens umsonst!

Wasser des Lebens / läßt die Angst erträglich werden / läßt die Sterblichkeit annehmen / läßt das eigene Scheitern zu / Wasser des Lebens / wäscht meine Schuld ab / läßt mich mein Leben neu beginnen / läßt mich leben mitten in dieser Welt / Wasser des Lebens / Vorgeschmack auf die Ewigkeit / lieben gegen den Haß / glauben gegen den Zweifel / hoffen gegen die Angst / als Mensch zu sich stehen mit seinen Stärken und Schwächen / der Flüchtling ist heimgekehrt.

Kommt her zu mir alle, die ihr mühselig und beladen seid; ich werde euch erquicken.

*Eingangsgebet*
Als Durstige und Hungernde kommen wir an diesem Morgen zu dir. In der Woche, die hinter uns liegt, haben wir viel erlebt. Manche Begegnung mit einem Menschen läßt uns nicht zur Ruhe finden. Wir sind einander vieles schuldig geblieben. Unseren Hunger und Durst nach Leben wollten wir auf eigene Faust stillen. Das ist uns nicht gelungen. Wir spüren, wie sehr wir aufeinander und auf dich, o Gott, angewiesen sind. Durstig und hungrig treten wir vor dich. Wir hoffen auf Trank, der uns labt, auf Speise, die uns sättigt. Wir wollen nicht länger Vagabunden des Lebens sein. Laß uns bei dir einkehren, dem Meister des Lebens. Erbarme dich unser.

*Gnadenzusage*
*Johannes 4,14*

*Kollektengebet*
Wir stehen zu unserem Durst nach Leben. Wir lassen unseren Hunger auf Leben zu. Wir bitten um neue Kräfte. Nimm uns in die Schar deiner Dienstleute von Frieden, Gerechtigkeit und Glauben um Christi willen, der unser Bruder ist von Ewigkeit zu Ewigkeit.

*Schlußgebet*
Zum Fest des Lebens lädtst du uns ein. Du weißt, wer wir sind. Vor dir brauchen wir uns nicht zu verstecken. Du kennst unsere Schwächen und Fehler. Dennoch streckst du deine Hand immer neu nach uns aus und erinnerst uns an deinen Bund des Lebens mit uns. Aus diesem Vertrauen breiten wir unser Leben vor dir aus und bitten für die Kinder auf dieser Erde – für die Kinder, die keine guten Eltern haben, die heute nichts Rechtes zu essen bekommen, die Flüchtlinge auf deiner Erde sind zusammen mit ihren Eltern. Wir bitten für die Menschen, die krank und einsam sind, die ihren sicheren Tod vor Augen haben. Laß sie immer wieder einen Menschen finden, der ihnen nahe kommt, der Zeit für sie hat und ihre traurige Lage aushalten kann. Wir bitten für die Arbeitslosen, die mit ihrem Schicksal nicht zurechtkommen. Laß sie neue Möglichkeiten finden, ihre viele Zeit sinnvoll gestalten zu können. Gib du ihnen die Gewißheit, in dieser Gesellschaft von Leistung und Erfolg nicht überflüssig zu sein. Wir bitten für die Menschen, die Verantwortung in der Wissenschaft haben, laß sie bei ihrem Forschen niemals vergessen, daß sie verantwortlich sind für das Leben auf dieser Erde. Gib du ihnen die Einsicht, daß es keine wertfreie Forschung mehr gibt. Wir bitten für die Menschen, die in der Politik Ver-

antwortung übernommen haben. Laß sie ihre Entscheidungen zum Wohl der ganzen Menschheit treffen. Gib du ihnen den Mut, sich gegen die eigensüchtigen Interessen der Großindustrie durchzusetzen. Herr, wir bitten um Leben, wir bitten um Luft zum Atmen, um Wasser zum Trinken – wir bitten für alle Kreaturen auf deiner Erde. Gib du uns die Phantasie, mit unseren Kräften mit dazu beizutragen, daß deine Erde über unsere Enkel hinaus bewohnbar bleibt. Und all das, was wir persönlich auf dem Herzen haben, sagen wir dir in der Stille ... Aus dieser Ruhe heraus rufen wir miteinander zu dir: Vater unser ...

*Lesungen*

Das alte Evangelium, Luk. 14,16–24, und die alte Epistel, Eph 2,17–22, ebenso Ps 36,6–11.

*Lieder*

EKG 347,1–3.6–7; 33; 384,1–5; 233; 140. An neuen Liedern: Er weckt mich alle Morgen (DEKT 873, Nr. 622); Herr, ich werfe meine Freude ... (DEKT 83, 627); Brich mit dem Hungrigen dein Brot (DEKT 83, Nr. 667); Unfriede herrscht auf der Erde (poln. Friedenslied) (DEKT 83, Nr. 607); Fürchte dich nicht (DEKT 83, Nr. 700); Freunde, daß der Mandelzweig (DEKT 83, Nr. 701); Laudato si (DEKT 873, Nr. 747); Hört, wen Jesus glücklich preist (Beiheft 83 Ev. Kirche Rheinland, Nr. 649); Ihr seid das Volk, das der Herr sich ausersah (Beiheft 84, Nr. 711b).

**Vorschläge zur Predigt**

*Möglicher Predigtanfang*

Nicht nur Kinder träumen davon, eingeladen zu werden zu einem Fest, auf dem man alles umsonst bekommt. Kinder leben unmittelbar. Sie verstekken sich nicht hinter Konventionen, die wir Erwachsenen uns allzuoft auferlegen im Umgang mit anderen. Kinder leben so ungebrochen, daß Tisch und Decke zu einem Schloß werden; daß Sand und Wasser zu feinstem Kuchen sich verwandeln; daß Wasser zu köstlichem Wein wird. Kinder sehen und hören, wo uns Großen Hören und Sehen nur als Zumutung erscheint. Wir haben die »träumende Unschuld« der Kinder verloren, haben uns eingepaßt in die Mechanismen einer Gesellschaft, die den Menschen nach Leistung, Erfolg, Können und Bankkonto beurteilt. Wir haben uns eingerichtet, damit abgefunden. Selbst Gott haben wir unseren Systemen eingeordnet als Garanten unseres Lebensstils, als Lückenbüßer, als feierliche Überhöhung unklarer Situationen im persönlichen und gesellschaftlichen Leben.

*Zum weiteren Verlauf*

1. Es ist die Zeit des Exils. Seit damals sind mehr als 2500 Jahre vergangen. Die Oberschicht war aus Israel nach Babylon zwangsdeportiert. Enttäuschung und Hoffnungslosigkeit sind Weggefährten des täglichen Lebens. Die Frage nach dem Sinn von Leben aktualisiert der Prophet Jesaja aufs neue.

Jetzt erst lese ich Jes 55,1–5 in der ökumenischen Übersetzung.

2. Als Marktschreier lädt Gott zu einem Fest ein. Wir erschrecken. Das paßt nicht zu unserem Gottesbild.

Ich lade die Zuhörer ein, über die Worte »Wasser« und »Brot« einen Augenblick still nachzudenken. Mögliche Assoziationen: 50 Jahre nach Kriegsausbruch, Rationierung von Brot, Lebensmittelkarten, Duft eines frisch gebackenen Brotes, Kampf um eine Scheibe Brot mehr. Wasser von der Pumpe holen, Löschwasser, Wasserschaden; eiserne Ration. Zu erinnern wäre an die vielen Inhaftierten in der NS-Zeit bei »Wasser und Brot«. Hierher gehörten auch Informationen zur Mißwirtschaft mit dem Wasser, den Seen, Flüssen und Meeren als »Müllkippe und Kloake«. Berichte von »Brot für die Welt« oder »Misereor« geben vielfältiges Material für diesen kritisch erinnernden Umgang mit »Brot und Wasser« auf dem Fest der Kinder Gottes. An Wasser und Brot entscheidet sich die Zukunft von uns Menschen. Ob wir fähig werden, dem Raubbau durch Rodung von Wäldern, der lebenszerstörenden Pflanzung von Monokulturen, der Belastung der Gewässer mit giftigen Abwässern, dem Vordringen einer verantwortungslosen Technik Einhalt zu gewähren. Wir beten im Gottesdienst – oft mit Inbrunst – den Ersten Artikel des Glaubensbekenntnisses und lassen im gleichen Atemzug den Mißbrauch der guten Schöpfung Gottes zu.

3. Stand der erste Teil des Festes unter der Erinnerung, dem Gedächtnis, so werden wir jetzt mit unserer gegenwärtigen Lebenssicht konfrontiert. Auf diesem Fest können wir alles umsonst bekommen! Wir brauchen weder Geld noch Leistung. Überreich können wir uns beschenken lassen. Wir dürfen uns fallen lassen und feiern. Dabei wird uns deutlich: Leistung und Geld haben in unserer Zeit verstärkt den Charakter von Götzen, Ersatzgöttern eingenommen.

Sinnvoll könnte es sein, sich noch einmal mit der Thesenreihe von Erich Fromm in seinem Buch »Haben oder Sein« auseinanderzusetzen.

4. In Beschäftigung mit der Konvokation der Kirchen 1990 könnte man an Gedanken von K. Marx anknüpfen, der vom »Fetischcharakter« des Geldes spricht. »Geld ist die sichtbare Gottheit, die Verwandlung aller menschlichen und natürlichen Eigenschaften in ihr Gegenteil, die allgemeine Verwechslung und Verkehrung der Dinge; es verbrüdert Unmöglichkeiten. Es ist die allgemeine Hure; der allgemeine Kupler der Menschen und Völker.«

5. Zum Fest der Kinder Gottes sind alle eingeladen; aber nicht alle sind mit dabei. Denken wir an das grausame »Spiel der Währungen«. Die Länder der Zweidrittel-Welt verschulden sich von Jahr zu Jahr immer stärker. Auch wir sind mit beteiligt an dieser neuen Form der Sklaverei!
Dämonie des Gütertausches, Produkt-Herstellung in Billigländern.
Unsere allgemeine, oft unüberlegte Orientierung am Geld und an Leistung beschleunigt den allgemeinen Untergang.
Hier wäre der Ort, an die Rede des Häuptlings Seattle aus dem Jahre 1855 zu erinnern: »Erst wenn der letzte Baum gerodet, der letzte Fluß vergiftet, der letzte Fisch gefangen, werdet ihr feststellen, daß man Geld nicht essen kann.«
6. Wer sich neu aufs Hören einläßt, der findet zum Fest des Lebens. Der hört mitten im Gewirr der Stimmen des Alltags die Melodie des Lebens. Der findet inmitten des Gedränges von Menschen einen Freund, der ihm zuhört. Vielleicht wäre auch hier der Ort, wieder zum Assoziieren der Worte »hören« und »leben« anzuregen. Sprichwörter: »Wer nicht hören will, muß fühlen«. »Spare, lerne, leiste was, dann bist du, hast du, kannst du was.« Mut machen, das Leben zu genießen. »Unsere Zeit in Gottes Händen«! Geschenktes Leben im Streit mit erkämpftem Leben. Gewinnen von Leben – verlieren von Leben.
Eine Linie zum Sonntagsevangelium an dieser Stelle könnte aufschlußreich sein.
7. Wir leben in einer Zeit mannigfacher Umbrüche. Wir leiden unter der Orientierungslosigkeit. Wir sind auf der Suche nach Menschen, die mit uns gemeinsam Schritte auf dem Fest des Lebens wagen.
Hinweise auf Gruppen wie Greenpeace, Aktion Sühnezeichen/Friedensdienste, Bürgerinitiativen Donaukraftwerk, Gorleben, Wackersdorf.
Gott steht zu seiner Bundesverheißung. Er zieht die Hand seiner Liebe nicht zurück. Er hat Gefallen am Leben und nicht am Untergang! In Jesus Christus hat er eindeutig den Bund des Lebens vor aller Welt bestätigt.
8. Wir sind eingeladen zu diesem Fest der Kinder Gottes. Aus Herzensgrund möchten wir mitfeiern. Aber das Wissen von den vielen Menschen auf der Schattenseite des Lebens will nicht von uns weichen. Die Erfahrungen können wir nicht einfach beiseiteschieben.
Es gibt Gruppen in Gemeinden, die in Partnerschaft z.B. nach Südafrika an schwarze Gemeinden Kleiderpakete mit getragener Kleidung schikken. Kleine Zeichen, die große Solidarität bei den Betroffenen zeigen.
Die Erde, auf der wir leben, ist und bleibt Leihgabe an unsere Enkel. Darum sind wir gerufen zum Zeugen des Lebens, zum Gebieter der Gerechtigkeit und zum Fürsten in der Bewahrung der Schöpfung. Werden wir unser heutiges Verhalten, unsere Zustimmung, unser Schweigen einst vor unseren Enkeln verantworten können? Lassen wir uns Phantasie und Kraft schenken, um wirklich Sand im Getriebe dieser Welt zu werden!

*Möglicher Predigtschluß*
– in Form eines Gebets –
Wir bitten
um Hoffnung, die uns den Abgrund aushalten läßt / um Sehnsucht, die uns den neuen Schritt wagen läßt / um Gelassenheit, die uns Zeit für uns und andere gewährt / um Offenheit, die uns auf den anderen zugehen läßt / um Barmherzigkeit, die den anderen nicht übersieht / um Mut, eigene Fehler zuzugeben und mit den Fehlern anderer leben zu können / um Geduld, um auf den anderen warten zu können / um Empfindsamkeit, die uns den Schmerz des anderen wahrnehmen läßt / um Zärtlichkeit, die uns dem anderen uns zuwenden läßt.

**Mögliche Alternativen**
1. Ich gehe von einem Bild aus, um auf den Auftrag der christlichen Gemeinde hinzuweisen: Zeuge des Lebens, Fürst der Liebe, Gebieter der Gerechtigkeit. Dazu eignet sich die Eschbacher Textkarte 11 »Teilende Hände«, Bestell Nr. 960 bei Verlag Eschbach, Im Alten Rathaus, 7849 Eschbach-Markgräfler Land mit diesem Text von J. Zink auf der Rückseite: »Dies alles ist Frieden: Brot haben, leben können, gehört zum Frieden. Nicht hungern müssen, um das Überleben nicht kämpfen zu müssen, ist Frieden. Einen Platz haben, von dem einen keiner verdrängt, ist Frieden. In einer Gemeinschaft zu leben statt allein, ist Frieden. Eine Aufgabe zu haben, die mehr ist als das tägliche Herbeischaffen von Nahrung, die Sinn hat und Erfüllung gibt, ist Frieden. Ein Haus haben, einen Tisch, einen Menschen, der einen versteht: Dies alles ist Frieden.«
Ebenso auch die Wiedergabe eines Bildes »Brot-brechen« vom Hamburger Missionswerk.
2. Im Altarraum steht ein Tisch, gedeckt mit einer weißen Tischdecke. Stühle stehen um den Tisch. Auf den Tellern liegen Geldmünzen und Geldscheine. Denkbar ist, beim Betreten der Kirche den Gottesdienstbesuchern den Text in die Hand zu geben: »Erst wenn der letzte Baum gerodet, der letzte Fluß vergiftet, der letzte Fisch gefangen, werdet ihr feststellen, daß man Geld nicht essen kann.«

**Kontexte**
»Viele Probleme unserer Tage lassen sich auf eine gewisse Arroganz des Geistes und einen Mangel an Glauben zurückführen. Ich möchte sagen: solange sich unsere Haltung vorwiegend auf den rein fachmännischen und wissenschaftlichen Ansatz stützt, so lange wird sie schwankend und zögernd, verschüchtert und unsicher sein – oder andernfalls, wenn sie ihrer selbst sicher ist, arrogant und irrig.« (S. 34) »Es ist, als befänden sich die Menschen in ihrer Gesamtheit in einem Rettungsboot auf stürmischer See. Menschen, die einandeer hassen, und Menschen, die einander lieben – sie alle sind hier zusammengeworfen, und jeder ist für das

Überleben aller im Rettungsboot notwendig. Die Gefahr liegt darin, daß jeder einzelne den Untergang des Rettungsbootes herbeiführen kann. Wenn nur einer der Mannschaft in seinem Haß zu weit geht, oder dem Tod zu nahe ist, um noch etwas von der Zukunft zu erwarten – wenn nur einer aus Ungeduld oder mißverstandenem Heroismus oder aus Groll das Boot anbohrt, ertrinkt die ganze Menschheit. Sieht es nicht so aus, als ob die Menschheit mit ihrer ständigen, unermüdlichen Suche nach billigen Lösungen, mit ihrem Glauben an falsche Götter und vor allem mit ihren abwegigen Denkgewohnheiten tatsächlich den Arbeitslagern und dem Selbstmord zusteuert: vom Krebs zur atomaren Explosion, von der Büßerbank ins Irrenhaus? Und das zum großen Teil nur deshalb, weil die künstlerische und schöpferische Intuition preisgegeben wurde. Der inspirierte Gedanke wird oft gemieden und geschmäht, es sei denn, daß er eine ministerielle Empfehlung vorweist.« (S. 79f.)
Yehudi Menuhin, Kunst und Wissenschaft als verwandte Begriffe, 1959, Bibliothek Suhrkamp 1979.

Einfache Einsicht
Vorm Hinausgehn / sich den grauen Hut / ausdenken, / ihn sich aufsetzen, / den Regen erwarten, / den Schleier des Regens, / ein Gespräch beginnen / mit jener, / die nicht erwartet, / die du erwartest, / solange du noch / den Schatten der Krempe / für den Horizont hältst, / den Rest des Tages / für dein Leben.
P. Härtling, Die Mörsinger Pappel, Luchterhand, 1987, S. 8.

Vorläufige Erfahrung
Die Erde springt auf / wie ein Apfel. / Sie teilt, / was wir wußten, / sie reißt uns entzwei. / Fern sind wir / uns. / Unsere Mütter haben / uns noch / vom Leben erzählt. / Abends zählen wir / die Rauchfahnen / auf dem anderen Kontinent. / Er entfernt sich / von uns. / Wir entfernen uns / von ihm. / Es ist unsere Hälfte / des Lebens.
P. Härtling, ebd. S. 67.

Entfernung von der Truppe
In den Kasernen warten / die Soldaten auf das Ende. / Mit Zentimetermaßen messen sie / den Abstand vom Frieden. / Morgens, wenn die Worte / ausgegeben werden, stehn sie still. (S. 55)

Nachtflug
Da steig ich über die Sonne / und fliege ins Meer. / Da seh ich Präsidenten und / Jagdbomber wie Heiligenscheine / um ihre Köpfe. / Da kann ich nichts tun als den / Sand in der Haut aufspüren. (S. 39)

Abschminken
Komm, schmink dich ab / mach kein Theater / ich hab dich erkannt: / Du durchschaust mich. (S. 23)
J. Mißsfeldt, Mein Vater war Schneevogt, Gedichte, Langewiesche-Brandt, 1978.

# 3. Sonntag nach Trinitatis

## Predigttext: Lukas 19,1–10
Michael Popke

**Theologisch-homiletische Skizze**
Die allzu bekannte Begegnungsgeschichte, ideale Szene, Legende oder gar das Gleichnis vom Oberzöllner Zachäus gehört zum Sondergut des Lukas. Sie kann als die Zusammenfassung der lukanischen Soteriologie verstanden werden. Es ist anzunehmen, daß die Geschichte vorlukanischen Ursprungs ist, da die doppelte Begründung, warum Jesus beim Oberzöllner Zachäus einkehrte (Vers 9.10), auf eine Traditionsgeschichte schließen läßt. Die Erzählung steht am Ende des Reiseberichts (cf. Lk 19,11) – Jesus steht kurz vor seinem Einzug in Jerusalem. Der Sinn und Zweck der Reise Jesu ist in Vers 10 zusammengefaßt, die vorangestellte Erzählung von der Heilung eines Blinden darf hinzugenommen werden: Jesus ist durchs Land gereist, um Blinde sehend zu machen und Sünder zu retten. Das heilende Handeln Jesu wird also nicht erst durch seinen Tod und Auferstehung wirksam, sondern bereits in seinem irdischen Leben.
Der vorliegende Text stellt keine einheitliche Komposition dar. Wahrscheinlich ist Vers 8, also der direkte Dialog, von dem Verfasser des Lukasevangeliums eingefügt worden, da Jesus in Vers 9 auf das Murren des Volkes in Vers 7 antwortet. Ob Jesus in Vers 9 zu Zachäus oder ihn betreffend zum murrenden Volk (Schweizer in Bd. V,4, S. 105) spricht (3. Person), d.h. ob Jesus sich ursprünglich nur an Zachäus wandte und erst später eine Zuwendung zum Volk erfolgte, läßt sich mit Sicherheit nicht klären. Wichtig scheint mir die Begründung des heilenden Handelns Jesu zu sein: Sie liegt in der Zugehörigkeit des Zachäus zum jüdischen Volk (Abrahamssohnschaft) und nicht in der Moral von Vers 8 – deshalb sekundär. Erst Lukas hatte noch eine für ihn tiefer gehende Begründung hinzugefügt (Vers 10): Es ist die Aufgabe des Menschensohns, das Verlorene zu suchen und zu retten. Dieses Menschensohnwort ist also ebenfalls der Redaktion des Lk zuzuschreiben.
Ob die Geschichte historisch ist, läßt sich nicht nachweisen und ist auch für den Glauben belanglos. Sie ist jedenfalls typisch für das Verhalten Jesu: Verlorenes zu suchen. Jericho war eine Grenzstadt und damit eine wichtige Zollstation. Die Höhe der Zölle wurden von den Zöllnern selbst festgesetzt, und so konnten viele in ihre eigene Tasche wirtschaften. Sie hatten den Ruf von Betrügern und Erpressern. Da sie die Zölle für die Römer einnahmen, galten sie darüber hinaus als politische Kollaborateure. Als Oberzöllner war Zachäus besonders unbeliebt beim Volk. Es wird von ihm gesagt, daß er klein und reich war. Drewermann diagnostiziert Zachäus folgendermaßen: Zachäus fühlte sich stets zu kurz gekommen, minderwertig und zurückgesetzt. Er wollte sich einen Ausgleich verschaffen, indem er zu Geld kam. Er wußte, daß mit Geld alle Unterschiede der Begabung, der Veranlagung und des

Charakters aufgehoben seien und daß mit Geld alles käuflich sei: Macht, Ansehen, Einfluß und Anerkennung. Er hatte es ja auch zu etwas gebracht, und jeder mußte jetzt auf den kleinen Zachäus achten. Da er sich seine Anerkennung jedoch nur mit schmutzigen Geschäften verschaffte, wurde er weitgehend von der Gesellschaft ausgestoßen und von ihr verachtet. Trotz seiner Macht und seines Einflusses war er ein einsamer Mensch.
Dieser Zachäus hatte nun gehört, daß Jesus vorbeikommen würde, der Mann also, der die Herzen vieler Menschen bewegen konnte, der ihnen die Augen geöffnet, ihnen geholfen und sie geheilt hat. Vielleicht wollte Zachäus von diesem Jesus lernen, auch noch Macht über die Herzen der Menschen zu gewinnen. Vielleicht aber wollte er ihn einfach kennenlernen. Das Volk jedenfalls, das Jesus erwartete, wollte diesen Erzkapitalisten daran hindern, mit Jesus in Kontakt zu kommen. Da sie diesem Außenseiter den Blick versperrten und er wegen seiner kleinen Statur keine Chance gehabt hätte, Jesus zu sehen, kletterte er auf einen Baum. Die Distanz zum Volk wird deutlich. Das Volk, die Frommen haben erwartet, daß Jesus bei ihnen einkehrt, oder noch lieber, daß er einfach weiterzieht – dann hätten sie sich nicht mit ihm auseinandersetzen müssen. Jesus, vielleicht hat er einen Tip bekommen, bleibt an dem Baum, auf dem Zachäus sitzt, stehen, spricht ihn an, fordert ihn auf, sofort herunterzukommen aus seiner Isolation, und lädt sich bei ihm ein. Für das umherstehende Volk ist es ein Skandal, daß Jesus ausgerechnet bei diesem Sünder zu Gast sein will. Nach jüdischem Verständnis konnten solche Sünder wie die Zöllner erst dann wieder in der Gesellschaft akzeptiert werden, wenn sie eine Vorleistung erbracht hatten, wenn sie wirklich zu einer Umkehr bereit waren. Dies hätte in diesem Fall den wirtschaftlichen Ruin bedeutet. Das Volk murrt und ist zornig, Zachäus ist offensichtlich überrascht, daß Jesus, der sich sonst den Armen, Schwachen, Unterdrückten und Benachteiligten zuwendet, zu ihm kommt. Jesus setzt sich über die Volksmeinung hinweg, er schafft eine Beziehung zu einem isolierten Menschen, ihn interessiert nicht der Reichtum des Mannes, sondern möglicherweise der Grund für diesen Reichtum. Dieser Mut Jesu hat Zachäus zum Nachdenken gebracht. Jesus hat ihn nicht zur Rede gestellt, er hat ihm seine Sünden nicht vorgerechnet, er hat ihn auch nicht aufgefordert, seinen Beruf aufzugeben – er läßt ihn in seinem Verantwortungsbereich. Diese vorbehaltlose Zuwendung Jesu, die Möglichkeit, aus seiner Isolierung herauszukommen, und die Erfahrung geliebt zu werden machen Zachäus fähig, einen Blick für andere Menschen zu haben, sich selbst den Armen zuzuwenden. Er verspricht Wiedergutmachung und Teilen seines Vermögens, mehr, als nach dem jüdischen Gesetz erforderlich war. Ob seine Berufsgenossen und seine Familie solch einen veränderten Zachäus ertragen haben? Nicht weil Zachäus in Zukunft mit seinem Besitz anders umgehen wollte – quasi als Belohnung – ist seinem Haus, vielleicht auch dem ganzen Volk Israel, Heil widerfahren, sondern allein dadurch, daß ein Mensch aus dem jüdischen Volk – Jesus – die Brücke zu ihm geschlagen und ihn als zum jüdischen Volk zugehörig angenommen hat. Er hat den Kreislauf von gegenseitiger Verachtung, denn auch der Außenseiter braucht seinen Sündenbock, durchbrochen. Am Schluß wird in Vers 10 die Aufgabe Jesu und damit auch seiner Nachfolger formuliert: Jedem Menschen, ob er nun »in« oder »out« ist, soll eine neue Lebensperspektive eröffnet werden, er soll nicht verurteilt und in den Ruin gestürzt werden. Menschen, die wir verachten und abschrei-

ben, haben keine Chance, sich zu bewähren, von ihnen erwarten wir nichts mehr. Unsere Geschichte ruft uns dazu auf, damit zu rechnen, daß der Unmoralische und Unreligiöse der Verlorene, Gesuchte und Gefundene ist. Hier muß ein Umdenken der geltenden Maßstäbe erfolgen.
Mit wem identifiziere ich mich, mit wem identifiziert sich der Predigthörer? Mit der murrenden Menge, mit dem Außenseiter Zachäus oder mit Jesus? Vielleicht sehen wir in Zachäus gar nicht den Ausbeuter und Volksverräter und möchten so sein wie er. Vielleicht deshalb, weil wir wissen, daß Jesus auf der Seite der Verlorenen steht? Oder gehören wir auf die Seite der murrenden Menge, die nach Gesetz und Ordnung ruft und genau wissen will, wo es lang geht? Dann hätten wir bei Lukas keine Chance, wir sind bereits abqualifiziert. Oder gehören wir gar zu Jesus, vielleicht im stillen Kämmerlein, aber wir trauen uns nicht, weil wir doch unsere Sündenböcke brauchen. Ich denke, die Mehrheit und die Außenseiter brauchen bis in unsere Tage ihre Sündenböcke. Wie gut, daß es den Vers 8 gibt, nach dem offensichtlich nicht viel an den Normen gerüttelt wird. Jesus will jedoch dieses Rollenspiel nicht mitmachen, er will Zachäus nicht durch die Mehrheit definieren lassen und umgekehrt. Beide sind für ihn durch die Abrahamsverheißung definiert, nicht durch das, was sie sind und was sie machen, sondern durch das, was sie sein werden, durch ihre Bestimmung, ihre Hoffnung, durch das, was die Liebe aus ihnen machen kann und machen wird (E. Lange). Zachäus braucht Jesus, aber Jesus braucht auch Zachäus, die Liebe muß lieben können (E. Lange). Auch die Menge braucht Zachäus und umgekehrt, auch Jesus braucht die Menge und umgekehrt. Wir spielen das Spiel der Sündenbockprojektion so gut, weil in uns sowohl das Bedürfnis nach Gesetz und Ordnung wie das nach Veränderung angelegt ist. Einer definiert den anderen und legt ihn auf seine Rolle fest, weil er nur überleben kann, indem er dem anderen das Überlebensrecht streitig macht. Vielleicht steckt ja auch das Liebesbedürfnis Jesu in uns, wir sind nur weniger konsequent und fürchten uns vor den Konsequenzen. Die Geschichte möchte uns ermutigen, auf die Bäume zu schauen, ob da nicht jemand sitzt, der auf uns wartet, auf Menschen, die das Spiel gegenseitiger Verachtung nicht mitspielen wollen.

## Liturgie

*Begrüßung*

Wir sind heute morgen zusammengekommen, um auf den Gott zu hören, der Gerechtigkeit, Frieden und Liebe für die Geschöpfe seiner Erde will, um uns von seinem Sohn zeigen zu lassen, welche Wege es dazu gibt, und um den Heiligen Geist zu bitten, daß er uns dazu fähig macht, den Willen Gottes zu erfüllen. Fast fünf Milliarden Menschen in unterschiedlichen Regionen, Situationen und Funktionen, mit verschiedenen Kulturen und Religionen leben auf dieser Welt. Es ist unmöglich, daß alle Menschen einander lieben. Nächstenliebe, Mitmenschlichkeit und solidarisches Verhalten wird jedoch von allen Religionen und den meisten Ideologien gefordert. Wir fühlen uns überfordert, weil wir viele Menschen kennen, die uns verhaßt sind. Wir meinen oft, daß wir im Recht sind, und nehmen nicht wahr, daß wir einen Buhmann brauchen, um uns im Recht zu fühlen. Wir wollen heute in diesem Gottesdienst miteinander bedenken, welche Möglichkeiten es gibt, um diesen Kreislauf gegenseitiger Verurteilung zu durchbrechen und dem Leben und Zusammenleben auf unserer Erde eine Überlebenschance zu geben. Ich möchte uns alle dazu ermutigen, sich dabei auf den Weg Jesu einzulassen.

*Kyrie*

Unser Gott, wie oft haben wir gehört und gelesen, daß du zu retten versuchst, was verloren ist. Wie schnell geben wir einen Menschen auf, weil er aus der Bahn geworfen wurde, weil er mit seinem Leben nicht mehr klar kommt, weil er ein Alkohol- oder Drogenproblem hat oder kriminell geworden ist. Wie schnell lassen wir einen Freund fallen, weil er sich etwas hat zuschulden kommen lassen. Wie oft isolieren wir Menschen, weil sie andere Ansichten haben oder einen anderen Lebensstil pflegen und damit für uns erledigt sind. Laß uns die suchen, die verloren zu sein scheinen, damit du sie retten kannst.
Herr, schenke uns dabei dein Erbarmen.
Unser Gott, wie oft haben wir gehört und gelesen, daß du zu retten versuchst, was verloren ist. Wie schnell geben wir einen Menschen auf, weil er andere ausbeutet, weil er ihnen den Arbeitsplatz nimmt, weil er seine Macht gegenüber anderen spielen läßt. Wie schnell sind wir dabei, die politisch, wirtschaftlich und militärisch Verantwortlichen zu verteufeln. Wie oft verurteilen wir mit unserem Verhalten die Reichen und Einflußreichen und lassen sie damit weiterhin ihr Unwesen treiben. Laß uns die suchen, die verloren zu sein scheinen, damit du sie retten kannst.
Herr, schenke uns dabei dein Erbarmen.
Unser Gott, wie oft haben wir gehört und gelesen, daß du zu retten versuchst, was verloren ist. Vielleicht wollen wir gar nicht die suchen, die verloren sind. Vielleicht wollen wir gar nicht, daß sie gerettet werden, weil wir unsere Sündenböcke brauchen, um selbst gut und gerecht dazustehen. Vielleicht brauchen wir unsere Außenseiter, damit wir sie betreuen können, weil sie es ohne uns nicht schaffen, oder damit wir sie beschimpfen können, damit unser Feindbild wieder stimmt. Vielleicht gehören wir zu einer dieser Gruppen, die einen Buhmann brauchen, vielleicht steckt aber auch von beiden etwas in uns, und wir gehören so oder so zu den Verlorenen. Suche uns, damit wir gerettet werden.
Herr, schenke uns dein Erbarmen.

Nach der Bitte um Gottes Erbarmen sollte aus dem Liederbuch: Mein Liederbuch B54 oder B71 oder B81 gesungen werden.

*Lesung*
Tob 3,14–15;21–23 – Ps 103,1–5,8–13 – Ps 106,1–18; Jes 61,1–3. Voten: Hebr 3,15 – Hes 34,16 – Mt 15,8.9 – Lk 15,4–7 – Lk 7,34 – Lk 3,8 – Lk 5,24 – Weisheit 11,24 – Mt 19,16–30; Lk 15,1–10; Lk 16,9–13; Joh 8,1–11; Hohes Lied 5,2–6

*Gebet*
Unser Gott, nimm von uns die Angst, die wir oft voreinander haben. Nimm von uns die Angst vor der Zukunft, damit wir nicht unfähig werden, die notwendigen Schritte zu tun. Schenke uns Vertrauen, ohne das das Leben tot ist. Laß uns alle Maßnahmen von Menschen fördern und unterstützen, die auf Vertrauen aufgebaut sind: in den Familien, in der Nachbarschaft und zwischen den Völkern. Frieden ohne Vertrauen ist nicht möglich. Das können wir bei dir lernen. Du traust selbst dem schwersten Verbrecher, Terroristen , Unterdrücker und Ausbeuter zu, daß er sich in deinen Dienst stellen läßt. Laß uns trotz vieler negativer Erfahrungen nicht dahinter zurückfallen. Amen.

*Fürbittengebet*
Unser Gott, wir bitten dich für alle Verlorenen, die machtlos sind: Kranke, Behinderte, Vereinsamte, Unansehnliche, Unverstandene, Hungernde, Arbeitslose, Fremde, Gefangene und Mißhandelte. Gib ihnen neuen Lebensmut und schenke ihnen Menschen, die sich zu ihrem Anwalt machen und sie in ihrer Verlorenheit und Aussichtslosigkeit suchen. Auch ihr Leben hat den Sinn, daß es geliebt wird. Nimm dich besonders der Ungeduldigen und Gewalttäter unter den Zukurzgekommenen und Unterdrückten an, die keinen Ausweg mehr wissen als den der Gewalt.
Unser Gott, wir bitten dich für alle Verlorenen, die Macht ausüben: die Haß verbreiten und Zwietracht säen, die Waffen produzieren und den Krieg wollen, weil er ihnen nützt, die aus Profit die Umwelt zerstören, die aus Eigeninteresse Arbeitsstellen vernichten, die Nachrichten fälschen und Verbrechen vertuschen, die mit der Not und Armut ihre Geschäfte machen, die Fremde aus dem Land haben wollen, weil sie unökonomisch und zu einer Belastung geworden sind oder den nationalen Stolz gefährden, die Gefangenen eine echte Resozialisierung verwehren, weil man seine Sündenböcke braucht, um selbst mit der weißen Weste dazustehen.
Gib du ihnen den Mut, den Weg der Gerechtigkeit und des Friedens zu gehen. Schenke du ihnen Menschen, denen sie vertrauen können, die sie kritisch begleiten und sie an ihre Verantwortung für deine Welt erinnern.
Unser Gott, wir bitten dich für uns alle, die wir oft selbst zu den Verlorenen gehören, weil wir uns machtlos fühlen oder Macht ausüben, weil wir ein-

ander ständig Leid zufügen, weil wir einander vergessen, verstoßen oder verurteilen, weil wir uns rechthaberisch gegenüber anderen verhalten und meinen, immer klar zwischen gut und böse unterscheiden zu können. Wie wohl fühlen wir uns, wenn wir die oder den anderen auf seine Rolle festgelegt haben und er/sie keine Chance erhält, sich zu bewegen oder zu verändern.
Komm auch zu uns Verlorenen und sei unser Gast, damit du uns die Augen öffnest und uns sensibilisierst für die vielen anderen Verlorenen unter uns. Rette uns und mache uns heil, damit wir in deinem Namen an der Gesundung der Welt mitwirken können. Amen.

*Lieder*
EKG 53; EKG 108; EKG 197,5; EKG 190; EKG 268,1–4.8; EKG 249; EKG 283,1.2.4. Aus: Mein Liederbuch: B 3; B 4; B 14; B 25; B 35; B 39; B 60; B 61; Aus: D. Frettlöh, Neue Lieder: Gott liebt die Welt (Text s.u.); Wie soll ich neu beginnen; Zachäuslied von Edelkötter (s.u.).

*Abendmahl*
»Der Menschensohn ist gekommen, zu suchen und zu retten, die verloren sind.« Dies hat Jesus als die Hauptaufgabe seines Lebens verstanden. Den Isolierten, Ausgestoßenen, Angefeindeten und Benachteiligten hat er sich in besonderer Weise gewidmet. Aber er hat auch den Kontakt mit den Mächtigen und Einflußreichen nicht abreißen lassen, auch wenn sie ihn schließlich ans Kreuz gebracht haben. Aber selbst denen hat er in der Stunde seines Todes noch vergeben: »Vater vergib ihnen, denn sie wissen nicht, was sie tun.« Auch wenn die »Mächtigen« oft sehr wohl wissen, was sie tun, hat Jesus testamentarisch verfügt, daß sich die mächtigen und die machtlosen Verlorenen an einen Tisch setzen und sich gemeinsam an ihn erinnern sollen. Jesus verspricht sich davon, daß sich so nicht nur eine Gemeinschaft um den Altar entwickelt, sondern auch eine im täglichen Leben, in dem es keine Unterdrücker und Unterdrückten, Arme und Reiche, Fremde und Einheimische, Gewalttäter und Opfer mehr geben wird. Das ist ein langer Weg, aber jedem einzelnen wird eine Wandlung zugestanden. Jesus lädt uns ein, sich mit ihm auf den Weg zu machen. Und so hören wir die Worte Jesu, die er seinen Freunden am Abend vor seiner Hinrichtung gesagt hat.
Dazu Lieder: EKG 159 und aus »Mein Liederbuch«: B 9.

*Segen*
Altkirchlicher Segen aus dem 4. Jahrhundert (s. Anhang), danach das Lied aus »Mein Liederbuch« B 84.

**Predigtskizze**

*Möglicher Anfang*

Uns allen ist die Geschichte von der Begegnung Jesu mit dem Oberzöllner Zachäus hinreichend bekannt. Jesus wendet sich mal wieder einem Outsider zu. Das ist nichts Besonderes. Wir sind es von ihm gewohnt und bekommen höchstens ein schlechtes Gewissen, weil wir uns schwer tun, Außenseiter und Randgruppen in unser Leben und unsere Gesellschaft zu integrieren. Offensichtlich brauchen wir sie, um uns besser zu fühlen. Außerdem bringt es nur Unannehmlichkeiten mit sich, sich für Arbeitslose, Obdachlose, Behinderte, Ausländer, Gefangene ... zu engagieren – auch Jesus machte seine Erfahrungen. Er bekam immer wieder Ärger mit den oberen Zehntausend, und am liebsten hätten sie ihn mundtot gemacht. Nicht umsonst leben Einflußreiche und Mächtige abgeschottet und von Sicherheitskräften umgeben.

Im Volk hatte Jesus wegen seines Engagements großen Zulauf, und so waren viele Menschen in Jericho froh, daß ihn sein Weg auch zu ihnen führte. Einer der Honoratioren der Stadt hatte davon Wind bekommen, und er wollte wissen, was es mit diesem Jesus auf sich hat. Er war keine äußere Schönheit, aber er hatte viel Geld. Er hatte für die römischen Besatzer (heute einer im Dienste der Multis) die Zölle einzutreiben und dabei kräftig in die eigene Tasche gewirtschaftet. Also ein richtiger Halsabschneider. Er gehörte zu den Leuten, die ihre berufliche Stellung ausnutzen, um andere auszubeuten und zu erpressen, die mit Opportunismus Karriere machen und mit zweifelhaften Methoden ihre Einkünfte verbessern. Keinem der Leute, die z.B. die Rüstungspolitik oder den Wohnungsmarkt für ihre Geschäfte ausnutzen, wird man wohl unterstellen können, daß für sie Religion bedeutsam sein könnte, es sei denn, auch sie läßt sich vermarkten. Vielleicht war Z. zu Beginn seines Lebens zu kurz gekommen, das wollte er mit aller Energie ausgleichen, notfalls mit schmutzigen Geschäften. Auch dies ist uns sehr vertraut: Bestechungsskandale, Wahlmanipulationen gehören zur politischen Ethik unserer Tage. Wie auch immer, er hat Karriere gemacht. Dies machte ihn beim Volk nicht gerade beliebt, und so lebte er isoliert und abgeschirmt auf seinen Gütern. Auf einer so seriösen Veranstaltung mit Jesus hatte er einfach nichts zu suchen. Heute hätte man ihn mit Eiern und Tomaten beworfen, damals drängte man ihn einfach ab, und so mußte er mit einem Logenplatz auf einem Maulbeerbaum vorlieb nehmen. In unseren Tagen würden solche VIPs ohnehin nur weit entfernt vom Volk und scharf bewacht an einer solchen Veranstaltung teilnehmen können.

Und nun geschieht etwas Ungeheuerliches: Jesus sucht sich genau diesen verhaßten Oberzöllner heraus und lädt sich bei ihm ein. Vielleicht wundert uns dies heute nicht so sehr, da die Kirche des öfteren zu Gast

bei sehr fragwürdigen Empfängen ist. Das Volk jedenfalls war sauer. Diese »Sonntagschristen«, die ihre religiösen Gefühle mit Gottesdiensten und Spenden befriedigen wollen, hätten lieber eine schöne, ungestörte Feier gehabt, ja sie hätten Jesus lieber einen Scheck zur Erledigung seiner karitativen Aufgaben gegeben.
Vor einigen Jahren wäre ich über ein solches Verhalten Jesu ebenso verärgert gewesen. Ich gehöre zur 68er Generation und habe in dieser Zeit in Heidelberg und Berlin studiert. Es verging kein Tag, an dem nicht die verbrecherischen Machenschaften in unserer Klassengesellschaft diskutiert und gegen die Bonzen und Bullen demonstriert wurde. Wir wollten Taten und Veränderungen sehen, bevor wir uns mit denen an einen Tisch setzten. Jesus packte ein heißes Eisen an und stellte sich den Problemen und Konflikten. Jesus hielt Z. keine Strafpredigt, er verlangte keine Vorleistungen und die Aufgabe seines Berufs. Er hat mit ihm gegessen und getrunken und ihn mit seinen Ideen und Vorstellungen einer künftigen Welt bekannt gemacht. Daß sich Z. auf ihn eingelassen und Konsequenzen für sein Leben gezogen hat, widerspricht zwar häufig unseren Erfahrungen, ist aber vielleicht als ein Zeichen der Hoffnung zu verstehen. Oft ist der Weg mühsamer und frustrierender.
Jesus macht durch sein Verhalten deutlich, auch wenn dies vielen gegen den Strich geht, daß allein der Kontakt zu den Sündenböcken und das Gespräch mit denen, unter denen wir leiden, die Chance einer Veränderung bieten, damit dem ganzen Volk und der ganzen Welt Heil widerfahren kann. Genau darin liegt unsere Verantwortung, wenn wir andere an ihre Verantwortung erinnern.

*Weiterer Verlauf*
Beispiele:
- geglückte oder mißglücktge Beispiele aus der Gemeinde Konfliktlösungsmodelle z.B. GKR/Mitarbeiter, GKR/Jugendarbeit etc.
- im September 1988 hatten der Internationale Währungsfond und die Weltbank ihr Jahrestreffen in Berlin West. Verantwortliche aus vielen Teilen der Welt wurden zuvor zu einem ökumenischen Hearing eingeladen. Die Initiatoren hatten auf ein Tribunal verzichtet, bei dem die Verurteilung bereits von Beginn an festgestanden hätte.
- Die in unseren Gefängnissen einsitzenden »Terroristen« haben den Weg Jesu nicht gesehen, sie hatten einen zu kurzen Atem. Ein sich anbahnender »gesellschaftlicher Dialog« könnte ein Zeichen dafür sein, auch RAF-Angehörigen eine Veränderung zuzugestehen.
- Wir tun uns schwer, fair mit den Staatshütern (Polizisten, Justizbediensteten, Soldaten, Ministern ...) umzugehen. Unser Feindbild muß stimmen. Aus meiner eigenen Erfahrung weiß ich, daß viele dieser Hoheits-

träger, gerade in den unteren Gehaltsgruppen, sich trotz Macht, Schlüssel und Schießeisen wie der letzte Dreck vorkommen. Gespräche mit ihnen haben jedenfalls oft dazu geführt, mindestens eine Schadensbegrenzung zu erreichen. Sie warten auf Menschen, die nicht nur verurteilen, sondern sich ihnen auch zuwenden.

- Gewalttäter, Kindermörder, Vergewaltiger sitzen in unseren Gefängnissen. Viele fordern erneut die Todesstrafe. Zu wenig wird für die Opfer getan. Jesus traut sogar diesen Gewalttätern eine Veränderung zu. Deshalb ist es richtig, daß mindestens Gefängnisseelsorger sich diesen stigmatisierten Menschen zuwenden.
- Auch in unseren Tagen haben sich Menschen an verantwortlicher Stelle aufgrund der Botschaft Jesu verändert: aus einem Atomphysiker wurde ein Mahner (C.F. v. Weizsäcker), aus einem General wurde ein Friedenskämpfer (G. Bastian), und auch ein Innensenator hat Konsequenzen für sein Leben gezogen (H. Albertz).

*Schluß*

In Zachäus will Jesus allen Menschen begegnen, die von ihren Mitmenschen abgestempelt und verurteilt werden. Er will ein Freund der Sünder sein und nicht der Gerechten, die immer schon alles besser wissen. Dazu gehören auch manche »Progressive« in unseren Gemeinden. Jesus hat sich nicht auf die Seite der Mächtigen gestellt, aber er hat ihnen im Interesse der Ohnmächtigen eine Chance gegeben, sich nicht so verhalten zu müssen, wie es von ihnen erwartet wird. Er möchte, daß wir aus dem politischen, kirchlichen und persönlichen Frontdenken in unserem Leben herauskommen und der Kraft des Evangeliums vertrauen, selbst dort, wo wir Menschen bereits abgeschrieben haben.

Aber was ist mit uns, wenn wir, zwar nicht als Reiche, aber mit unserem Stolz und Hochmut, die unser Herz verhärten, selbst zu den Leuten des Zachäus, zu den Verlorenen, gehören? Auch wenn dieses Verhalten hoffähig ist und wir uns deswegen gar nicht als Außenseiter fühlen, möchte ich fragen: Wären wir bereit, Jesus nicht nur aus der Distanz in unseren Gottesdiensten zu begegnen, sondern in unserem Alltag mit allen Konsequenzen? Unser Glaube ist nicht begrenzt auf den Sonntag, ist nicht nur eine Privatsache, sondern er will gelebt werden in unseren alltäglichen Entscheidungen und unserem Tun und Reden. Manch einer, der sich für einen guten Christen hält, meint, daß von Montag bis Samstag andere Spielregeln gelten als am Sonntag. Jesus möchte die Beziehungen zu Menschen neu regeln; nur Liebe kann mißtrauische, beleidigte, verhärtete Herzen verwandeln.

So wie Jesus Zachäus aufgefordert hat, sofort vom Baum herunterzusteigen, so möchte er uns heute sagen, daß es kurz vor 12 ist und wir keine

Zeit zu verlieren haben, um die Beziehungen zu unseren Mitmenschen neu zu regeln, um unsere gemeinsame Verantwortung für seine Welt wahrnehmen zu können.
Zum Schluß könnte der Text von Lapide verlesen werden.

**Alternative**
Als Alternative zu der oben skizzierten Predigt könnte ich mir ein assoziatives Eingehen auf Begriffe und Verhaltensweisen der in unserer Erzählung eine Rolle spielenden Personen oder Personengruppen vorstellen:
Jesus: kommen – durchziehen – sich einladen – verweilen – suchen – retten
Zachäus: klein – reich – ungeliebt – isoliert – da oben – herabsteigen – Freude – teilen – wiedergutmachen
Volk: bewundern – sich empören – Distanz halten
Diese unterschiedlichen Rollen und Rollenerwartungen sollten in Beziehung gebracht werden zu unserem Verhalten und unseren Erfahrungen. Sind Elemente von allen drei Personen(-gruppen) in uns? Welche sollen aktiviert werden, mit wem identifizieren wir uns am meisten, mit wem möchten wir uns gerne identifizieren?

Es gibt umgekehrt nicht wenig Menschen, die zwar nicht auf einem Maulbeerbaum sitzen, aber auf Menschen warten, denen sie sich vorbehaltlos anvertrauen können. Hier ein Beispiel: Ein Justizbeamter im Gefängnis rief mich neulich an und bat um ein Gespräch. Er wollte nicht, daß seine Kollegen das mitbekommen. Er hatte zuvor meine kritischen Worte zum Strafvollzug im Radio gehört, und sie hatten ihn motiviert, mit mir vertrauensvoll über seine Probleme und Schwierigkeiten zu reden. Nach diesem Gespräch fühlte er sich sichtbar erleichtert. – Inzwischen hat er seinen Dienst quittiert. Schade, ich hätte mir gewünscht, daß so ein kritischer Mitarbeiter mit vielen Ideen im Dienst geblieben wäre. Vielleicht hat er den Druck der Kollegen nicht ausgehalten. Auch in unserer Geschichte erfahren wir nicht, ob Zachäus seinen neuen Kurs tatsächlich durchgehalten hat, denn bei seinen Kollegen dürfte er auf wenig Gegenliebe gestoßen sein. Ich denke, es gibt viele Menschen, die auf Maulbeerbäumen sitzen, einen neuen Lebenskurs ansteuern wollen und dabei Ausschau halten nach Menschen, die ihnen dabei helfen und sie mittragen, wenn ihnen die Luft ausgeht.

**Kontexte**
1. Meine Seele ist vielleicht grad und gut;
   aber mein Herz, mein verborgenes Blut,
   alles das, was mir wehe tut,
   kann sie nicht aufrecht tragen.

Sie hat keinen Garten, sie hat kein Bett,
sie hängt an meinem scharfen Skelett
mit entsetztem Flügelschlagen.

Aus meinen Händen wird auch nichts mehr.
Wie verkümmert sie sind: sieh her:
zähe hüpfen sie, feucht und schwer,
wie kleine Kröten nach Regen.
Und das Andre an mir ist
abgetragen und alt und trist;
warum zögert Gott, auf den Mist
alles das hinzulegen.

Ob er mir zürnt für mein Gesicht
mit dem mürrischen Munde?
Es war ja so oft bereit, ganz licht
und klar zu werden im Grunde;
aber nichts kam ihm je so dicht
wie die großen Hunde.
Und die Hunde haben das nicht.
(aus: Rainer Maria Rilke: Lied der Zwerge)

2. »Seit Jahren schon laufe ich mit einer Maske umher, die ist mein zweites Gesicht geworden. Ich habe gelernt, wie man es macht, seine Schwächen zuzudecken und seine Gefühle zu verbergen. Ich lächle verbindlich, aber mein Lachen ist nicht echt; ich lege Sicherheit an den Tag, aber in Wirklichkeit spiele ich Theater. Ich tue so, als fiele mir alles in den Schoß, als irrte ich niemals, als hätte ich weder Sehnsucht noch Heimweh. Warum bin ich nicht so, wie ich wirklich bin? Wenn ich allein und für mich bin, fällt mir die Maske vom Gesicht. Wenn dann einer käme und sagte: Ich mag dich trotzdem, ich will dich so, wie du bist, ich brauche dich ...« (Christa Weiß, in: Reden wie mit einem Freund. Jugenddienst-Verlag, Wuppertal 1962[2]).

3. »Wie das Bild des Gekreuzigten, so wird auch das Bild des Auferstandenen die umgestalten, die es sehen. Wer Christus schaut, der wird in sein Bild hineingezogen, seiner Gestalt gleichgemacht, ja er wird zum Spiegel des göttlichen Bildes ... Das ist die Einwohnung Jesu Christi in unseren Herzen. Das Leben Jesu Christi ist auf dieser Erde noch nicht zu Ende gebracht. Christus lebt es weiter in dem Leben seiner Nachfolger.« (D. Bonhoeffer: Nachfolge S. 281)

4. »Feindesliebe, jesuanisch verstanden, heißt also viel mehr als gute Miene zu bösem Spiel machen, indem man den Feind erträgt oder ihn sich durch Höflichkeit vom Leibe hält, sondern es geht um ein redliches Sich-Bemühen, ein Werben und ein Ringen um den anderen, auf daß er sich ändere, seinen Haß aufgebe und zum Bruder werde. Kurzum – eine Theopolitik der kleinen Liebesschritte, die darauf zielt, daß der Feind aufhört, dein Feind zu sein« (P. Lapide, Die Bergpredigt – Utopie oder Programm, 1982 S. 101).

5. »Besuch bei Lukas« mit Walter Hollenweger
   Kaiser Traktat 64, Chr. Kaiser Verl. München 1981, S. 43ff.

6. Max Frisch: Der andorranische Jude

7. Max Frisch: Der fragwürdige Spiegel
   In gewissem Grad sind wir wirklich das Wesen, das die anderen in uns hineinsehen. Freunde wie Feinde. Und umgekehrt! auch wir sind die Verfasser der andern, wir sind auf eine heimliche und unentrinnbare Weise verantwortlich für das Gesicht, das sie uns zeigen, verantwortlich nicht für ihre Anlage, aber für die Ausschöpfung dieser Anlage. Wir sind es, die dem Freunde, dessen Erstarrtsein uns bemüht, im Wege stehen, und zwar dadurch, daß unsere Meinung, er sei erstarrt, ein weiteres Glied der Kette ist, die ihn fesselt und langsam erwürgt. Wir wünschen ihm, daß er sich wandle, o ja, wir wünschen es ganzen Völkern! Aber darum sind wir noch lange nicht bereit, unsere Vorstellung von ihnen aufzugeben. Wir sind selber die letzten, die sie verwandeln. Wir halten uns für den Spiegel und ahnen nur selten, wie sehr der andere seinerseits eben der Spiegel unsres erstarrten Menschenbildes ist, unser Erzeugnis, unser Opfer. –

*Segenstext*

Der Herr sei vor dir,
um dir den rechten Weg zu zeigen.

Der Herr sei neben dir,
um dich in die Arme zu schließen und dich zu schützen.

Der Herr sei hinter dir,
um dich zu bewahren vor der Heimtücke böser Menschen.

Der Herr sei unter dir,
um dich aufzufangen, wenn du fällst, und dich aus der Schlinge zu ziehen.

Der Herr sei in dir,
um dich zu trösten, wenn du traurig bist.

Der Herr sei um dich herum,
um dich zu verteidigen, wenn andere über dich herfallen.

Der Herr sei über dir, um dich zu segnen.

So segne dich der gütige Gott.

Altkirchlicher Segen aus dem 4. Jahrhundert

Lied: Gott liebt die Welt

Gott liebt die Welt mit ihrer Schuld, Gott liebt die Welt und hat Geduld. Weil sich die Welt von Gott gewandt, hat Gott der Welt den Sohn gesandt.

Gott wird ein Mensch wie du und ich, Gott wird ein Mensch, erniedrigt sich. Weil sich der Mensch nicht menschlich gibt, wird Gott ein Mensch, der alle liebt.

Gott kommt im Wort, das Leben birgt, Gott kommt im Wort, das Frieden wirkt. Im Menschenwort ist Gott verhüllt, Gott kommt im Wort, das sich erfüllt.

Melodie: »Vom Himmel hoch ...«

**Zachäus**

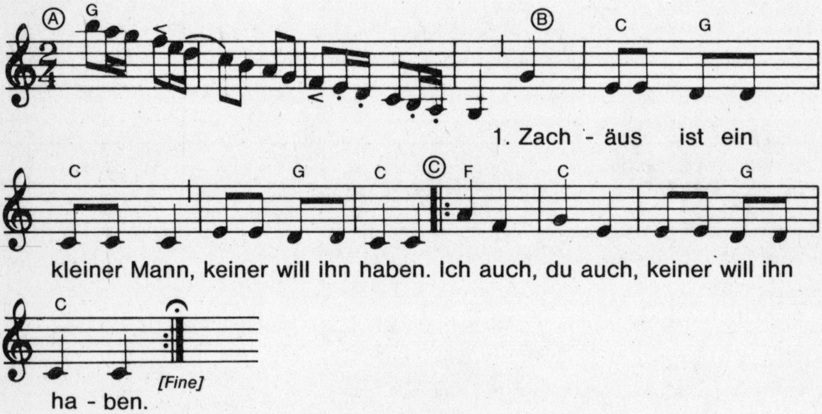


2. Doch Jesus ist ein toller Mann, jeder will ihn sehen.
   Ich auch, du auch, jeder will ihn sehen.
3. Zachäus sieht den Jesus nicht, er wär' gerne größer.
   Ich auch, du auch, er wär' gerne größer.
4. Zachäus steigt auf einen Baum, jetzt kann er ihn sehen.
   Ich auch, du auch, jetzt kann er ihn sehen.
5. Und Jesus kommt am Baum vorbei, er spricht: Komm doch runter.
   Ich auch, du auch, er spricht: komm doch runter.
6. Da ist Zachäus sehr erstaunt, Jesus will ihn haben.
   Ich auch, du auch, Jesus will ihn haben.
7. Zachäus sagt: Komm in mein Haus, komm wir wollen essen.
   Ich auch, du auch, komm wir wollen essen.
8. Zachäus lacht und freut sich sehr, einer will ihn haben.
   Ich auch, du auch, einer will ihn haben.
   Ich auch, du auch, Jesus will ihn haben.
   Ich auch, du auch, Jesus will ihn haben.

Text: L. Edelkötter Musik: Ludger Edelkötter

# Kirchentagssonntag

## Predigttext: Jesaja 40,26–31
Dieter Schupp

### Exegetisch-theologische Skizze
Der Textabschnitt gehört zu den etwa fünfzig kleineren Einheiten des Jesajabuches (Kapitel 40–55) und ist in sich verständlich, wenn man den historischen Zusammenhang und den kontextlichen Rahmen beachtet.
Die Deportierten im babylonischen Exil (587 v. Chr.) hatten zwar in aller Regel keine materiellen Schwierigkeiten, auch konnten sie sich frei bewegen, was ihnen jedoch fehlte, das wurde von Tag zu Tag unerträglicher: Aussichten, Perspektiven und eine Zukunft, auch ein legitimierter Ort für die Jahweverehrung. Jerusalem ging in Flammen auf, der Tempel war zerstört, das Land zu einem Teil des babylonischen Kolonialsystems geworden, und die Exulanten »weit weg vom Schuß«, ohnmächtig, chancenlos. Mag sein, daß man sich in den ersten Jahren noch Mut machen konnte, Parolen ausgab, Gerüchte verbreitete, sich an Profetenworte klammerte, doch mit der Zeit wurde man immer mutloser und müder. Wie lange kann man hoffen? So lange, bis es wirklich nichts mehr zu hoffen gibt! Es gab, nach Jahr und Tag, einfach keine vernünftigen Begründungen mehr, um noch hoffen zu können bzw. um die Hoffnung am Leben zu erhalten. Auch sie braucht Fleisch und Brot, Wein oder wenigstens Wasser.
Deuterojesaja, ein politischer Kopf wie alle Profeten, analysierte die geschichtlichen Ereignisse seiner Zeit (546 v. Chr., erster Angriff des Kyros auf Babylonien; 539 v. Chr. der Fall Babels) und zog daraus seine Schlüsse. Für das, was er seinen Leidensgenossen in der Fremde zu sagen hatte, konnte er keine Beweise liefern; er hatte lediglich ein paar Anhaltspunkte und einen Glauben, daß es so, wie es ist, nicht bleiben wird. Für den Profeten, einen Anonymus, steht fest: Jahwe hilft, doch für seine Hilfe braucht er Helfershelfer. Kyros zum Beispiel, der König der Perser (559 – 530 v. Chr.), könnte, wissentlich oder nicht, eher nicht, diese Rolle spielen und eine Wende herbeiführen. Er, aber auch sie selber, die Deportierten, die Müdegewordenen, indem sie sich gegenseitig Mut machen und Hoffnung »einreden« und nicht länger mehr die Köpfe hängen lassen. Was einmal war, daß Menschen frei kamen, aus Ägypten, das kann wieder werden, kann sich wiederholen. Bedenkt, »der alte Gott lebt noch«!
Dem Gott »Zufall« oder »Schicksal« wird hier nicht das Wort geredet, aber auch nicht der menschlichen Ergebenheit »wir haben keine Waffen und nix und sind in seiner Hand« (Brecht). Deuterojesaja ›macht‹ Hoffnung, und dazu ist ihm jedes Mittel recht und jeder Hinweis: Jahwe allein weiß, wieviele Sterne am Himmel stehen und wie sie heißen, für Jakob und seine Nachkommen hat er eine unendliche Schwäche; Recht muß doch Recht bleiben, dafür ist schon gesorgt. Wer Jahwe für

ermüdbar hält, der vergleicht ihn mit uns Menschen und vergißt, daß er unvergleichlich ist. Wenn wir glauben, am Boden zerstört zu sein, läßt er uns Flügel wachsen, und wenn wir meinen, am Ende zu sein, wenn wir nichts mehr zu verlieren haben, dann kommt der Tag, wo wir aufstehen und mit Wut und Mut wieder die sind, die wir in seinem Namen sein sollen.
So gesehen ist diese kleine Einheit ein Mut-mach-Text, im Grunde durch die Geschichte post Christum natum nicht unbedingt, wie so häufig in Lehrbüchern nachzulesen ist, zu erweitern. Deuterojesaja, der Hoffnungsträger, hatte den Augenschein der gegenwärtigen Situation gegen sich. »Aber in der Unvernünftigkeit seines Zuspruchs und Hoffens erwies er sich als der geistige Führer der Exulanten« (L. Perlitt).

## Theologisch-homiletische Anfragen

Aufsehen und nicht »unter sich gucken«, beginnt damit schon eine Veränderung, für die es sich zu leben lohnt?
Das feine Kinderlied »Weißt du, wieviel Sternlein stehen?« kommt mir in den Sinn. Ist es heute noch in der Lage, ein »Gottesbeweis« zu sein?
Jahwe kann seine Landesgrenzen verlassen und weltweit wirksam werden. Beginnt hier schon das, was Jahrhunderte später erst klar und deutlich wird: Gott ist ein Gott für alle? – Es kommt zu keinen dramatischen Zusammenstößen mehr, wenn man dies ernst nimmt.
Warum geben wir auf unsere Erinnerungen nicht allzuviel? Tut es uns allen nicht gut, wenn man uns zuweilen kommt mit diesen Anfragen: Ja wie denn, hast du das wirklich vergessen? Hat dir das niemand gesagt?
Mag sein, daß das stimmt, daß wir von Überraschungen am liebsten verschont bleiben. Wer aber kann schon leben ohne sie, die Überraschungen, die unserem Leben einen Dreh geben und eine neue Sicht?
Warum, Vers 30, ist hier nur von den Männern die Rede und von den Jünglingen? Kein Vorwurf, Deuterojesaja, du lebtest in einer anderen Zeit. Ich aber werde in meiner Predigt mitbedenken müssen, daß der überwiegende Teil im Gottesdienst Mädchen und Frauen sind, die allesamt nicht zu den hoffnungslosen Fällen zu rechnen sind.
Wer gebraucht heute noch das Wort »harren«? Hoffen und harren – es muß einen Unterschied geben. Harren, ausharren, beharrlich sein und nicht müde werden, unverdrossen, unbeirrt, unbeugsam und unnachgiebig sein, eisern, festentschlossen, standhaft und hartnäckig! Zäh, entschlossen und unerschütterlich, sich nicht abbringen lassen, stur bei der Sache bleiben. Darauf will ich mit meiner Predigt hinaus. Kann ich mehr erwarten?
Wir sollen »auffahren«, in die Höhe gehen, aufbrausen auch und erschrecken, uns nicht alles gefallen lassen. Ist das möglich, ohne daß man sich da und dort Komplikationen einhandelt?
Ich lese den Text (Vers 31), und mir fällt ein: Zuweilen brauche ich den Anstoß, nicht liegen oder stehen zu bleiben. Ich muß einen ersten Schritt machen, einen zweiten und einen dritten. Ich muß, um etwas zu erreichen, auch laufen, schneller gehen, den Schritt wechseln, den Rhythmus ändern. Ist es der alltägliche Gleichschritt, der uns hindert, Neues zu beginnen?

Was macht uns matt? Unsere Erfahrung: »Flüsse fließen nicht bergauf. Es gibt keinen Sommer unmmittelbar nach dem Winter. Und zwei mal drei ist sechs.« Daß Unmögliches geschehen kann, glauben wir nicht, obwohl die Bibel uns unheimlich viele unmögliche Geschichten erzählt, die entgegen aller Erfahrung wahr wurden. An welche denke ich da in erster Linie?
Ich habe Mühe mit dem Wort »wandeln« (Vers 31). Was ist damit gemeint? Ein absichtsloses Spazierengehen oder ein Fortschreiten, allen Einreden und Bedenken zum Trotz? Wer »wandelt«, der ist, nach dem heutigen Sprachgebrauch, nicht ganz von dieser Welt, schwebt, ist blind, nichts geht ihm nahe, für nichts hat er einen Blick: Sie gehen ihren Weg. Soll man ihnen sagen, daß sie nicht wandeln, sondern gehen sollen, ohne Furcht und weiter auf ein Ziel hin?

**Vorschläge zur Liturgie**

*Lieder*

Warum nicht, in Kopien verteilt, wieder das altbekannte Kinderlied: »Weißt du, wieviel Sternlein stehen?«
»Christe, du Schöpfer aller Welt« (EKG 72)
Weitere Lieder: EKG 276,10; 280,2; 242,9; 108,3; 351,1.

*Schriftlesung*

Phil 2,1–11 oder Mk 13,28–37

*Eingangsgebet*

Wir sind, dir sei's geklagt, oft genug schwach, können nicht mehr, wollen nicht mehr, sehen keinen Ausblick, verlieren unser Ziel aus den Augen. Das wissen wir, du und ich. Wir ducken uns und machen uns klein, mit unserer Hoffnung ist kein Staat zu machen. Wir geben uns so leicht geschlagen, geben uns auf, trauen uns und keinem Gott mehr was zu. Das ändere, in uns, und dazu mache uns Mut, ewiger Gott. Es soll keinen Kleinglauben geben, auch keine Mutlosigkeit, kein Leben soll es geben ohne einen Hoffnungsschimmer. Wir bitten dich, mache uns stark und zuversichtlich. Heile alles matte Gemüt und laß uns sehen und hören auf das, was einmal war und was wieder sein wird, in deinem Namen. Laß uns in deinem Geist miteinander leben, als Glaubende, als Liebende und als Hoffende und so, daß wir deinem Namen alle Ehre machen. So sei dir Lob und Preis in Ewigkeit für uns. Amen.

*Schlußgebet*

Gib uns Zeit, Gott, gib uns Zeit: zum Sinnen und Grübeln, denn wir brauchen die anderen, die besseren Gedanken, müssen dann und wann von der Oberfläche verschwinden und in uns gehen.
Gib uns Zeit, Gott, gib uns Zeit: zum Grämen und Grollen, denn wir brauchen die leisen Klagen und die laute Wut, müssen dann und wann auftauchen und außer uns geraten.

Gib uns Zeit, Gott, gib uns Zeit: zum Wägen und Wagen, denn wir brauchen die überprüften Worte und die dreisten Schritte, müssen dann und wann umsichtig sein und unsere Vorsicht aufgeben.
Gib uns Zeit, Gott, gib uns Zeit: zum Schwärmen und zum Schweigen, denn wir brauchen den Luftsprung und wohl auch die Stille, müssen dann und wann uns loslassen und auch in uns versinken.
Gib uns Zeit, Gott, gib uns Zeit: zum Beten und Bereden, denn wir brauchen das Gespräch unseres Herzens mit dir, das herzhafte und herzliche Gespräch mit dem anderen, müssen dann und wann allein nur in dir sein, unsere Worte mit dem Nächsten teilen.
Gib uns Zeit, Gott, gib uns Zeit, gute Zeit aus deinen Händen. Amen.

**Vorschläge zur Predigt**
Der Predigttext ist für den Abschlußgottesdienst des Kirchentages vorgesehen, der vom 7. bis 11. Juni 1989 in Berlin stattfinden wird und unter dem Motto steht »Unsere Zeit in Gottes Händen« (Psalm 31).

*Möglicher Anfang*
*a) Motto des Kirchentages*
Dieser tröstliche Zuspruch will uns Geborgenheit vermitteln, Mut, Kraft und Ausdauer, so ungefähr heißt es in einem Programmheft zum Kirchentag. Tut er das wirklich? Oder beschwichtigt er nur?

Zum weiteren Verlauf:
Man könnte denken oder glauben: »Wozu sich dann noch Mühe geben? Hoffen auf eine Änderung? Arbeiten für gerechtere Welt? Es kommt ja doch alles so, wie's kommt; wie's Gott bestimmt hat ...« Antworten mit Jes 40,26ff.: »Das wäre ganz falsch! Denn kein Prophet kommt von der Drohung zum Fatalismus. Alle sagen: Solange es noch nicht da ist, ist alles noch offen. Vor dem Abend kommt erst noch ein langer Tag mit zwölf Stunden.«

*b) Von einem miterlebten Kirchentag erzählen*
Hinweis auf die Kritik in den Medien, daß die letzten Kirchentage fromm und politisch zugleich gewesen seien. Dann Hinweis auf Deuterojesaja, der ebenfalls beides war: fromm und politisch.

*c) Die kritische Nachfrage*
»Unsere Zeit in Gottes Händen«, so lautet die Losung des Kirchentages, der heute zu Ende geht. Sie stammt, so wird ausdrücklich vermerkt, aus dem 31. Psalm, der Vers wird, entgegen sonstiger Gewohnheit, nicht angegeben. Aus guten Gründen, denn wortwörtlich ist dieses Motto dort

auch nicht zu finden. Aber etwas ähnliches oder etwas anderes schon, nämlich: »Meine Zeit steht in deinen Händen.« Warum dieser Wechsel des Pronomens?

Zum weiteren Verlauf:
Ist der auf sich selbst gestellte einzelne in unserer Zeit noch fähig, zu glauben, zu hoffen und zu lieben?
Sodann: ein erster konkreter Schritt, um aus der Ohnmacht und der Resignation herauszukommen, ist, daß man sich eine Gruppe sucht, Menschen wirbt und Grenzen übersteigt.

*d) Seelsorgerlich predigen*
»Annette war in Frankfurt dabei und auch in Hannover und Hamburg, aber jetzt fährt sie nicht mehr zum Kirchentag nach Berlin. Und warum nicht, wollte ich von ihr wissen, und sie antwortete: Weil es ja doch nichts gebracht hat. Wir haben in der Bibel gelesen, miteinander gesungen, gebetet, auch getanzt, Protestbriefe geschrieben und Resolutionen verfaßt und, und, und! Aber nach wie vor wird Nicaragua bedroht, werden die Schwarzen in Südafrika, die Palästinenser in Israel unterdrückt, gibt es unzählige Milliarden für die Rüstung und nur ein paar Almosen für die Hungrigen ... Ich habe lange genug gehofft, etwas machen, etwas ändern zu können, aber das ist falsch. Man kann nichts machen!«

Oder:
Woher komme ich? Wohin gehe ich? Wozu gibt es mich?
Ohne nach dem Sinn des Lebens zu fragen, verkümmert es, machst du dich selbst kaputt. Hinweis: Jeder hat nicht nur einen Namen und ein eigenes Gesicht, sondern auch einen Wert, eine Würde und ein besonderes Gewicht.

Zum weiteren Verlauf:
Die Bibel erzählt von Leuten, die als klein und unfrei und unbedeutend angesehen werden und die stark wurden und frei, angstlos und heil. Wir haben diese Tradition im Kampf gegen die Müdigkeit und Sinnlosigkeit ...
Der Zuspruch: Deine Zeit steht in Gottes Händen. Aber es macht einen Unterschied, wie du selbst mit der geschenkten und gestundeten Zeit umgehst.

**Der andere Vorschlag**
Der Beginn gibt sich unauffällig, unaufdringlich: »Hebet eure Augen in die Höhe und seht ...«
Ach so, der »gestirnte Himmel über mir –!« Mit schönen Grüßen an den großen Königsberger.

Erinnerungen ans Kinderliedchen. »Weißt du, wieviel Sternlein stehen an dem blauen Himmelszelt? Weißt du, wieviel Wolken gehen weithin über alle Welt? Gott, der Herr, hat sie gezählet, daß ihm auch nicht eines fehlet an der ganzen großen Zahl ...« Harmlose Reimerei eines gewissen Wilhelm Hey. »Gott im Himmel hat an allen seine Lust, sein Wohlgefallen; kennt auch dich und hat dich lieb.« Trostworte vielleicht von dem, der in keinem Literatur-Lexikon erwähnt wird.
Dennoch, das Lied wird immer noch und sogar gern gesungen. Von den ganz Kleinen, mit ihrem Kinderglauben. Es gab mal Zeiten, da mußten die Sterne für einen Gottesbeweis herhalten –. Lang, lang ist's her! Irgendwann einmal verschwand Gott hinter dem Sirius und ist seitdem für viele, die bei ihrem Kinderglauben stehen geblieben sind, verschwunden.
Was also soll's? Text- und Themawechsel. Wie wär's denn mit Psalm 121 oder Apostelgeschichte 17?
Mit einem Male eine Entdeckung in Jesaja 40: Nirgendwo sonst so viele Fragen! Nur rhetorische Fragen? Oder Fragen zum Nachdenklichwerden? Mal sehen. Hier sind einige: Wer wiegt die Berge? Wer bestimmt, was Gott denkt? Hat er einen Ratgeber? Wer korrigiert ihn? Mit wem kann man ihn vergleichen? Wie sieht das Bild aus, das ihr euch von ihm gemacht habt? Was wißt ihr schon? Was hört ihr eigentlich? Könnt ihr euch nicht mehr erinnern? Habt ihr nichts dazugelernt? »Fragen über Fragen, liebe Zuschauer«, sagte der Kommentator, als ihm ein bestimmtes Ereignis in unserer Zeit Rätsel aufgab.
Was mir dann in den Sinn kam: Wir haben nur noch Antworten, und schon lange keine Fragen mehr.
Plötzlich, nach so vielen Fragen, eine Antwort in Vers 29: »Er gibt dem Müden Kraft und Stärke genug dem Unvermögenden.« WER ist ER? Keine Frage, ER ist ER. Keine vorschnelle Antwort. Ist ER ein Monstrum, ein Gespenst, ein Dämon, ein König, ein Geist? Und wer sind die Leute, die ER wieder auf die Beine bringt, sogar beflügelt? Jesaja sagt bekanntlich nicht nur »Hebt eure Augen in die Höhe«, sondern auch: Seht genauer hin! Schaut zurück und schaut nach vorn. Es sind schon Menschen aus der Knechtschaft in Ägypten frei gekommen. Das war nichts Einmaliges, das kann sich wiederholen. Und es wird sich auch! Nur nicht mit so müden und schlappen Typen, wie ihr es seid! Wir haben die Tradition als Verbündete im Kampf gegen unsere Resignation ...
Sind es wirklich nur diese Worte, die Sie zum Hinhören und Aufstehen antreiben? Die Lust am Widerstand, der Wahnsinn, das Gottvertrauen, die Suggestionskraft eines einzelnen oder ein geheimnisvolles Diktat?
Wir heute wissen, wie die Geschichte damals zu Ende ging. Wenige Jahre später schon war man frei, durfte man »heim ins Reich«. Was wir zuerst für muntere Vertröstung hielten, für verbal-religiöse Dekoration, holte uns ein

und packte uns an den Schultern. Was schon einmal geschah, zweimal, dreimal, unzählige Male, das kann sich wiederholen. Für uns alle, für dich, für mich auch.
Wir lesen schlecht vor, hören nicht hin, nicken zu rasch, weil wir glauben, alles schon zu wissen. Aber nichts wissen wir, gar nichts. Und auch so ahnungsvoll, wie wir uns zuweilen geben, sind wir nicht.
Eine neue Wahrnehmung: Erst müde werden und matt sein, straucheln und fallen, dann erstarken und in Schwung geraten, laufen, rennen und sprinten, aber auch gemächlich übers Land gehen.
Zu beachten: Der Plural. Hier geht es nicht um einen Einzelfall, auch nicht um ein Mythenmotiv. Hier geht es um ein Stück neue Lebenserfahrung, um massive Realiltät. Alle Einreder raten: »Es geht nicht«, doch wird den Realisten widersprochen: »Es geht doch!« Die ganze Menschheitsgeschichte besteht aus solchen Doch-Sätzen.
Hören wir solche Worte, die irgendwann einmal, vor unserer Zeit, zu Menschen gesagt wurden, die an keine Zukunft mehr glauben konnten und keine Perspektiven mehr hatten, so bleibt uns nichts übrig, als an unsere eigene Lebens- und Geschichtserfahrung zu denken. Man kann, wie fast immer, auch diesen Abschnitt in der Bibel nicht lesen oder hören, ohne sich zu erinnern.
Fangen wir an. Bringen wir das Material unseres Lebens endlich in diesen Text ein ...

**Kontexte**

»Zwei Männer spazieren am Ufer eines Flusses. Da sehen sie im Wasser ein Kind dem Ertrinken nahe. Einer der Männer ist des Schwimmens unkundig, der andere ein guter Schwimmer. Wer soll das Kind retten? – Der, der schwimmen kann, natürlich. Und er ist es auch, der die Verantwortung auf sich nehmen muß. Ihn würde man anklagen, wäre das Kind ertrunken. Er kann doch schwimmen und hätte es ohne Gefahr für sich selbst aus dem Wasser holen können«
(Joseph Weizenbaum, Kurs auf dem Eisberg, Penso-Verlag S. 28).

»Ihr Worte, auf, mir nach! / und sind wir auch schon weiter, / zu weit gegangen, geht's auf einmal / weiter, zu keinem Ende geht's.
Es hellt sich auf.
Das Wort / wird doch nur / andre Worte nach sich ziehn, / Satz den Satz. / So möchte Welt, / endgültig, / sich aufdrängen, / schon gesagt sein. / Sagt sie nicht. / Worte, mir nach, / daß nicht endgültig wird / – nicht diese Wortbegier / und Spruch auf Widerspruch!
Laßt eine Weile jetzt / keins der Gefühle sprechen, / den Muskel Herz / sich anders üben.
Laßt, sag ich, laßt, / ins höchste Ohr nicht, / nichts, sag ich, geflüstert, / zum Tod fall dir nichts ein, / laß, und mir nach, nicht mild / noch bitterlich, / nichts trostreich, / ohne Trost / bezeichnend nicht, / so auch nicht zeichenlos / uns nur nicht.

Und nur dies: das Bild / im Staubgespinst, leeres Geroll / von Silben, Sterbenswörter.
Kein Sterbenswort, / Ihr Worte!
(Ingeborg Bachmann aus: das Atelier 2, Fischer-Vl., S. 166)

»Sind Tatsachen nicht quälend und langweilig?
Ist es nicht besser drei Wünsche zu haben
unter der Bedingung daß sie allen erfüllt werden?
Ich wünsche ein Leben ohne große Pausen
in denen die Wände nach Projektilen abgesucht werden
ein Leben, das nicht heruntergeblättert wird von Kassierern.
Ich wünsche Briefe zu schreiben in denen ich ganz enthalten bin.
Ich wünsche ein Buch in das ihr alle vorn hineingehen und hinten herauskommen könnt.
Und ich möchte nicht vergessen daß es schöner ist
dich zu lieben als dich nicht zu lieben.«
(Nicolas Born aus: Das Rowohlt Lesebuch der Poesie, S. 195)

»Nicht zu vergessender Stein / Der mir den Himmel aufriß / Brunnentief über den Erlen / Nicht zu vergessender / Singender Pfiff / Aus dem Herzen des Reisigfeuers. / Nicht zu vergessendes Wiegen / Ast über Ast / Den Knaben im Buchenskelett / Nicht zu vergessende Märzsonne / Ungebührliches Scheinen / Und purpurner Seidelbast / Tannenschonungsversteck / Blühend für keinen.«
(Marie Luise Kaschnitz: Dein Schweigen, meine Stimme, Heyne-Lyrik, S. 89)

»Es gibt in der Geschichte Kontraktionen aller Möglichkeiten auf die eine Entscheidungs- und Bekenntnissituation hin. Es gibt aber zugleich auch die Zeiten der Erweiterung und Entfaltung von Möglichkeiten. In ihnen werden die Chancen größer als die Kraft und Geistesgegenwart, sie auch zu ergreifen. Man muß tun, was an der Zeit ist. Dafür bedarf es der Freiheit für die Zukunft, die aus der Freiheit von der schlechten und auch von der guten Vergangenheit geboren wird.«
(Jürgen Moltmann in: Diskussion über die Theologie der Hoffnung, Kaiser-Vl. S. 238)

Sensibel / ist die erde über den quellen: kein baum darf / gefällt, keine wurzel / gerodet werden. /
Die quellen könnten / versiegen. /
Wie viele bäume werden / gefällt, wie viele Wurzeln / gerodet / in uns.
(Reiner Kunze in: Sensible Wege, rowohlt, S. 51)

»Ich habe den Flug unzählige Male in mir selbst erlebt, bei Tag und bei Nacht. Das Ende ist immer das gleiche gewesen: Anprall, Sturz, Kriechen am Boden, sich zurückbewegen zum Ausgangspunkt, zum Startplatz – mit Mühe und jedesmal unter größeren Anstrengungen. Die Wand, gegen die der Käfer anfliegt, ist solide gebaut. Generationen von Menschheit ist die schmale Öffnung, die angepeilt wird ... nur ein Trugbild, und sie besteht in Wirklichkeit nicht. In der Folge von Generationen wird sie erst geschaffen, in Opfern herausgemeißelt und aufgesprengt werden.«
(Franz Jung in: Der Torpedokäfer)

# 4. Sonntag nach Trinitatis

Predigttext: Johannes 8,3–11
Martin und Sabine Ost

**Theologisch-homiletische Skizze**

Für die Frau ist es wie im Kino: alles läuft ab, ohne daß sie eingreifen kann; sie hört, was sie reden, ohne hinzuhören, und sieht die ausgestreckten Zeigefinger, ohne hinzusehen. Sie ist die Hauptperson in diesem Film und hat doch keinen Einfluß auf die Handlung: sie hat keine Stimme. Es hätte auch keinen Sinn, etwas zu sagen, wenn alles doch so eindeutig ist. Und so kann sie nicht verhindern, vor dem Vollzug des Urteils noch zum Werkzeug gegen Jesus gemacht zu werden, sie wird von den Männern vor einen weiteren Mann geschleppt.

Das alles erinnert an den Film »Alexis Sorbas«: wie die Männer die Frau steinigen wollen, die sich mit dem Ausländer eingelassen hat. Und ich begreife an diesem Bild die ehernen Gesetze, die hier gelten: da geht es nicht um persönlichen Haß. Wer hier von Grausamkeit redet, stößt nur auf Befremden, ist ein Fremder, gehört nicht dazu. Es geht nicht um Haß, es geht ums Recht; es geht nicht um Liebe, es geht ums Prinzip. Die Predigt wird das deutlich machen müssen .

Ebenso wichtig: Hier zeigt sich nicht die »typisch jüdische«, die »alttestamentliche Weltordnung« mit ihrem »Auge um Auge« – auch das wäre deutlich zu machen. Wir stehen wohl alle nur in jener Geschichte auf Seiten der Frau und im wirklichen Leben eher auf der anderen Seite – und zwar mit gutem Gewissen, wo kämen wir denn hin! Die Art der Sünde mag verschieden sein, die für jeden einzelnen Menschen als *die* Sünde gilt: Was einem Ehebruch, ist der anderen Vergewaltigung oder Umweltverschmutzung. Aber für jeden hört jeweils da bei aller Liebe doch alle Liebe auf. Jesus gewichtet nicht zwischen den Sünden, schneidet alles Rechten und Richten ab: Ehebruch ist Sünde wie andere auch – und kann vergeben werden wie andere.

Jesus hätte das Volk gegen sich, ließe er die Frau laufen. Aber verurteilt er sie, ist er nicht mehr die Hoffnung der Sünder, dann wäre das nahe Reich Gottes wieder in weite Ferne gerückt: Das ist die Falle, in die man Jesus treiben will (s. Exegese, Bd. 4, S. 108).

Alles läuft ab wie im Film: Szenenwechsel. Wir sehen Jesus, wie er in den Sand malt. Er läßt sich nicht aufwühlen von all dem Für und Wider, sagt, was richtig ist, ohne es wirklich auszusprechen: Ihr seid alle nicht ohne Schuld. Er spielt nicht den Richter, auch nicht über die Richter der Frau, fordert sie nur auf, in den Spiegel zu sehen. Und sie gehen alle weg, die Verkläger der Frau. Ob die Zuschauer auch gehen, hören wir nicht. Aber wenn sie bleiben, so sind sie jedenfalls stumm: denn jedes Wort von ihnen enthielte die kühne Behauptung persönlicher Schuldlosigkeit.

So etwas gibt es nur im Film oder in der Bibel: daß Menschen nicht anfangen, aufzuwiegen zwischen der eigenen und der größeren fremden Schuld, so könnte man

meinen. In Wahrheit freilich ist es so, daß jene Frommen fromm genug sind, sich schuldig zu wissen. Sie schauen nicht in den Spiegel, um eitel sich selbst zu betrachten; sie schauen in den Spiegel der Ordnungen Gottes und sehen, wo sie hinter ihnen zurückbleiben. Daß sie aber gehen können, diese frommen Menschen, das liegt daran, daß Jesus sie aus den Augen läßt, daß er sie nicht durchdringend ansieht, nicht jedes Menschen Weggehen kommentiert: Schau her, auch Du! Er erlaubt das Schuldbekenntnis mit den Füßen, weil er keine Machtprobe aus der Geschichte macht und sie aus den Augen läßt.
Wir meinen, das ist auch für die Predigt wichtig: daß der Prediger, die Predigerin nicht »seine Leute« im Auge behält, sondern sie aus den Augen läßt, um ihnen ein Schuldbekenntnis möglich zu machen. Weil sie gehen können, ohne das Gesicht zu verlieren, darum können sie gehen, ohne zu rechten und zu richten, die Richter der Frau! Aus diesem Grund auch werden hier zwei Predigtentwürfe vorgeschlagen: A bleibt beim Thema »Ehe, Ehebruch«, B verallgmeinert in Richtung auf Richten und Umgang mit Schuldigen. Es ist sehr die Frage, ob A der richtige Weg wäre, Schuldbekenntnis und Besserung zu ermöglichen, wenn in der Gemeinde ein Fall von Ehebruch gerade aktuell wäre! Oder sollte uns Jesus hier zu »liberal« sein?! Was für ein Vertrauen setzt er in die Frommen seiner Zeit! Nicht einer kann den Stein ergreifen, aber alle erkennen ihre Schuld: Was für Menschen!
Erst am Schluß, als sie allein sind, redet Jesus die Frau selbst an, befreit sie von Schuld und schenkt ihr neues Leben. Im Film »Alexis Sorbas« stößt einer der Frau im Weggehen das Messer noch in den Rücken, und die Gerechtigkeit ist wiederhergestellt, die auch Schudigen sind wieder die Schuldloseren. Die Predigt wird darauf zu achten haben, jenes Messer nicht zu liefern! Und auch das wäre ein Thema: Wie denn diese Menschen hinterher miteinander leben können, die Frau und ihre Richter? Ob sie, wenn sie einander in die Augen sehen, nun die eigene Schuld erkennen oder doch wieder nur die des anderen? Das Messer im Rücken kann allein das gute Gedächtnis, die dumme Rede, der schiefe Blick im Dorfe sein!
Wichtig auch: Wo ist eigentlich der Mann bei diesem Ehebruch? Nach Lev 20,10 hat auch er kein anderes Urteil verdient als die Frau. Ertappt wurde er doch wohl auch? Es ist wohl zu bedenken, daß auch heute noch Männern größere sexuelle Freiheiten eingeräumt werden als Frauen.

## Zur Liturgie

*Lesungen*

Es geht um die Frage nach dem Richten (Röm 14, Lk 6) bzw. um den Umgang mit der alten Schuld (Gen 50). Letzteren Text sollte man wohl nicht lesen – diese und die Geschichte der Predigt könnten einander überlagern!

*Lieder*

277, 159, 195, 268, 269 – Von der Sündenvergebung ist vielfach die Rede in unseren Liedern – von den Folgerungen für den Umgang der absolvierten Sünder miteinander höchstens andeutungsweise, leider, z.B.: 244, 1–3; 484,4–7 (So jemand spricht: Ich liebe Gott ...); 652,2 (Komm, Herr, segne uns ...); 655,2 (Herr, wir bitten, komm und segne uns ...); 669 (O Herr, nimm unsre Schuld ...); 751 (Weil Gott in tiefster Nacht erschienen ..., bes. 3–4); Nummern nach »Auf und macht die Herzen weit ...«, München 1983[2] – Leider sprechen viele dieser Lieder auch wieder nur von »Brüdern« – dabei sind in der Gemeinde wohl mehr Schwestern, und in unserem Text geht es ja auch um eine solche!

*Sündenbekenntnis*
Für uns, Herr, erbitten wir Vergebung; / für uns, Herr, hoffen wir auf Gnade; / für uns, Herr, reden wir von einem neuen Anfang. / Anderen aber verweigern wir Vergebung / und reden ohne Gnade von Schuld. / Andere nageln wir fest auf ihre Vergangenheit. / Wir behalten die Vergebung für uns / und finden so nicht zu der Gemeinschaft, / die aus deiner Vergebung wächst. / Darum bitten wir: Gott, sei Du uns Sündern gnädig!

*Gnadenzuspruch*
z.B. Psalm 130,3; 84,10; 103,2f.; Mk 6,14.

**Predigtentwurf A**
Also: Ich hätte sie ja nicht aus den Augen gelassen, all die Pharisäer und Schriftgelehrten und all die gaffenden Zuschauer. Was könnte nicht alles im nächsten Augenblick passieren? Wann würde der erste Stein fliegen? Denn der Fall ist absolut klar: Wer beim Ehebruch ertappt wird, ist des Todes schuldig, so steht es im Gesetz des Mose.
Doch es fliegt kein Stein, noch nicht. Da hinten im Tempel sitzt Jesus von Nazareth. Dieser Mensch, der in unverschämter Weise für die Verachteten und die Sünder eintritt, der sich über manches Gesetz hinwegsetzt um seiner Schützlinge willen. Ihn wollen sie befragen – er soll entscheiden!
Im Folgenden die Zwickmühle darlegen, in die man Jesus bringen will: er kann entweder das Gesetz brechen oder seinen Ruf als Heiland der Sünder verlieren. Die Frau, die Hauptbetroffene, steht unbeteiligt dabei: es geht um *ihr* Leben – um *ihren* Tod. Und doch hat sie nichts zu sagen und kann sie nichts tun, wird nun noch vor diesen Richter gebracht, wieder vor einen Mann. Und dieser Jesus tut noch dazu ganz unbeteiligt: er schaut nicht einmal auf. Er blickt die Kläger nicht an – erst recht würdigt er die Angeklagte keines Blickes. Er malt in den Sand wie ein Kind. Nein, auch von ihm kann sie nichts anderes erwarten als den Schuldspruch. Hier kann man die Szene schildern und deutlich machen, wie ungewöhnlich das ist: daß er sie nicht durchdringend anschaut, daß er sie nicht mit Blikken niederzwingt, die Frau nicht und ihre Richter nicht. Vers 7b.
Sie stutzen: Was hat er gesagt? Plötzlich sieht jeder sich selbst wie im Spiegel. Jetzt heißt es nicht mehr: »Seht, was diese da Schändliches

getan hat!« Sondern es heißt plötzlich: »Was bin ich denn für einer, für eine? Bin ich wirklich besser als diese Frau da?« Und ebenso frage ich mich und frage ich jeden hier: Unterscheidest Du Dich wirklich so grundlegend von dieser Frau? Oder hast Du nur Glück gehabt, bist nicht erwischt worden? Treibt nicht auch uns die Lüsternheit zu manchem bösen Geschwätz im Dorf? Gehen nicht manche Phantasien sehr krumme Wege? Fehlt nicht manchem nur der Mut, das zu leben, wovon er träumt? Oder bist Du nur durch glückliche Umstände vor der Versuchung bewahrt geblieben? Man kann von der Ehrlichkeit der Pharisäer reden, die wir als Heuchler abtun, die in diesen Spiegel sehen und schweigend weggehen, die Ältesten zuerst. Warum die Ältesten zuerst? Nicht, weil sie jenseits von Gut und Böse sind, sondern weil sie genug Lebenserfahrung haben, um Wünsche und Begehrlichkeiten zu kennen und zu wissen, wie schmal der Grat der Wohlanständigkeit manchmal ist. Sie kennen all die Ausreden: daß die Jugend ihre Freiheit braucht, daß die Kinder heute früher erwachsen werden oder einer sehr unglücklich verheiratet ist. Männer »brauchen das eben«, »das machen doch alle« usw. Sie sehen, wie brüchig die Ordnung ist, die sie vertreten, und spüren, wie nicht nur jene Frau, sondern sie alle irgendwie schuldig sind an dieser Ordnung. Wer sich aber selbst so erkannt hat, der kann nicht mehr den ersten Stein werfen.
Die Frau ist nun allein mit Jesus. Das kurze Gespräch Jesu mit der Frau wiedergeben und zusammenfassen: Jesus spricht sie frei. Und zugleich nennt er ihr Vergehen beim Namen: Ihr Ehebruch ist Sünde – auch in seinen Augen. Jesus verdeckt und bemäntelt ihr Betragen nicht. Aber Jesus gibt ihr eine neue Chance: er errettet sie vom sicheren Tod und schenkt ihr das Leben neu – doch nicht, damit sie so weiterleben kann wie bisher, sondern, damit sie sich ändert und ihr Leben in Ordnung bringt. Für die Frau bedeutet das, daß sie von ihrem Liebhaber lassen muß. Für einen anderen könnte es heißen: Laß ab von deiner Launenhaftigkeit, mit der du deine Ehe zerstörst. Laß ab von deiner ungezügelten sexuellen Begier, mit der du deine Frau bedrängst. Laß ab von hemmungslosen Bildern und Filmen, die deine Phantasie vergiften. Laß ab vom Vorsatz, »alles mitnehmen« zu müssen. Jesus verdammt die Sünderin nicht. Er schenkt ihr Freiheit und Zukunft für ein neues Leben. Dasselbe schenkt er auch ihren Anklägern und all den Gaffern. Indem er uns den Spiegel vorhält und wir uns sehen, wie wir wirklich sind, gibt er uns Gelegenheit, unser Leben neu zu ordnen.

**Predigtentwurf B**

Einleitung wie A: Jesus läßt sie aus den Augen – was könnte da nicht alles geschehen. Dazu vielleicht noch, daß jene Minuten für die Frau wie eine Folter gewesen sein müssen. Was soll alles Reden denn noch – der Fall ist doch klar? Für die Frau, die Zuschauer, im Grund auch für uns.

Was die Frau getan hat, war Unrecht. Vielleicht vermissen Sie ebenso wie ich den Mann, der zu jener Geschichte ja wirklich auch dazugehört hätte. Vielleicht vermissen Sie die Frage nach den mildernden Umständen, nach Verführung und dem Rausch einer Nacht. Es gibt so etwas doch: daß man schneller handelt, als das Gewissen einem jenes Handeln verbieten kann. Wir kennen das doch alle: daß wir schnell etwas sagen, unbedacht, aus einer Regung heraus, und hinterher tut es uns leid. Aber hinterher ist man eben immer klüger, so daß man dann auch alle klugen Belehrungen anderer nur zurückweisen kann: Wer weiß, ob Du in meiner Lage so klug gewesen wärst, wie Du nun sagst! Es gibt manche Regungen in uns, manche Triebe und Antriebe zum Handeln, und nicht immer bewahren uns Angst oder Gewissen oder ungünstige Umstände vor unbedachten Taten.
Aber alles das ändert nichts an dem, was geschah. Warum immer wir uns die Suppe eingebrockt haben – auslöffeln müssen wir sie doch, und ungeschehen können wir nichts machen. Aber daran werden die Zuschauer kaum denken in jenem Moment, sie sehen die Tat dieser Frau, die Strafe verlangt – und ER läßt sie aus den Augen! Freilich: er hat ihnen Grund zum Nachdenken gegeben: Vers 7b. Hier kann man vom Vertrauen Jesu in seine frommen Zeitgenossen sprechen, die er nicht als Heuchler ansieht, sondern als nachdenkliche Menschen, die sich sehr wohl um das Gesetz mühen. Haben wir solches Vertrauen in die Menschheit?
Es würde ein Machtkampf aus der Geschichte, sähe Jesus ihnen in die Augen, er würde sie herausfordern zum Streit über Schuld und Sühne, über geringere und größere, läßliche und unverzeihliche Sünden. Sie müßten sich verteidigen, sich entschuldigen, ihre eigene Schuld kleiner machen. Es würde all der Kampf und Krampf beginnen, den wir so gut kennen. Am Schluß wäre alles verdorben, jeder hat jeden bezichtigt und niemand etwas von sich selbst begriffen. Und dasselbe Spiel wird bei der nächsten Gelegenheit wieder beginnen. Jesus läßt sie aus den Augen, und so wird möglich, was so selten ist unter Menschen: daß jeder seine Schuld eingestehen kann, ohne sein Gesicht zu verlieren. So wird es möglich, die Geschichte jener Frau mit ihr allein zu bereden, ohne die ausgestreckten Zeigefinger und ohne all die klugen Reden der Zuschauer. Und so erst geht es wirklich um sie und ihr Leben, nicht mehr um Recht haben und Ordnung wahren.
Am Schluß würde ich diese Szene noch zu schildern versuchen zwischen Jesus und der Frau: wie da keine Gerichtsverhandlung mehr stattfindet, aber ein Freispruch erteilt wird, der ein neues Leben möglich macht – trotz der erwiesenen Schuld. Der, der allein Richter sein könnte, weil er ohne Schuld ist, der verurteilt nun auch nicht. Wo kein Mensch ohne Schuld sein kann, verzichtet auch Gott auf das Gericht. Daß er selbst dies Gericht auf sich nimmt, das hat erst seine Gemeinde nach Tod und Auferstehung

Jesu begriffen. Wofür er aber starb, zeigt unsere Geschichte: dafür, daß diese Schuldige gehen darf, daß sie einen neuen Anfang wagen darf – obwohl ihre Schuld erwiesen ist. Dafür, daß sie leben dürfen, die Pharisäer und die Zuschauer und wir alle – trotz der erwiesenen Schuld. Dafür ist er gestorben: daß das Todesurteil über unser Leben nicht gesprochen wird, sondern wir einen neuen Anfang machen dürfen: mit Gott und mit unseren Mitmenschen.

**Kontexte**

Wer im Glashaus sitzt, soll nicht mit Steinen werfen.
Alter schützt vor Torheit nicht.

»In jedem Falle hat die Erzählung vom Freispruch der Ehebrecherin eine Rolle in den Auseinandersetzungen um die Handhabung der Kirchenzucht gespielt und ist im Sinne einer laxen Beurteilung des Ehebruchs mißverstanden (a) oder mißbraucht (b) worden. Daß diese Erzählung von Anfang an den ›gesetzlichen‹ Rigoristen gefährlich und den ›weltoffenen‹ Laxen willkommen gewesen ist, wird dem Prediger ein Hinweis darauf sein können, wo hier die Gefahren lauern ...«
»Hier steht ein Mensch mit seinem verwirkten Leben vor seinem Richter. Und ihm wird das Leben neu geschenkt. Nicht: Freispruch auf Grund entlastender Momente, sondern Begnadigung trotz erdrückender Belastung. Warum? Weil diese Frau im Gericht des Richters steht, dessen Eigenart es ist, für die Verklagten einzutreten und das Todesurteil – die Ausstoßung aus der Gottesgemeinschaft – an sich vollstrecken zu lassen.« (W. Krusche in GPM 5/67 S. 257 und 261)

»Wenn es um Vergebung geht, dann gelten die Worte Jesu heute allemal noch. Dazu stehen wir uns selbst zu nah, als daß noch jemand auf die Idee käme, Steine aufzulesen, um sie dem Ehebruch entgegenzuschleudern.«
Eine andere Deutung des Schreibens in den Sand: »Er beugt sich, um wenigstens für einen Augenblick von der Aufdringlichkeit der Szenerie freizukommen, und schreibt nachdenklich mit dem Finger in den Staub ... (Nachträglich ist es wohl kaum überspannt, wenn wir mutmaßen, daß hier der Christus in seiner Vollmacht dieNamen von Sündern in das Buch des Lebens geschrieben hat.)«
»Das ist auch schon in dem Bild: Am meisten freier Raum ist da in der Mitte, bei Jesus, eben da, wo die Frau steht. *Dieser* Anklageplatz ... auf den man sich nicht freiwillig stellt, sondern auf den man gestellt wird, veranschaulicht bereits die Nähe des Befreiers.« »Jesus negiert ja nicht die Schuld der Ehebrecherin; dann wäre Vergebung nicht mehr nötig, und es gäbe auch keinen Neuanfang.« (M. Weinrich in GPM 3/83, S. 323, 325, 328, 329)

# 5. Sonntag nach Trinitatis

## Predigttext: Lukas 14,25–33
Walter Schlosser

### Theologisch-homiletische Skizze

Die Rede von den Bedingungen der Jüngerschaft ist eine selbständige Komposition innerhalb des Abschnittes über »die Freude der Umkehr« (Kap. 14, 1–15, 32). Ihre Botschaft ergibt sich aus dem Inhalt der einzelnen Stücke und dem Sinn ihrer redaktionellen Bearbeitung bzw. Zuordnung. Ihren historischen und kerygmatischen Kern bilden die von der Urgemeinde überlieferten Worte Jesu vom Jüngersein. Durch die Auslegung und Akzentuierung dieser Worte im Rahmen des Lukasevangeliums sowie im Blick auf die darin angesprochene Gemeinde ist das Thema der Predigt gegeben: »Grunderfordernisse des Christseins heute«.
Diese Grunderfordernisse werden spruchreif auf Grund der von Lk entworfenen Situation der Rede. Mit dem Hinweis auf die »vielköpfigen Scharen«, die bei Jesus zusammenströmen, bezieht er dessen Rede einerseits auf die große Zahl und besondere Art der zum Gastmahl Geladenen und Erschienenen (Vers 21 und 23) und kennzeichnet sie damit angesichts dieser religiös sehr gemischten Menge als Missionsruf. Andererseits betont die Einleitung stark die Reisesituation, in der diese Menschen mit Jesus unterwegs, offenbar aber nicht ausreichend sich darüber im klaren sind, wohin diese Reise gehen könnte. Das Innehalten und Umwenden Jesu zu den ihm folgenden Weggenossen kennzeichnet seine Rede also gleichzeitig als ein Lehrwort, das eine bereits bestehende Gemeinde voraussetzt, in der es jedoch wichtigen Klärungsbedarf über das Jüngersein gibt.
In diesem zweifachen Sinn greifen die beiden folgenden Worte Jesu über die Erfordernisse des Jüngerseins die Ausgangssituation auf.
Dem, der (neu) zu ihm kommt (Vers 26), um sein Jünger zu werden oder »um Leben zu haben« (Joh 5,40), wird die uneingeschränkte Trennung von sämtlichen Angehörigen in der Familie abverlangt. Diese Forderung beruht auf dem Gottesverhältnis Jesu, sie ist also nicht biographisch oder theoretisch begründet. Die »wahren Verwandten« (Mk 3,31–35) sind die Schwestern und Brüder des »Sohnes«; sie sind die »familia dei« (Mk 10,29f.), durch welche die leibliche Familie in ihrer Bedeutung relativiert wird.
Durch diese »Gotteskindschaft« kann der Jünger Jesu in Konflikt oder Gegensatz zur christlich-bürgerlichen Familienideologie geraten. Eine Einschränkung dieser Forderung des Verzichts auf die Geborgenheit im Schoße der Familie auf mönchische Gemeinschaften ist ausgeschlossen. Durch ausdrückliche Nennung der Ehefrau (»sein Weib«) ist auch die Behauptung eines auf der Lehre vom Ehesakrament beruhenden »Grundwertes Familie« als einer »letzten Realität« nicht mehr möglich. Die Grunderfordernisse der Christusgemeinschaft lassen keine Einschränkung

oder Ausnahme zu. Dieselbe Unbedingtheit der Forderung betrifft den persönlichen Autonomie- und Selbstverwirklichungsanspruch dessen, der zu Jesus kommt. Ganz entsprechend wird dem, der bereits zu ihm gekommen ist und hinter ihm her geht, der Verzicht auf Leidensvermeidung abgefordert. Jüngersein erfordert Opferbereitschaft und Kraft zum Leiden.

Diese Grunderfordernisse werden negativ klargestellt, indem Bedingungen genannt werden (Familie, eigene Person, Leidensvermeidung, Besitz; Vers 33), die das Jüngersein unmöglich machen können.

Diese Unmöglichkeit der Jüngerschaft wird durch zwei Gleichnisse aus dem Wirtschaftsleben und der Kriegspolitik (vgl. Sprüche 24,3–6) als Folge unüberlegten Handelns oder weltfremden Wunschdenkens begründet.

Durch diese Hinweise auf den Lebensbereich der »harten Tatsachen« stellt Jesus die unbedachte Jesusbegeisterung derer ebenso in Frage, die in großer Zahl zu ihm kommen möchten, wie die hochgemute, aber ungeprüfte Glaubensgewißheit derer, die bereits zu ihm gehören.

Trotz dieses ernüchternden Eindrucks handelt es sich hier nicht um eine Zurückweisung durch Jesus, sondern er lädt auch mit dieser kritischen Rede zur Gemeinschaft und Nachfolge ein, allerdings unter realistischen Bedingungen. Wer zu ihm kommen oder bei ihm bleiben möchte, soll sich rechtzeitig selbst prüfen, ob er weiß, was er vorhat; denn zu ihm zu kommen, das kostet Verzicht, und ihm nachzufolgen, das erfordert Kraft: »Denn wir haben nicht gegen Fleisch und Blut zu kämpfen, sondern gegen Mächte und Gewalten« (Eph 6,12).

Darum können Christen und solche, die Christen werden wollen, in besonderem Maße von jenen »Realisten« lernen, die in Wirtschaft und Politik erfahren sind. Die Begeisterung für Jesus muß Vernunft annehmen, einen »Kostenvoranschlag« machen, damit sie mit ihren frommen Vorstellungen keine religiösen »Bauruinen« produziert und sich vor dem Publikum dieser Welt nicht lächerlich macht. Wer begeistert auf die Macht Christi vertraut, muß auch die Kräfte seiner Gegner richtig einschätzen, damit der Wunsch nach einem christlichen Leben nicht in eine »bedingungslose Kapitulation« vor den Gegenkräften Christi mündet.

Enthusiasmus und Vernunft müssen durch die Gemeinschaft mit Jesus in ein verantwortbares Verhältnis zueinander gebracht werden, denn »viele sind berufen, wenige aber auserwählt« (Mt 22,14). Darum schließt die Rede mit einem Wort, das Lk den Worten Jesu nachgebildet hat und das die Botschaft der ganzen Rede zusammenfaßt: Wer zu Jesus kommt, bei ihm bleiben und ihm nachfolgen will, der gibt allem Verfügbaren, zumal allem materiellen Besitz, durch welchen er bisher glaubte, sein Leben, die Welt und die Menschen im Griff zu haben, den Abschied, denn er hat erkannt: »Alles, was ich vermag, vermag ich durch den, der mich dazu fähig macht« (Phil 4,13).

Jesu Ruf in eine selbst- und sachkritisch geprüfte (und nachprüfbare) Jüngerschaft gilt jedem »von euch«. Sowohl die Entscheidung für Jesus aufgrund einer anfänglich diffusen religiösen Begeisterung geht von dieser unverfügbaren Befähigung durch Gott aus wie die wohlerwogene Bereitschaft, die Konsequenzen der Nachfolge zu tragen. Erst wo dieser Eintritt in das Kraftfeld der unverfügbaren Macht der Gnade Gottes erfolgt ist, wird angesichts der ihr weiterhin objektiv und subjektiv entgegenwirkenden Kräfte und Mächte die vergewissernde Erfahrung möglich,

daß niemand, der die Verzichte des Jüngerseins leistet, »es nicht vielfältig zurückempfängt« (Lk 18,29).
Hier und hier allein kommt die Vernunft, die sich im Glauben der unverfügbaren Gnade anvertraut, mit der Christusbegeisterung überein, die sich kritischer Rationalität und erprobter Weisheit bedient, um dem Ruf Jesu entsprechen und seinen Weg mitgehen zu können.

## Vorschläge zur Liturgie

*Biblisches Eingangsvotum*
1. Korinther 3,20–23 oder Epheser 6,11–13

*Lieder*
Aus »Singe, Christenheit«; Beiheft zum EKG; Bärenreiter-Verlag Kassel 1981: Nr. 655,1–3 »Du kannst nicht tiefer fallen« oder Nr. 759,1–6 »Herr, wir stehen Hand in Hand«; oder aus EKG, Liederanhang für die Ev. Kirchen Hessens 411,1–6 »Der du zum Heil erschienen« und 452,1–5 »Nun aufwärts froh den Blick gewandt«. Ferner: EKG 183,1–4; 198,1–3.5.6; 215,1–3.5.7.8; 218,1–6; 260,1–6; 274,1–4.

*Lesungen*
1. Mose 11,1–9 oder Matthäus 10,17–25; Philipper 3,3–14 oder 1. Korinther 4,9–13 oder 1. Korinther 7,25–38.

*Eingangsgebet*
Gott, zu Dir rufe ich in der Frühe des Tages.
Hilf mir beten
und meine Gedanken sammeln zu Dir;
ich kann es nicht allein.
In mir ist es finster,
aber bei Dir ist das Licht;
ich bin einsam, aber du verläßt mich nicht;
ich bin kleinmütig, aber bei Dir ist die Hilfe;
ich bin unruhig, aber bei Dir ist der Friede;
in mir ist Bitterkeit, aber bei Dir ist die Geduld;
ich verstehe Deine Wege nicht, aber
Du weißt den Weg für mich.
(Dietrich Bonhoeffer: Gebete für Mitgefangene. In: Widerstand und Ergebung. Siebenstern TB 1, S. 73)

*Schlußgebet*
Herr,
falsche Lehre hat die Menschen glauben lassen, Deine Welt sei ein Puppentheater, wo jeder eine Marionette ist und Du die Strippen in der Hand

hältst und laufend an der falschen ziehst. Kein Wunder, daß Dir von Enttäuschten alles in die Schuhe geschoben wird, was auf dieser Erde nicht klappt. Du hast nach ihrer Meinung Schuld am Hunger in der Welt. Du hast Schuld an den Slums in Indien und Brasilien. Du trägst die Schuld an dem Schrecklichen, was in Korea und Vietnam geschah. Du trägst die Schuld an allem, was in den beiden Weltkriegen geschah. Du bist auch der Schuldige an den Naturkatastrophen, an den Erdbeben, den Waldbränden, den Überschwemmungen und der Trockenheit. Du bist schuldig am Tod lieber Menschen, denn sie starben bei Verkehrsunfällen, an Diabetes, Herzinfarkt und Krebs.
Du bist schuldig, denn Du greifst nicht ein. Du bist der Sündenbock, der in die Wüste gejagt werden muß, um alle Schuld aus der Welt zu schaffen. Fast zweitausend Jahre verkünden Menschen Deine Lehre, und sie haben immer noch zuwenig gelernt und begriffen, Herr.
Du weißt, daß ich Dir auch die Frage stelle, warum Du uns nicht vor Schaden bewahrst, und doch habe ich oft das Gefühl, daß Du schlimmeres Unheil immer wieder verhinderst. Wir müßten Dir also dankbar sein und Dich nicht laufend mit der gleichen Frage behelligen: Warum läßt Du das zu?
Ich hoffe, daß meine Freunde, Verwandten und Kollegen irgendwann den Mut finden, mit Dir zu reden, irgend etwas zu Dir zu sagen, wenn es wirklich nur diese eine Frage wäre: Herr, warum läßt Du das zu?
(Elisabeth Wiesbaum. In: »Manchmal spüre ich deine Nähe«. Gebete. EVA Berlin 1982; S. 50 f.)

**Vorschläge zur Predigt**

*Möglicher Predigtanfang*

Da staunt der Laie, und der Fachmann wundert sich darüber, welche ungewöhnlichen Vorbilder Jesus seinen Weggenossen, Anhängern und Jüngern zur Nachahmung empfiehlt. Gerade eben haben wir im Verlaufe der Textverlesung die unerbittlichen und uneingeschränkten Grunderfordernisse für eine verantwortete Jüngerschaft vernommen, die Jesus mit deutlich erkennbarer Zielrichtung auf uns durch ein Wort über Besitzverzicht zusammenfaßt, da wird uns ein Unternehmer als Beispiel vor die Augen gehalten. Spielen wir da nicht »verkehrte Welt« in der Kirche. Wir sind doch gewöhnt zu denken, daß sich die Menschen im Wirtschafts- und Geschäftsleben nach den Christen richten sollen, wenigstens moralisch. Und nun kehrt Jesus alles um und legt uns nahe, uns in unserem religiösen Leben und Verhalten nach der Moral eines Unternehmers zu richten.
Dabei ist es unerheblich, ob der Inhaber eines Familienbetriebes einen Wachtturm in seinen Weinberg bauen oder eine Kapitalgesellschaft Euro-

pas höchsten Büroturm auf dem Messegelände in Frankfurt hochziehen will. In beiden Fällen kommt es auf die Abwägung des unternehmerischen Risikos an. Reichen die verfügbaren Mittel aus, um das geplante Vorhaben auszuführen? Nur auf diesen Punkt des Vergleiches kommt es Jesus an. Wenn wir das übersehen, wird alles falsch.
In unserer Welt bedeutet es ein großes Vorhaben, zu Jesus zu kommen und in seiner Nachfolge leben zu wollen. Hierbei sind die Konflikte der verschiedensten Art geradezu programmiert; denn das Leben in der Gemeinschaft mit Jesus Christus erfordert einen Weg zwischen allfälliger Entschuldigung aus Gründen der bürgerlichen Existenz (Lk 14,18) und unbesonnener Begeisterung, wenn vielköpfige Volksmassen in seiner Umgebung zusammenströmen. Begeisterung für Jesus ist gut, die gemeinsame Erfahrung seiner Anziehungskraft ist befreiend; und gerade deshalb soll jeder um seiner selbst willen prüfen, ob diese bewegende Kraft auch unter anderen Umständen und auf Dauer den Gegenkräften um uns herum wie auch in uns selbst gewachsen ist. Denn das Gelingen und Bewahren eines christlichen Lebens (»mein Jünger sein«) hängt von der Beurteilung ab, ob die Kraft meiner Zuneigung zu Jesus Christus die anderen Kräfte überwiegt oder nicht. Das ist für das Ansehen der Sache des Glaubens ebenso wichtig wie für die persönliche Glaubwürdigkeit, weil Christentum keine Privatsache ist und stets unter den kritischen Augen der Öffentlichkeit geschieht (1. Kor 4,9). So sicher sich Konflikte einstellen werden, auch mit der Familie und dem eigenen Ich, so sicher ist mit unvermeidlichen oder beabsichtigten Mißverständnissen und Mißdeutungen von den »Zuschauerrängen« her zu rechnen. Darum ist es so wichtig, daß wir nicht selbst die Christusgemeinschaft und die Nachfolge Christi in unkontrolliertem Überschwang zum Gegensatz oder Spielball falscher Alternativen machen, seien diese traditionell, ideologisch, gesellschaftlich oder auch kirchlich motiviert.

*Zum weiteren Verlauf der Predigt*

1. Das zweite Gleichnis ist angesichts der innerkirchlichen Diskussion über militärische Fragen noch prekärer als das erste aus dem Wirtschaftsleben. – Ich werde den Text aus diesem Grunde nicht am 5. Sonntag nach Trinitatis verwenden, sondern am 3. September 1989 und mich dabei auf den Kriegsbeginn vor 50 Jahren und (am 1. August 1914) vor 75 Jahren beziehen. Denn diese »Könige« haben gerade nicht weise gehandelt, in ihrer Vermessenheit und ihrem Überschwang haben sie sich tatsächlich »nicht zuerst hingesetzt und Rat gehalten, ob sie imstande seien«. Diese Kriegsanfänge waren und sind – gegen das Gleichnis – eben schlechte Vorbilder, denen die Christen bisher keine ausreichende Enthusiasmuskritik entgegengesetzt haben.

Zumal mit Hilfe des zweiten Vergleiches – weil *gegen* seine unterstellte Beispielhaftigkeit gerichtet – kann die christliche Gemeinde heute lernen, worauf es für sie ankommt: nämlich die Torheiten jener Führer unseres Staates bei sich selbst nicht zu wiederholen; d.h. nicht mit zu schwachen Kräften in einen Kampf gegen Mächte zu ziehen, die von vorneherein überlegen sind.

2. Diese Gefahr von Selbstüberschätzung der religiösen und moralischen Kraft einzelner Christen sowie des verändernden Einflusses der Kirchen oder engagierten Gruppen ist nicht ausreichend erkannt und bedacht. Ein Grund dafür ist der latente Wunsch, gerade eines besonders verbürgerlichten Lebensmilieus, nach dem Besonderen, Mitreißenden, nach utopischer Selbstverwirklichung in (fast) allen gesellschaftlichen und kirchlichen Bereichen. »Religion« gilt vielen als Entfaltungsmöglichkeit wiederentdeckten, bisher unterdrückten Gefühls, der berechtigten Emotionalität, ja sogar notwendiger Irrationalität. Die Person Jesu gehört zu den bevorzugten Inhalten einer diffusen, vagabundierenden religiösen Begeisterung (New Age, Esoterik, Sektenfrömmigkeit, Fundamentalismus), die in den meisten Fällen umschlägt in religiöse Mimikry oder Unverbindlichkeit, wenn verantwortliche Nachfolge im Einzelfall angefragt ist.

3. Evangelische Orientierung des neuen religiösen Interesses steht an, in der sich persönliche Frömmigkeit in der Gemeinde mit der Bereitschaft und Fähigkeit zu öffentlicher Verantwortung des Glaubens verbindet. Zwar steigt das Interesse an der Person Jesu ebenso wie das Desinteresse an der Kirche, aber »Protestanten ohne Kirche« werden gleichwohl zu einer evangelischen Unmöglichkeit. Diese Erkenntnis ist mit Hilfe des Textes über die »Grunderfordernisse des Christseins« zu unterstützen, wenn die gute Begeisterung nicht in einem ziellosen oder destruktiven (politischen?) Enthusiasmus versanden oder umkippen soll. Für den Entscheidungsfall ist Zivilcourage angesagt, wie sie M.L. King übte, für den Krisenfall christliche Existenz nach dem Vorbild D. Bonhoeffers.

*Möglicher Schluß*

Jeder von uns fühlt sich wohl unter Menschen, die seine Begeisterung teilen. Und jeder von uns fühlt sich stark in einer großen Versammlung Gleichgesinnter. Warum bleibt das nicht, wenn ich wieder an meinem gewohnten Ort, im Gleichmaß meiner Arbeit, im Kreis meiner Familie, in der Privatheit meiner Neigungen, Gewohnheiten und Trägheiten bin?

Vor 14 Tagen ging der Kirchentag in Berlin zu Ende. Da habe ich so viel Echtes, Tolles, Konsequentes gehört, gesehen und erfahren. Das soll nicht wieder im Alltag untergehen. Dort habe ich mich wohlgefühlt. Hier, wo ich immer bin, werde ich mich bestimmt wohler fühlen, wenn ich ein paar andere gesucht und gefunden habe, denen es ähnlich geht.

**Kontexte**

Obwohl wir mit dem bisherigen Erfolg des Protestes zufrieden sein konnten, machten wir uns doch noch Sorgen. Würde die Abendversammlung gut besucht werden? Konnten wir hoffen, daß der Mut und die Begeisterung der Neger anhielt, auch wenn noch mehr harte Tage folgten? »Wenn wir weitermachen und die meisten Neger morgen oder in den nächsten Tagen wieder mit den Bussen fahren, werden uns die Weißen auslachen, und am Ende haben wir gar nichts erreicht ...«

Aber schließlich kamen wir überein, die Massenversammlung in einer Stunde abzuwarten. Wenn sie gut besucht wurde und die Begeisterung groß war, wollten wir den Protest fortsetzen. Sonst wollten wir ihn noch an diesem Abend abblasen ...

Ich hatte nur 20 Minuten Zeit, um mich auf die entscheidendste Ansprache meines Lebens vorzubereiten. Als mir das klar wurde, befiel mich ein Gefühl der Angst ...

Als ich mir die Ansprache im Geist zurechtgelegt hatte, war meine Zeit um. Als ich mich der Kirche näherte, sah ich, daß Hunderte von Menschen draußen standen. Die Versammlung wurde mit dem altbekannten Lied eröffnet: »Vorwärts, Christi Streiter«. Als die vielen tausend Menschen sich erhoben und zu singen begannen und die Stimmen von draußen einfielen, klang es uns wie ein gewaltiger jubelnder Chor aus dem Himmel.

Mit wenigen Sätzen rechtfertigte ich unsere Handlungsweise sowohl vom moralischen wie vom gesetzlichen Standpunkt aus ...

Nachdem ich so das Fundament für die kämpferische Haltung gelegt hatte, ging ich dazu über, zur Vorsicht zu mahnen. Ich forderte die Zuhörer auf, niemanden mit Gewalt vom Busfahren abzuhalten ... »Über die Jahrhunderte hinweg sollen die Worte Jesu heute in unserem Herzen ein Echo finden: ›Liebet eure Feinde, segnet, die euch fluchen, bittet für die, so euch beleidigen und verfolgen.‹ Tun wir das nicht, so wird unser Protest wie ein sinnloses Drama auf der Bühne der Weltgeschichte enden.«

(Aus: Martin Luther King: Freiheit; 1964, S. 43 ff.)

Eines Abends Ende Januar ging ich nach einem anstrengenden Tag erst spät zu Bett. Als ich gerade am Einschlafen war, läutete das Telefon. Eine wütende Stimme rief: »Höre, Nigger, wir werden uns an dir rächen. Noch in dieser Woche wirst du es bereuen, daß du nach Montgomery gekommen bist.« Ich hängte ab, aber ich konnte nicht schlafen. Es war mir, als bräche alle Angst und Not der letzten Wochen auf einmal über mich herein. Ich war am Ende meiner Kraft.

Ich stand wieder auf und lief im Korridor auf und ab. Schließlich ging ich in die Küche und machte mir eine Tasse Kaffee. Ich wollte den Kampf aufgeben. Ohne den Kaffee anzurühren, saß ich am Küchentisch und grübelte darüber nach, wie ich von der Bildfläche verschwinden konnte, ohne als Feigling zu erscheinen. In diesem Zustand äußerster Erschöpfung und völliger Mutlosigkeit legte ich Gott meine Not hin. Den Kopf in den Händen, betete ich laut. Die Worte in dieser mitternächtlichen Stunde sind mir noch in lebendiger Erinnerung: »Herr, ich glaube, daß ich für eine gerechte Sache kämpfe. Aber jetzt habe ich Angst. Die Leute sehen auf mich als ihren Führer, und wenn ich so ohne Kraft und Mut vor ihnen stehe, werden sie auch wankend werden. Ich kann nicht mehr weiter. Ich habe den Punkt erreicht, wo ich alles nicht mehr schaffe.«

In diesem Augenblick erlebte ich die Gegenwart Gottes wie nie zuvor. Mir war, als hörte ich eine innere Stimme, die mir Mut zusprach: »Stehe auf für die Gerechtigkeit! Stehe auf für die Wahrheit! Und Gott wird immer an deiner Seite sein!«
Fast augenblicklich waren meine Ängste dahin. Meine Unsicherheit verschwand. Ich war bereit, allem ins Auge zu sehen. (M.L. King a.a.O. S. 184f.)

Wer hält stand? Allein der, dem nicht seine Vernunft, sein Prinzip, sein Gewissen, seine Freiheit, seine Tugend der letzte Maßstab ist, sondern der dies alles zu opfern bereit ist, wenn er im Glauben und in alleiniger Bindung an Gott zu gehorsamer und verantwortlicher Tat gerufen ist, der Verantwortliche, dessen Leben nichts sein will als eine Antwort auf Gottes Frage und Ruf. Wo sind diese Verantwortlichen? (Dietrich Bonhoeffer: Widerstand und Ergebung. Siebenstern TB 1; S. 10 ff.)

# 6. Sonntag nach Trinitatis

Predigttext: Jesaja 43,1-7
Gerda Storck

## Theologisch-homiletische Skizze

So vertraut das Kernwort dieser Perikope sein mag, Kontext und Sitz im Leben sind wenig bekannt. Mich fasziniert das Analogie-Denken, das den Heilsspruch bestimmt. Wie Gott im Exodus gehandelt hat, wird er Israel wieder befreien. Wie er, um zu seinem Ziel zu gelangen, damals Einfluß auf die Völkerwelt nahm, wird er erneut auf die Staaten einwirken. Ja, seine neue Tat wird seine erste übertreffen. Der Prophet kündet Heil an, indem er an Erfahrungen aus der Vergangenheit erinnert. Dabei bedient er sich der Methode von Priestern, die einem Klagenden Erhörung zusicherten, und wendet ein altes Wort, das einem einzelnen gegolten hatte, an auf das ganze leidende Volk.
Dieses Analogie-Denken verbietet jede Ausschließlichkeit. Es läßt grundsätzlich die Übertragung des Heilsspruchs auch auf uns zu: Gott bleibt den Seinen treu gegen alle denkbaren Gefahren und Gewalten. Das zu verkündigen, bedeutet nicht Trost thematisieren, sondern einen kreativen Prozeß einleiten. Ich habe in Gießener Kliniken zu predigen und möchte mit meinen Ausführungen die Lebensfreude der Hörer bestätigen, heilende Kräfte und den Willen zu Veränderungen wecken und aktivieren. Dabei werde ich die Ängste und traumatischen Erfahrungen der Hörer zur Sprache bringen, sie aber bergen im Schoße dessen, der sein »Fürchte dich nicht!« auch heute spricht.
Das Gottesbundverständnis des Deuterojesaja, das »in der Rechtsterminologie zwischenfamiliärer Solidaritätsbeziehungen« (Exegese, Bd. V, 4, S. 114) seinen Niederschlag findet, will ich als Eltern-Kind-Verhältnis zwischen Gott und uns aufnehmen. In ihm sind theologischer Grund des Heilsspruchs und anthropologisches Ziel zu verdeutlichen. Um die wechselseitigen Beziehungen zwischen dem Schöpfer und seinen Geschöpfen auch formal auszudrücken, stelle ich als Lesung ein Klagelied voran, auf das der Heilsspruch Jes 43,1–7 antwortet. Dem Predigttext selbst gebe ich seinen Platz innerhalb der Predigt.

## Vorschläge zur Liturgie

*Lieder*

(EKG und »Singe, Christenheit«, Bärenreiter-Verlag) Zum Eingang: 233, 1–3. Vor der Predigt: 282,1–4; 244,1,4,5; »Manchmal kennen wir Gottes Willen«, 667. Nach der Predigt: 233,4–7; »Laß uns in deinem Namen, Herr, die nötigen Schritte tun«, 769. Zum Schluß: 288; 232,1,7,11; »Ich sitze oder stehe«, 721.

Eingangswort
Gott legt uns eine Last auf, aber er hilft uns auch. Der Herr ist nahe denen, die zerbrochenen Herzens sind. Er tröstet, wie einen seine Mutter tröstet. (Ps 68,20, Ps 34,19; Jes 66,13)

*Einladung zum Kyrie – Sündenbekenntnis*
Lieder, erstorben auf den Lippen; kaum einer, der sich erinnert und singt. Wasser bis zum Hals; kaum einer, der den Kopf oben behält und es mutig wagt. Hoffnung, zerbrochen von Enttäuschung und Schmerz; kaum einer, der wartet auf Gottes Wort. Wir sind ängstlich geworden, kraftlos, ohne Zuversicht. Wir leben, als wäre Gott nicht, als wären wir allein.

*Einladung zum Gloria – Gnadenverkündigung*
So spricht der Herr, der im Meer einen Weg, der in starken Wassern Bahn macht: Siehe, ich will ein Neues schaffen, jetzt wächst es auf, erkennt ihr's denn nicht? (Jes 43,16,19)

*Lesungen*
Klagelied zu Jes 43,1–7:
Als die Babylonier Israel besiegt, den Tempel in Jerusalem zerstört, alle Schätze geraubt und die Oberschicht in ihr Land verschleppt hatten, versammelten sich die verbannten Juden bei Nacht und klagten:
»Du Gott unserer Vorfahren, warum hast du uns verlassen? Da ist keine Schande, die uns erspart geblieben wäre, kein Schrecken, den wir nicht hätten erleben müssen. Wir haben deinen Namen angerufen. Wir haben geschrien vor Angst. Aber da war keine Antwort. Das Haus, in dem du wohnen wolltest, es ist nicht mehr. Lichterloh brannte deine Stadt – Schutt und Asche. Wir können die Kinder nicht zählen, die ihr Leben ließen, haben die Schreie der Sterbenden noch im Ohr. Auch wir wären fast umgekommen in den Flammen. Und nun stehen wir bis zum Hals im Wasser, in das sich unsere Tränen mischen. Wir weinen uns die Augen aus. So mächtig waren unsere Feinde noch nie und so grausam. Sie spotten über uns und fragen: Wo ist euer Gott, wo? – Und wir können nicht antworten, haben kein Wort, keine Stimme. Wir sind verloren. Wir sterben aus. Herr, gib uns ein Zeichen! Wenn es Trost für uns gibt, laß ihn uns erfahren!«
Wohl denen, die ihr Herz vor Gott ausschütten und auf sein Wort warten!
Oder: Mt 8,23–27; 2. Kor 6,4,9–10.

*Gebet nach der Predigt*
Du Gott sprichst zu uns, wie Eltern mit ihren Kindern sprechen, voller Verständnis und Bereitschaft zu verzeihen, überzeugt, daß Du mit uns zu Deinem Ziel kommst. Das läßt uns aufatmen. Wir fassen neuen Mut und dan-

ken Dir. Du kennst uns mit unseren Sorgen und Schmerzen und mit der Fähigkeit, Lasten zu tragen, Kräfte zu entfalten. Hilf uns, unsere Angst überwinden und tun, was wir als richtig und nötig erkannt haben, und laß uns spüren: Du hältst zu uns, was immer geschehen mag.
Wir bitten für alle, die mit uns krank sind in diesem Haus und in der weiten Welt. Wir haben unter Gesunden gelebt und es für selbstverständlich gehalten. Nun sehen wir auf einmal so viel Leid. Und die Ärzte, Schwestern, Pfleger und Therapeuten sehen es ständig. Laß sie nicht stumpf und gleichgültig werden! Erhalte ihre Lebensfreude und ihre Lust zu arbeiten. Wir erkennen in ihnen Deine Helfer. Mit ihnen sollen wir erfahren: Du hältst zu uns, was immer geschehen mag.
Wir denken an alle, die traurig sind, die mit einem Abschied, mit Enttäuschungen oder eigenem Versagen fertig werden müssen, und bitten, daß Du sie tröstest, wie einen seine Mutter tröstet. Vor Dir treten wir ein für die Elenden und Hungrigen dieser Erde, für alle Verfolgten und Unterdrückten und für die, die ihre Kraft, ihre Zeit und ihr Vermögen einsetzen, um gerechtere Verhältnisse zu schaffen und Not zu lindern. Laß sie nicht entmutigt werden, denn Du hältst zu uns, was immer geschehen mag.

## Vorschläge zur Predigt

*Möglicher Anfang*

»Wie die anderen vertriebenen Juden hatte Jesaja sich verzehrt in Sehnsucht nach der Heimat und den zurückgelassenen Verwandten. Auch er trauerte der Vergangenheit nach. Wie waren sie einst vereint in fröhlicher Gemeinschaft in ihrem Tempel in Jerusalem! Wie hatten sie miteinander gefeiert! Was waren das für strahlende Feste! Da wurde gesungen und getanzt: Gott ist in unserer Mitte. Wir sind Jakob-Israel, sein Volk! Doch viele Jahre sind seitdem vergangen. Gott hatte sie vergessen, gar verstoßen. Sie waren verstreut, gelähmt, versteinert. Verklungen die Lieder; ihre Harfen hingen in den Weiden. Sie saßen an den Flußufern Babylons und weinten.
Doch eines Tages, als der Prophet versonnen in die Ferne schaute, nahmen die Wasser seine Gedanken mit in ein anderes Land. Sie trugen ihn fort nach Ägypten. Dort waren seine Vorfahren einst geknechtet, degradiert zur Fronarbeit, ohne Würde, ohne Aussicht auf Erlösung. Damals hatte eine Frau dem Pharao widerstanden, ihren Sohn nicht töten lassen, wie es der Befehl verlangte. Wo nichts zu hoffen war, hat sie ihr Herz sprechen lassen und eine List ersonnen. In einem pechverschmierten Kästchen ließ sie ihr Kind im Schilf des Flußufers verstecken und bewachen. Die spielende Pharaonentochter fand es, gewann den kleinen Jungen lieb und rettete sein Leben. So wuchs er auf im Hause dessen, der ihm nach dem Leben getrachtet hatte. Man stelle sich das vor: Der Herrscher selbst

läßt Mose die Erziehung angedeihen, die er später brauchte, um die Unterdrückten aus seinem Land heraus und sicher durch das Schilfmeer zu geleiten!
Darüber mußte der Prophet trotz aller Trauer lachen. Verschmitzt rieb er sich die Hände: War das ein Kuckucksei – Elternschaft wider Willen, im Dienste Gottes, ohne es zu wissen. Er schüttelt sich vor Lachen, dabei wird ihm leichter ums Herz, und er bemerkt nicht, wie sein Denken auf einmal eine andere Dimension erreicht. Er fragt sich: Wo ist Pharao geblieben, der sich so sicher wähnte? Wer spricht noch von der Macht am Nil? Und geriet das Weltreich an Euphrat und Tigris, das sie jetzt bedrückte, nicht auch ins Schwanken? War nicht alles in Bewegung, alles im Fluß? Ist nicht stets mit Veränderungen zu rechnen?

*Zum weiteren Verlauf*
Nach dieser erzählenden Einführung lade ich mit einer meditativen Phase ein, die Brücke zu schlagen zwischen dem Erleben des Jesaja damals und den eigenen gegenwärtigen Erfahrungen. Dabei zielen meine Fragen weniger auf die Gemeinsamkeit der Ohnmacht und des Leidens als vielmehr auf das zarte Aufkeimen von Hoffnung: »Kennen Sie solche Versonnenheit? Zweifel kommt auf an der Aussichtslosigkeit der Lage, an der Befürchtung, daß alles vergeblich war. Mitten in Krankheit und Not regt sich die Ahnung, daß es weitergeht. Vergleichbare Situationen fallen einem ein, aus denen es Rettung gab. Mitten in die Trauer platzt ein Lachen, und ich spüre, der Verlorengeglaubte ist ganz nah. Kennen Sie solche Gedankensprünge, die Sie auf eine andere Fährte setzen?«
Von dieser emotionalen Annäherung aus lasse ich den Hörer Anteil nehmen an der kognitiven Arbeit des Propheten, den der Hoffnungsschimmer logische Argumente für eine mögiche Veränderung suchen läßt. In der Klinik werde ich mich beschränken auf die Folgerung: »Wenn Gott damals in Ägypten, als sie noch nicht Israel waren, die Staatenwelt so erschütterte, daß der Auszug aus der Knechtschaft möglich war, würde er dann nicht jetzt erst recht eingreifen? Seit er die elenden Nomadenstämme zu seinem Volk zusammengeführt, sich mit ihm verbunden, ihm einen Namen und Land gegeben hatte, hat er oft genug wie eine Löwin kämpfen, sich selber gegen Feinde werfen müssen, gegen Feuer, gegen Wasser.«
In einer Kirchengemeinde bietet sich an, auf die in Babylonien gewonnene Vorstellung einzugehen, die die Juden ihren eigenen Gott als Urheber und Beweger der ganzen Menschheitsgeschichte erkennen ließ: »Doch neue Erkenntnisse ersetzen nicht die alten. Daß Gott der Erde und des Kosmos Schöpfer war, machte nicht ungeschehen, daß er Jakob-Israel geschaffen hatte. Nur größer war er, als man wußte. Niemand und nichts konnte seiner Kraft und seinem Willen eine Grenze setzen, es sei denn er selbst.

Er hatte seine Diener überall und konnte auch weitere Kinder gewinnen. Aber das erste verstoßen, das konnte er nicht. Er kann es weniger als menschliche Eltern.«
Dann deute ich die Befreiung aus Ägypten als Modell der Hilfe Gottes und verallgemeinere, daß seine Weisheit nie am Ende sein, immer wieder einen neuen Anfang, neues Leben schaffen wird. Diese Einsicht – die Wurzel unserer Auferstehungshoffnung – belebte damals die am Boden liegende Exilsgemeinde. »Der Prophet fand sich wieder an den Flußufern Babylons, in seiner harten Wirklichkeit, aber er erhob sein Haupt und sang: ›Wenn du durch Wasser gehst – mit dir bin ich! Und Ströme werden dich nicht überfluten. Wenn du durch Feuer schreitest, verbrennst du dich nicht, und die Flamme versengt dich nicht.‹ Und er wußte, was er sang. Er hatte den Geruch von Versengtem noch in der Nase, und das Wasser stand ihm bis zum Hals, bis in die Augen. Er sang an gegen seine Erfahrung. Und niemand lachte. Auch andere erhoben sich, holten die Harfen herunter von den Weiden. Und siehe da: Die alten Instrumente ließen sich Töne entlocken von den Griffen ungeübter Finger. Und wie das klang und immer schöner wurde! Sie sangen: ›Jahwe ist unser Gott, der Heilige Israels ist unser Retter.‹ Einige begannen tatsächlich zu tanzen wie damals in Jerusalem bei den strahlenden Festen.«
Im folgenden gehe ich auf die theologische Leistung des Propheten ein, auf seinen »Transfer« eines Heilswortes an einen einzelnen. Ich erzähle: »Es geschah, was die Verbannten aus ihrem Tempel kannten. Wenn da ein Mensch vor Gott sein Herz ausschüttete, konnte ein Priester ihm die Erhörung seiner Gebete ankündigen. So wissen wir es von Hanna, die kinderlos war und noch dazu die Erniedrigung der Nebenfrau ertragen mußte. Als Hanna sich im Tempel ausweinte und von Schmerz wie trunken wirkte, brachte der Priester sie zum Sprechen und sagte ihr auf den Kopf zu, daß sie im nächsten Jahr einen Sohn gebären würde. Da erhob sie sich, als ob sie ihn schon empfangen hätte.« Ich erkläre, daß der Prophet diese priesterliche Praxis, in das Klagen hineinzusprechen, nun in der Fremde anwendet, sich eines alten Gotteswortes bedient und es verkündet im Blick auf alle Leidenden. Dann lese ich den Predigttext.

Um zu unterstreichen, daß diese Heilszusage wirklich auch uns – als Gemeinschaft und als einzelne – erreichen soll, fahre ich fort: »Als die Verschleppten damals dies in sich aufnahmen, war ihre Situation unverändert. Sie saßen noch an den Flußufern Babylons. Aber im Wort war der Durchbruch geschehen. Die Hoffnung hatte eine Chance. Daß wir unserem Schöpfer kostbar und teuer sind, daß Gott bei uns sein wird mit seiner Hilfe und daß nichts uns aus seiner Hand reißen kann, das ist die Stärkung, die wir erfahren. Das ist Trost, wie ihn eine Mutter gibt. Er läßt uns aufstehen und das Unsere tun.«

Mit der Vermutung, daß es uns gehen könnte wie vielen Israeliten damals, die, als wirklich die Heimkehr möglich war, Anstrengungen und Ungewißheit scheuten und in Babylon blieben, leite ich einen kurzen Teil ein, der den unerläßlichen persönlichen Anteil an der Genesung bedenken läßt, den eigenen Entschluß, Ernährung und Lebensstil umzustellen, Mühen und Schmerzen bei der Bewegungstherapie zu ertragen, oder die innere Bereitschaft, Einschränkungen, Abhängigkeit von Medikamenten, technischen Hilfen, vielleicht sogar von Menschen zu akzeptieren. Entsprechende Konkretionen für andere Predigtsituationen zu finden wird nicht schwer sein. Jeder kennt Antriebsschwäche und Lethargie, Furcht vor Unbekanntem, das Jammern über das Kuckucksei, nicht gesuchte Mühen.

*Möglicher Schluß*
Wie Jesaja wissen: Weltreiche kommen und gehen, alles ist im Fluß, auch im privaten Bereich. Auf Veränderungen gefaßt sein. – Wie Hanna, wie die Mutter des Mose und die Tochter des Pharao sein Herz sprechen lassen, Kinder zur Welt bringen und schützen, das Leben lieben und ihm dienen. – Wie der aus dem Wasser Gezogene die Unterdrückten aus der Knechtschaft und durch die Fluten führen. Pharaonen widerstehen, Listen ersinnen. – Versuchen, ob die alten Instrumente sich noch Töne entlocken lassen von ungeübten Fingern. Die Harfen herunterholen von den Weiden und singend und spielend einander erfreuen. Darin bewähren wir unseren Glauben, nehmen zu an innerer Kraft. Es gibt nichts Schöneres, als erwachsen zu werden und Gott zu antworten auf seine Elternschaft. Er hat uns eine Reifung zugedacht, an deren Ende Menschen stehen, die er heimholen will in sein Reich. Dahin sind die Söhne und Töchter Gottes zu allen Zeiten letztlich unterwegs. Dabei wird es nicht abgehen ohne Leiden. Aber immer wieder verwandeln sich ihre Klagen in Reigen. Ihre Tränen werden zu Perlenketten um ihren Hals.

**Alternativer Vorschlag**
Bildbetrachtung der Federzeichnung »Heimwehvesper« (Diaserie »24 Bilder von Ernst Alt«, Kösel-Verlag). Das Tagebuchblatt zeigt einen zusammengekauerten Mann unter einer Weide, in deren Zweigen eine Harfe hängt – ein Bild des Juden, des entwurzelten Menschen schlechthin – Ausdruck des Verlustes von Heimat und Identität. Dazu aus dem »Elias« von F. Mendelssohn-Bartholdy das Terzett der Engel: »Hebe deine Augen auf zu den Bergen, von welchen dir Hilfe kommt ...« mit dem Chor: »Siehe, der Hüter Israels schläft noch schlummert nicht. Wenn du mitten in Angst wandelst, so erquickt er dich.« Oder Instrumentalmusik. Anschließend Predigttext mit kurzer Interpretation.

**Kontexte**

»Was die Erwählung und Erlösung, die Bewahrung vor Wasser und Feuer und schließlich die Sammlung aus allen Himmelsrichtungen für Israel bedeuten, muß die Kirche als erstes begreifen, wenn sie den Text für sich verstehen will.« (J. Seim, GPM 83, 348)

»Wenn du müde bist, wenn du dir unbedeutend vorkommst, wenn Tränen in deinen Augen stehen: ich will sie dir trocknen. Ich werde an deiner Seite stehen, wenn die Zeiten hart werden und keine Freunde da sind. Wie eine Brücke über einen gefährlichen Strom. Wenn du erschöpft bist und ausgebrannt am Boden liegst, wenn die Nächte zur Qual werden, werde ich dich trösten und deine Last abnehmen. Wenn Dunkelheit kommt, wenn du geplagt und gequält bist, werde ich da sein wie eine Brücke über aufgepeitschtem Wasser.« (»Positiv predigen«, Claudius Verlag, 78)

»Ich glaube, daß Gott aus allem, auch aus dem Bösesten Gutes entstehen lassen kann und will. Dafür braucht er Menschen, die sich alle Dinge zum Besten dienen lassen ...« (D. Bonhoeffer, Widerstand und Ergebung, 22)

# 7. Sonntag nach Trinitatis

## Predigttext: Lukas, 9,10–17
Christian Schad

### Theologisch-homiletische Skizze

Bereits die Stellung der vorliegenden Speisungsgeschichte im Gesamtaufriß des Lukasevangeliums – zwischen der Frage des Herodes Antipas: »Wer aber ist dieser, über den ich solches höre?« (Lk 9,9) und dem Christusbekenntnis des Petrus (Lk 9,20) – erhellt die christologische Konzentration dieser Perikope. Christus selbst ist es, der in Wort und Tat (vgl. Vers 11) der bleibende Ursprung, der unendlich reiche Geber wahren Lebens ist. Und die Intention dieser Verse besteht darin, die Mitte des Textes – Jesus Christus – zur Lebens- und Existenzmitte seiner Hörer werden zu lassen. Daß jene Wundergeschichte christologisch motiviert ist, wird – im Blick auf die Predigt – von vornherein ins Bewußtsein zu heben sein. Für das genauere Verstehen eignet sich hier die im biblischen Sprachgebrauch auch sonst häufig vorkommende Brot-Metapher bestens. »Brot« ist zuerst und zunächst leibliche Nahrung, das elementare Lebensmittel schlechthin. Dies den Hungrigen auszuteilen und sie so zu sättigen gebietet Jesus seinen Jüngern. Die *ethische* Konnotation ist dabei unüberhörbar: Christus als exemplum, als Vorbild, das gerade die, die genug zu essen haben, in die Praxis des Teilens einweist.

Allerdings ist jene Metapher mit der Betonung der Materialität noch nicht ausreichend interpretiert. Hinweis dafür ist die Verbindung von Brot und Fisch, die, verknüpft mit der Sieben-Zahl, *fünf* Brote und *zwei* Fische, also mit der heiligen Zahl katexochen, gleichsam sakramentale Würde erhält. Das Brot ist in diesem Kontext – analog der johanneischen Parallele zu Lk 9 – das Brot *Gottes*, das Brot des *Lebens*, das vom *Himmel* kommende Brot (vgl. Joh 6,33–58), wie ebenso auch der Fisch traditionell an das messianische Mahl erinnert (vgl. sBar 29,3—4). Hier ist darum die *soteriologische* Konnotation hervorzuheben: Christus als sacramentum, als Gabe des *ewigen* Lebens. Von sich sagt er: »*Ich* bin das *Brot des Lebens* ...« (Joh 6,35). – Der dieser eschatologischen Gabe gegenüberstehende Hunger des Menschen ist dann nicht bloß Hunger nach leiblicher Speise. Vielmehr der nach dem *Leben selbst*, das auch angesichts drohender Todeserfahrung – sei es des Todes mitten im Leben, sei es des Todes als des definitiven Endes dieses Lebens – durchhilft. Die hier auftauchenden, in aller Verschiedenheit dennoch im Horizont von desperatio und superbia zu ortenden Erfahrungen der Hörer sind in der Predigt ernst zu nehmen und zu artikulieren, führen sie doch ins *Herz* des »gottesbedürftigen Menschen« (S. Kierkegaard), den Christus mit seinem Leben austeilenden Ruf erreichen möchte.

Jene »sakramentale« Deutung wird bestätigt durch Vers 16, dessen eucharistische Terminologie die »Speisung der Fünftausend« in den Horizont des Herrenmahls rückt. Die auch hier wesentliche *Verknüpfung* von sozialer Koinonia untereinander und Gemeinschaft mit Christus, die schon jetzt das Angeld der letzten, eschatologischen Lebensfülle darstellt (vgl. Vers 17: der unerschöpfliche Vorrat für alle Zeiten!), bedingt es, daß ich mir – auch um des existentiellen Verstehens von Lk 9,10–17 willen – an diesem Sonntag einen Gottesdienst ohne Feier des Hlg. Abendmahls nicht vorstellen kann. Gerade die konkrete Einladung zur Kommunion *wiederholt* auf ihre Weise die Bitte Jesu, Brot und Fische unter die Lebenshungrigen zu verteilen. – Wer sich dieser Einladung nicht in objektiv-distanzierter Betrachtung verschließt, ihr vielmehr folgt und mit Leib und Seele teil-nimmt, für den geschieht das *Wunder*, von dem der Bibeltext Zeugnis ablegt, hic et nunc: das Wunder *ist* der Glaube, das Vertrauen und Zutrauen, daß sich *in* jenen unscheinbaren Gaben das ewige Leben selbst mitteilt und das wahrhaft Wichtige und Lebensnotwendige in Christus jedem Menschen zugänglich ist. – In der Erhellung dieser letztlich ungeheuer *tröstlichen* Spitze sehe ich das Ziel der Predigt.

## Vorschläge zur Liturgie

*Eingangsspruch*
Christus spricht: »Ich bin das Brot des Lebens. Wer zu mir kommt, der wird nicht hungern. Und wer an mich glaubt, den wird nimmermehr dürsten.« (Joh 6,35)

*Introitus-Psalm* (Alternative zum Eingangsspruch)
Ps 107,1–9 oder: Ps 34,2–10 oder: Ps 104,1–4.14–15.24–28.33–34.35c

*Epistel-Lesung*
2. Mose 16,2–3.11–18 oder: 1. Kor 1,18–25

*Evangelien-Lesung*
Joh 6,30–35

*Eingangsgebet*
wenn die erde / nicht für uns / heimat wird / sind wir hier / heimatlos // wenn nicht bald / brot für uns / vom himmel fällt / sind wir hier / brotlos // wenn wir nicht selbst / werden zu brot und wein / sind wir hier / nutzlos // es erbarme sich unser der gott / jesu / der gott / der jesus christus / für uns / zum brot vom himmel / werden ließ / er mache auch uns zum brot vom himmel / füreinander / und er lasse so / die erde zum himmel werden / durch uns / und durch christus unseren herrn / amen //
(W. Willms, der geerdete himmel. wiederbelebungsversuche, 1986[7], 8.2. Auszug)

*Allgemeines Kirchengebet*
Lieber Vater, mit allem, was zu unserem Leben nötig ist, versorgst du uns jeden Tag. Dafür danken wir dir.

Wir bitten dich, mach uns frei von aller Sorge um uns selbst, laß uns teilen mit allen, die weniger haben als wir. Wir denken an die vielen Menschen, die nicht satt werden, die jeden Tag der Hunger quält, an die Mütter, die ihre Kinder nicht ernähren können, an die Kinder, die nicht genug zum Leben haben. Vergib uns, wenn wir ihnen ihren Anteil am Leben vorenthalten, vergib uns unser tägliches Brot, das wir ihnen nicht weitergeben, vergib uns unseren Reichtum, der sie arm bleiben läßt und immer ärmer macht.
Laß uns endlich Mittel und Wege finden, die Güter dieser Erde gerecht zu teilen, allen Menschen zu Arbeit und Brot zu verhelfen, damit niemand mehr auf Kosten anderer Menschen lebt. Wir bitten dich für deine Kirche. Du hast ihr das Wort des Lebens anvertraut. Vergib, wo wir in deinem Dienst versagen, wenn unsere Worte tot sind und niemandem helfen. Verwandle unser verstocktes und hartes Herz, mach es warm und lebendig, damit wir selbst zu Anstiftern des Lebens werden.
Nimm uns die kleinliche Angst, zu kurz zu kommen, und laß uns erfahren, daß teilen schöner ist als horten, hergeben besser als haben und festhalten. Mach aus uns eine lebendige Gemeinde, ein Zeichen für die Welt, daß du das Leben liebst.
Herr Jesus Christus, du bist das Brot des Lebens, das uns satt macht und unseren Hunger nach gutem und wahrem Leben stillt. In der Gemeinschaft deines Mahls bist du mitten unter uns. Du lädst uns auch an deinen Tisch, den du in Ewigkeit bereitet hast für alle, die an dich glauben. Wir danken dir, wir hoffen auf dich, wir preisen dich, der du in der Gemeinschaft mit dem Vater und dem Heiligen Geist in Ewigkeit der Lebendige bist.
(H. Chr. Knuth, Hrsg., Höre uns, Herr! Neue Kollekten- und Kirchengebete für das ganze Kirchenjahr, 1982, S. 105f.)

*Abendmahlsgebet (Epiklese)*
Herr Gott – guter Vater und Herr. / Wir bitten dich: / Sende herab auf uns den heiligen Geist, / daß er unseren Glauben stark mache, / unsere Gemeinschaft erneuere, / uns erfülle mit Freude und Liebe, / die wir einander und anderen schulden. // Herr Gott, lieber Vater / laß uns dieses Brot einander brechen / in der Gewißheit, / daß unser Herr in ihm uns Anteil gibt / an der Frucht seines Leidens und Sterbens. / Laß uns aus diesem Becher trinken in der Gewißheit, / daß er uns durch sein Blut verbindet zur Gemeinschaft des neuen Bundes.
(H.-J. Quest, Gott läßt mit sich reden. Gebete für den Gottesdienst, 1983, S. 130f.)

*Gebet nach dem Abendmahl*

Großer, gnädiger Gott und Vater: / Wir danken dir für dein Licht – / das Wort des Lebens / das Brot des Lebens / und den Kelch des Heils. / Wir danken für die Gemeinschaft / der Schwestern und Brüder. / Wir bitten um die weiterwirkende Kraft deiner Liebe, / die wir geschmeckt haben in Christi Mahl. // Wir bitten für alles, was wir heute zu tun haben, / und für alle, denen deine Liebe zugute kommen soll. // Das bitten wir / durch unseren Herrn Jesus Christus, / deinen Sohn, unseren Herrn, / der mit dir und dem Heiligen Geiste / lebet und regieret / von Ewigkeit zu Ewigkeit. / Amen.

(H.-J. Quest, a.a.O., S. 143)

*Lieder*

Eingangslied: EKG 230,1–3+7+13 (Alternative: EKG 199,1–6); Lied vor der (den) Schriftlesung(en): EKG 143,1; Lied vor der Predigt: EKG 111,1–3; Lied nach der Predigt: EKG 227,1–8; Abendmahlslied: EKG 159,1–3 (Alternative: »Nehmt das Brot, eßt das Leben, spricht der Herr«, in: Neue geistliche Lieder, Anhang 77, 1977, 860,1–3); Sanctus: EKG 111,4+5; Agnus Dei: EKG 136,1–3; Schlußlied: EKG 165,1–3 (Alternative: 228,1–3)

**Vorschläge zur Predigt**

*Möglicher Anfang*

Liebe Gemeinde! Das Unerhörte geschieht. *Nichts* haben die Jünger in den Händen, mit dem sie – nach menschlichem Ermessen – die Vielen sättigen könnten. Und doch werden alle satt. Nur fünf Brote, dazu zwei Fische – *sie* bilden einen unerschöpflichen Vorrat. Nicht allein für die Fünftausend reicht es. Auch weiterhin sollen *alle* Hungrigen genug zu essen haben. Das wirklich Notwendige ist da. Und es reicht für alle. Gott gibt aus seiner Fülle »Gnade um Gnade« (Joh 1,16). Und dafür steht der gut, der die Mitte unserer Geschichte bildet: Christus, der von sich selbst sagt: »*Ich* bin das Brot des Lebens. Wer zu mir kommt, der wird nicht hungern. Und wer an mich glaubt, den wird nimmermehr dürsten« (Joh 6,35). Christus – das Brot des Lebens, das Brot *unseres* Lebens!

*Zum weiteren Verlauf*

1. Wenn von Brot die Rede ist, dann weiß jeder, was gemeint ist. Brot ist nicht nur *ein* Lebensmittel unter anderen, es ist das elementare Mittel zum Leben: das Lebensmittel schlechthin! Täglich brauchen, täglich gebrauchen wir es. Mancherlei Geschichten können wir daher erzählen vom täglichen Brot (evtl. eine der folgenden Assoziationen ausführen):
über Brauch und Mißbrauch, über vereinzelte Versuche, einen bewußteren Umgang mit diesem Grundnahrungsmittel des Lebens zu finden ...,

über das intensive Schmecken und Genießen – oder auch das freudlose »Kauen am Leben« ohne rechten Genuß daran ... vom letzten Bissen eines Verstorbenen ... Wir alle haben unsere Brotgeschichten, auch wenn der Überfluß offensichtlich ist – und unser tägliches Brot scheinbar nichts Besonderes.

Allerdings gab es in unserem Land, und in vielen Ländern der Erde gibt es gegenwärtig Menschen, die sind dankbar, wenn sie nichts als ihr Brot haben. Für sie, deren tägliches Brot oft in verzweifelnder Weise der Hunger ist, hat es eine ganz unmittelbare Bedeutung, wenn sie um Brot bitten. Sie zittern und bangen um Ernte und Arbeit. Denn mit dem täglichen Brot steht ihr Leben selbst auf dem Spiel. – Wo bleibt da der Rest der zwölf Körbe voller übriggebliebener Brote?

Wenn Jesus seine Jünger auffordert: Verteilt Brot und Fische unter den Leuten!, dann sind wir gemeint, dann sollen wir uns gerade dieser Menschen – dann sollen wir uns gerade der ärmsten Länder dieser Erde erinnern und mit ihnen Gottes Brot für die Welt – *teilen!*

(Hier könnten Beispiele konkreter Brückenschläge zwischen armen und reichen Ländern als Hilfe zur Selbsthilfe genannt werden, evtl. Projekte von ›Brot für die Welt‹.)

2. »Brot« meint also das elementare Lebensmittel schlechthin. Und darum ist es kaum verwunderlich, daß es zum Inbegriff für all das werden konnte, was das Leben im Innersten zusammenhält. Nicht nur Zeichen für die vielfältigen Lebens*mittel*, durch die wir unser irdisches Leben erhalten und gestalten, nicht nur Zeichen für das, was wir zum Leben *brauchen*, sondern zusammen mit alledem: Inbegriff für das *Leben selbst.*

Und vielleicht ahnen *wir*, die wir Lebensmittel in Hülle und Fülle besitzen, am ehesten, daß mit den Gaben, die Jesus austeilt, *mehr* gemeint ist als nur leibliche Nahrung. Nicht irdische Speise allein ist es, die wir erbitten, deren Speisekammern übervoll sind – und doch am eigenen Leib und mehr noch an der eigenen Seele erfahren müssen, wie das Leben erstirbt. Wenn wir um Brot bitten, dann bitten wir auch unmittelbar um das Leben: um die Gabe, um das Geschenk des Lebens selbst. Unsere Bitte um das tägliche Brot wird zur Bitte um Leben, ja *Überleben* – inmitten einer trotz ihres Wohlstands brotlosen Welt ...

3. Wie viele Menschen fragen verzweifelt nach dem *Sinn* des Lebens?!
Arbeiten, bis man umfällt. Nichtstun, bis die Lähmung den ganzen Menschen aufzehrt. Einsam sein – und unter noch so vielen Menschen keinen Nächsten finden. Als Mann und Frau, innerlich verstummt, nebeneinanderher leben. Als Eltern die Liebe der Kinder verlieren, als Kinder die Liebe der Eltern: All dies sind Alarmzeichen einer Welt und von Menschen, die brotlos geworden sind. Die, verkrümmt in sich selbst, der Resignation – oder der brotlosen Kunst der Selbstverwirklichung erlegen sind. Dies

sind Symptome einer Krankheit, die mitten im Leben zum *Tode* führt. Symptome, die sich in ihrer Vielfalt doch in einem zusammenfassen lassen: in dem ungestillten Hunger nach wahrem Leben. In dem lauten oder leise unterdrückten Schrei nach dem »Brot des Lebens«, das durch erstarrtes Leben hindurchträgt ...

4. Doch – in diese traurige Hilflosigkeit unseres ersterbenden und irgendwann einmal endenden Lebens hinein verheißt Jesus Christus neues, ewiges Leben. Ja, er verheißt es nicht nur, sondern er teilt es schon jetzt aus. In der unscheinbaren Gestalt von fünf Broten und zwei Fischen teilt sich uns Gottes eigenes Leben, seine unendliche Liebe zu uns mit. Denn Brot und Fisch sind seit alters Zeichen des himmlischen Mahles. Und die Sieben – *fünf* Brote und *zwei* Fische – deutet auf die heilige Zahl selbst. Sie ist *als solche – Abbild Gottes!*

*So* verbindet sich der ewigreiche Gott mit uns lebenshungrigen Menschen inmitten einer brotlosen Welt. »Ich lebe«, sagt Christus, »und ihr sollt auch leben« (Joh 14,19): Ich selbst *bin* das Brot des Lebens: Für euch gebe ich mein Leben dahin und lege es hinein in diese irdische Speise. Wer davon ißt, wer auf *mich* setzt und auf *mich* hört, der wird leben: leben aus der Gemeinschaft mit mir, leben in Hoffnung für alle Menschen, leben im Lichte und aus der Kraft Gottes ...

*Möglicher Schluß*

»Als aber die Menge dieses merkte, folgte sie ihm nach.« Und von den Jüngern heißt es, nachdem Jesus ihnen geboten hatte, die Fünftausend in Gruppen zu je fünfzig zu lagern: »Sie taten das und ließen alle sich setzen.« Das ist das *Wunder*, das hier geschieht: daß Menschen sich aufmachen und ihm nachfolgen. Alles Denken und Fühlen zurücklassen, das sie an ihre trostlose Welt bindet, und ihr Leben Gott selbst entgegenbringen. Daß Menschen das Zutrauen haben, in Jesus der unerschöpflichen Quelle des Lebens zu begegnen: »Und sie aßen und wurden alle satt ...«.

Nicht in der Ferne bleiben sie, nicht bloße Zuschauer, die überprüfen wollen, ob Jesus wirklich der Messias ist. Nein, sie verharren nicht in bodenständiger Arroganz und Anmaßung Gott gegenüber, sondern werfen sich mit Leib und Seele dem in die Hände, der von sich selbst sagt: »*Ich* bin das Brot des Lebens ...«. – Wunder, Geheimnis des Glaubens –: der Einladung dieses Herrn zu *folgen*, wenn er an seinen Tisch ruft, um unseren Lebenshunger zu stillen. Wie damals ist es auch heute *er selbst*, der das Brot für uns bricht und jedem einzelnen von uns austeilt. Der Gemeinschaft mit sich und untereinander stiftet – und allen Todesmächten zum Trotz dem *Leben* zum Sieg verhelfen will.

*Darum kommt*, denn es ist alles bereit. »Schmecket und sehet, wie freundlich der Herr ist« (Ps 34,9). Amen.

## Kontexte

Weil nur fünf Brote vorhanden sind, versucht der Herr seine Jünger. Er will hier damit zeigen, daß wohl eine Barschaft vorhanden ist und daß sie doch nichts nützt. Wir sehen hier, wie das Brot wächst, nicht auf dem Acker, sondern in des Herrn Hand. Philippus antwortete ihm: »200 Pfennig wert Brots ist nicht genug unter sie, daß ein jeglicher ein wenig nehme.« Ein anderer sprach: »Es ist ein Knabe hier, der hat fünf Gerstenbrote und zwei Fische: aber was ist das unter so viele?« Sie möchten gerne dem Herrn Christus einen Rat geben. Er aber führt sie dahin ... – daß man lerne: »Der Mensch lebt nicht vom Brot allein« (Mt 4,4). So werden sie hier in die Anfechtung geführt, und fast verzweifeln sie. Der Herr demütigt sie also zuerst und versucht sie mit Hunger und flugs darauf läßt er Sättigung und Fülle folgen, und dies dazu, daß sie erkennen sollen, daß nicht im Brote das Leben besteht. Das Wort haben die, die ihm folgen; also geschieht's, daß sie durchs Wort ernährt werden. In ihrem Hunger werden sie durchs bloße Wort erhalten. Auch wenn kein Brot da gewesen wäre, wären sie nicht Hungers gestorben, weil auch der Leib erhalten worden wäre um des Wortes willen, das in der Seele wirkt. *So wie es im ewigen Leben geschehen wird: Dann wird die Seele so mit dem Worte gesättigt sein, daß sie nicht mehr sterben kann.* So sollte es auch hier geschehen, wenn der Mensch nur mit einem solch starken Glauben begabt wäre.
(M. Luther, aus einer Predigt zu Joh 6,1–15 vom 26.3.1525, Rörer-Nachschrift, in: E. Mühlhaupt, Hrsg., D. Martin Luthers Evangelien-Auslegung, 4. Teil, 1977[3], S. 232)

Zunächst ist also klar, daß der Glaube auf das Wunder als vom Weltgeschehen unterschiedenes Tun Gottes angewiesen ist, daß er nur durch das Wunder begründet werden kann, ja, *daß der Glaube an Gott und an das Wunder überhaupt das Gleiche bedeuten ...* Damit ist für den Wunderbegriff zunächst dies gewonnen, daß Wunder in keinem Sinne ein irgendwo und irgendwie konstatierbares Ereignis in der Welt bedeutet. Ich hätte es sonst von Gott abgetrennt und als Welt verstanden; denn Gott ist nicht konstatierbar. *Das Wunder ist als Wunder verborgen,* verborgen für den, der nicht in ihm Gott sieht ... Wird Christus uns zur Gegenwart als der gepredigte Christus, so können auch die Wunder Jesu nur in Frage kommen, sofern sie zur Predigt von Christus gehören, also als Zeugnisse. Und zwar insofern, als sie die ganze *Zweideutigkeit der christlichen Predigt* verdeutlichen ... Sie sind also mit derselben Zweideutigkeit behaftet wie das Wunder des Christus selbst. Denn Jesus Christus ist für den Unglauben ein konstatierbares Faktum der Vergangenheit, an einer bestimmten Stelle der Vergangenheit historisch einzugliedern und historisch verständlich. Die Frage ist eben, ob wir ihn so als Faktum der Vergangenheit, als historische Gestalt, als Persönlichkeit oder dgl. sehen wollen oder als Gottes Wunder, d.h. als den, der für uns ist, als das von Gott gesprochene Wort der Vergebung.
(R. Bultmann, Zur Frage des Wunders, in: ders., Glauben und Verstehen I, 1972[7], S. 219f., 227f.)

Ein echtes Wunder nämlich, das heißt ein Handeln *Gottes*, »ist für den objektivierenden Blick nicht sichtbar, nicht wie weltliche Ereignisse feststellbar«. Andernfalls

läge ein Mirakel vor, in dem Gottes Handeln »wohl oder übel als weltliche Kraft gedacht und auf die Ebene weltlichen Geschehens projiziert« ist; denn durch das Mirakel wird Gottes Macht »den diesseitigen Mächten analog und als ihnen nur an Unberechenbarkeit und Kraft überlegen« vorgestellt. Sie wäre nicht qualitativ, sondern nur quantitativ vom menschlichen Können und Wissen unterschieden. »Der Gedanke der Unweltlichkeit, der Jenseitigkeit des göttlichen Handelns« – also das in echter Weise Wunderbare der Offenbarung – »wird nur dann gewahrt, wenn dieses Handeln nicht als ein *zwischen* das weltliche Geschehen hinein sich ereignendes vorgestellt wird, sondern als eines, das sich *in* ihm vollzieht, so daß der geschlossene Zusammenhang des weltlichen Geschehens, der sich dem objektivierenden Blick darbietet, unangetastet belassen wird. Gottes Handeln ist verborgen für jedes andere Auge als das des Glaubens. Allgemein sichtbar und feststellbar ist nur das ›natürliche‹ Geschehen. *In* ihm vollzieht sich Gottes verborgenes Handeln«; *in* dem weltlichen Geschehen, als welches sich die Menschwerdung Jesu vollzieht, geschieht Gottes Wundertat, geschieht seine Offenbarung.
(W. Schmithals, Die Theologie Rudolf Bultmanns, 1967², S. 173f.)

Mit den anderen Menschen – den näheren, den ferneren – verbindet er (sc. Christus) sich auf eine unsichtbare, geistige Weise: indem er sein Wesen hineingibt in Fische und Brot, die an alle verteilt werden. Sein Wesen ist Leben, ist Liebe. Und weil göttliches Leben und göttliche Liebe ihn nähren, ist seine Gabe in verschwenderischer Fülle da. Gottes Leben und Gottes Liebe sind unerschöpflich ... Dem Volk wird Nahrung gegeben: für die Zeit (durch Fisch und durch Brot) und für die Ewigkeit (durch göttliche Liebe und göttliches Leben) – Nahrung für Körper und Seele!
(E. Domay, Das Leben wird mehrheitsfähig sein. Zum Bild und zu der Geschichte von der Speisung der Fünftausend, in: ZGP, 5. Jg., Heft 5, 1987, S. 39)

Zwei Bilder zur Geschichte von der Speisung der Fünftausend:
1. Ein Bild aus dem sog. Gebetbuch der Hildegard von Bingen, 12. Jhd., Reproduktion in Form einer Bildkarte, Beilage in ZGP, 5. Jg., Heft 5, 1987
2. Linolschnitt von W. Beppler, Speisung der 5000, 1981, Reproduktion in DIN A4, in: ZGP, 6. Jg., Heft 4, 1988, S. 2.

**Paralipomena**
Der skizzierte Predigtvorschlag ist primär geleitet von der christologischen Ausrichtung des Textes Lk 9,10–17. Demgegenüber könnte ich mir die Betonung der Speisungsgeschichte als *Wunder* (1) resp. die Konzentration auf die Frage, welche Rolle die *Jünger* spielen (2), als zwei Alternativen vorstellen:
*Ad 1:*
Hier käme alles darauf an, das Wunder als Wunder: als unverfügbares Geschenk, als Tat Gottes festzuhalten, deren Wesensmerkmal es geradezu ist, sich dem überprüfenden Blick des Außenstehenden zu verschließen (vgl. dazu die Gedanken des zweiten und dritten Textes der Kontexte!). Die Wahrheit des Speisungswunders erfährt nur, wer sich unter dem Einfluß Jesu selbst verändert, sich – von sich weg – zu ihm als der Quelle des Lebens rufen läßt. M.a.W.: Wer die Aussage dieses Textes ausschließlich (!) in dem ethischen Appell sieht, das Vorhandene und Zuhan-

dene zu teilen, der gerät in die Nähe der rationalistischen Exegese des 19. Jahrhunderts, in der das Wunder zum bloßen Mirakel degradiert wurde. Vgl. etwa H.E.G. Paulus (Das Leben Jesu, 1828), der den Anstoß der neutestamentlichen Wundergeschichten durch Aufhellung der »Zwischenursachen« auszuräumen versuchte. »Mit der wunderbaren Speisung verhält es sich also. Als Jesus die hungernde Menge sah, sagte er zu seinen Jüngern: ›Wir wollen den Reichen darunter ein gutes Beispiel geben, daß sie ihre Vorräte mitteilen‹, und fing an, seinen und seiner Jünger Proviant an die zunächst Gelagerten auszugeben. Das Vorgehen wirkte, und alsbald war Speise die Fülle da« (A. Schweitzer, Geschichte der Leben-Jesu-Forschung, Bd. 1, 1977³, S. 982). – Die Pointe von Lk 9 aber lautet: *Christus allein* ist die Quelle unerschöpflichen Lebens. Und »er ist souverän. Seine Souveränität ist göttlichen, nicht irdischen Ursprungs. Er ist da, ohne daß die Menge für sein Dasein auch nur das Geringste kann. Er ist unterschieden von den Leuten, aber ist mit ihnen verbunden «(E. Domay, a.a.O., S. 39). Dies lebenspraktisch zu verifizieren heißt: Glauben! Und Glauben – das Vertrauen zu Christus als dem »Brot des Lebens« – ist selbst der hermeneutische Schlüssel, das Wunder *als* Wunder festzuhalten.

*Ad 2:*

Die Predigt könnte auch die Rolle der Jünger (vgl. v.a. Vers 13a!), mithin die sich darin aussprechende Ekklesiologie zum Skopus haben. Und in der Tat: Sie sind im eigentlichen Sinn die Vermittler zwischen Christus und der Volksmenge. Sie – und d.h. wir als Kirche Jesu Christi, wir sind Werkzeuge seines Erbarmens, die das Brot des Lebens auszuteilen haben. Nicht nur die Agape, auch das Heil: die Begegnung mit dem Ewigen soll durch uns geschehen! Freilich wäre dann zu betonen: Die Initiative liegt bei Jesus und bleibt bei ihm – auch dort, wo die Kirche *sein* Heilswerk treibt, das *nie zu* ihrem eigenen Werk wird (vgl. Verse 13–16).

Hierfür sinnenfällig ist: Die Jünger haben gerade nichts in der Hand, was sie nach menschlichem Maßstab befähigte, die Fünftausend zu sättigen. »Als die Armen, aber die doch viele reich machen; als die nichts haben und doch alles haben« (2. Kor 6,10) sind wir »Botschafter an Christi Statt« (2. Kor 5,20). Wir sind solche, die – wie die Jünger damals – das Wunder selbst erfahren, das wir in seinem Namen tun!

# Die Mitarbeiterinnen/Mitarbeiter

Pfarrer Martin Adam, Mainz. Studiendirektor Dr. Horst Albrecht, Preetz. Dekanin Roswitha Alterhoff, Bad Hersfeld. Pfarrer Dr. Günter Berndt, Berlin. Renate Bieritz-Harder, DDR-Berlin. Professor Dr. Karl-Fritz Daiber, Hannover. Pfarrer Joachim Funk, Herzogenaurach. Propst Karl-Behrnd Hasselmann, Kiel. Pfarrer Dr. Okko Herlyn, Duisburg. Pfarrer Heinrich Jürgenbehring, Bielefeld. Pfarrerin Susanne Kahl-Passoth, Berlin. Pfarrer i.R. Ludwig Keller, Kassel. Pfarrer Claus Marcus, Berlin. Pfarrer Gerhard Monninger, Stockdorf. Pfarrer Sabine u. Martin Ost, Unteraltenbernheim. Pfarrerin Gisela Petersen, Berlin. Pfarrer Michael Popke, Berlin. Pfarrer Christian Schad, Weingarten. Pfarrer Dr. Walter Schlosser, Hanau. Pfarrer Hanns-Heinrich Schneider, Pforzheim. Pfarrer Dieter Schupp, Eisenberg. Pfarrerin Dr. Gerda Storck, Gießen.